儒家文明协同创新中心后期资助项目

邵秋艳 著

早期儒家王霸之辨理论研究

中华书局

图书在版编目(CIP)数据

早期儒家王霸之辨理论研究/邵秋艳著. —北京:中华书局,
2018.11
ISBN 978-7-101-13474-2

Ⅰ.早… Ⅱ.邵… Ⅲ.儒家-研究 Ⅳ.B222.05

中国版本图书馆 CIP 数据核字(2018)第 231965 号

书　　名	早期儒家王霸之辨理论研究
著　　者	邵秋艳
责任编辑	吴爱兰
出版发行	中华书局
	(北京市丰台区太平桥西里 38 号　100073)
	http://www.zhbc.com.cn
	E-mail:zhbc@zhbc.com.cn
印　　刷	北京瑞古冠中印刷厂
版　　次	2018 年 11 月北京第 1 版
	2018 年 11 月北京第 1 次印刷
规　　格	开本/880×1230 毫米　1/32
	印张 14　插页 2　字数 240 千字
印　　数	1-1500 册
国际书号	ISBN 978-7-101-13474-2
定　　价	58.00 元

目 录

引　论

在中国传统政治哲学史上，王霸之辨一直是儒家关注的一个重要命题。先秦诸子尤其是历代儒家围绕这一问题进行了激烈的论争，从而展现出各自的政治思想。传统儒家以王道为最高理想，试图在现实政治生活中以仁德的政治原则、以礼义教化的政治途径、以民本为基础构建一个美好的王道社会。王道是儒家在霸道盛行的现实基础上对理想政治的一种思考和构想，它既是儒家政治哲学思考的逻辑出发点，又是最终的归宿点。同时，传统儒家还以王霸之辨为中心展开了天道观、历史观、人性论等方面的理论论证和仁政说、民本论、圣王观等方面的具体设计。可以看出，传统儒家政治哲学中的许多重要观念都是围绕王霸之争展开的，都是王霸之辨的延伸，因此可以说王霸问题是中国传统儒家政治哲学的核心，鲜明地体现了中国传统政治的本质特征。

一、选题意义

传统儒家是中国传统文化的主流,政治思想是传统儒家的思想核心,而王道理想是其政治思想的核心,早期儒家的王道思想则大多是通过王霸之辨阐述出来的。传统儒家不仅通过王霸之辨确立了其政治理想和实践的目标,更以王道理想为中国传统社会提供了基本的政治原则和政治价值信仰,塑造了传统中国的政治行为方式。在古代政治实践中,历代君臣士大夫无不以实现王道为其最高目标和人生使命,现实的政治也一直是"霸王道杂之"的状态。因此,全面地认识儒家的王霸之辨,对于体认中国传统儒家政治哲学、更准确深刻地认识中国传统社会政治的特质都有着十分重要的意义。

王霸之辨产生于春秋战国时期。儒学的开创者孔子把夏商周三代,特别是周公所制定的周礼,作为社会政治的最完美的体现,并将之作为统治者治国的最高理想和境界。之后的孟子和荀子等都提出了略有差异的王霸观以为现实服务。王霸问题从而也成为先秦诸子所争论的焦点。此后,王霸问题一直为后代的思想家所关注,并逐渐发展出两种不同的倾向。各个时代各家各派的思想家都从不同角度对王霸问题进行探析,纷纷提出自己的理解并在儒学内部和各家之间进行论辩,其中比较突出的就是宋代朱熹和陈亮的王霸义利之辨。然而无论后期思想家对王霸的认识如何不同，其研讨论争的基本范围和思路却也大致没有超出早期儒家的界囿。也正是由于这一原因，本书把焦点放在先秦至汉代早期儒家的王霸之辨上，希望通过王霸之辨的历史溯源，探究王霸之辨这个中国传统政治思想的核心问题的起源、演变和特性。

春秋战国时期，以孔子为代表的儒家作为论辩的正方，与同时代的其他学派围绕着王霸问题展开了激烈的争论，这是春秋战国时代政治纷争的思想反映，同时思想上的论辩也积极地影响了春秋战国时期各诸侯国政治的治理和发展。秦王朝的建立，虽然从现实层面上表明了王道政治的破灭，但是秦王朝短短十余年亡国的教训对于汉王朝来说影响是十分深刻的。因此，汉初统治者和思想家们迫切地需要寻求新的治国方略，树立治国理念和政治权威。在战国、秦、汉初时期居于时代政治斗争边缘的儒家学派通过积极吸纳诸子的思想成果，通过对上古三代、春秋战国和秦朝社会政治历史经验教训的总结，重新论证和设计了理想的政治状态——王道社会。发展后的儒家的政治思想迎合了西汉统治者对树立政治权威、维持社会秩序的需要，被西汉王朝采纳为官方意识形态。在汉代"独尊儒术"的过程中，著名的思想家董仲舒起到了关键性的作用。董仲舒构建了完整的儒学理论体系并树立了王道理想在传统政治思想上的权威地位,王道思想的理论架构和政治实践在传统社会中基本得以确立和实现。所以,本书以早期儒家的王霸之辨思想为基点,系统梳理王霸之辨所关注的问题,呈现王道、霸道的主要内容,分析其理论架构,探究王霸之辨在中国传统政治哲学及中国传统社会中的影响和地位,通过分析其理论得失挖掘王霸之辨的积极意义,使其展现出思想的活力,以借鉴于现代社会政治文明建设。

早期儒家的王霸之辨,实质上代表了两种不同政治治理模式或政治思想,是先秦儒家通过对三代政治和春秋社会政治的动荡的反省和批判而提炼出的核心问题。王道就是尧舜禹汤文武周公所实现的理想政治,是儒家所向往和坚守的政治路线和价值原则;霸道则是春秋时期礼崩乐坏的政治现实产生的现实治国模式,是儒家所批判和反对的治国方针与现实政治。王霸之辨对内表现为德与刑、礼与法,即德治与法治的区别;对外则表现为德与力,即道德感召与强力征服的区别。王霸之辨早期所关注的问题主要是究竟采取何种政治模式才能更好地维持社会的稳定、实现天下的统一与和平。在早期儒家看来,只有以仁政、德治通过礼义道德教化提升人的道德水平才能实现国家的长治久安,只有以道德力量的感召才能真正地一统天下,从而实现理想的王道政治。尧舜禹汤文武周公所建设的社会政治就是遵循了这样的治国理念,使其社会政治状态不仅成为中华文明历史发展的顶峰,更成为儒家思想所崇奉的治国理想和治国方针。

西方著名政治思想家施特劳斯在研究政治哲学史的意义时说:"伟大的政治哲学家的学说不仅具有重要的历史意义,也有着重要的现实意义,为了理解古今社会,我们不仅必须了解这些学说,也必须借鉴这些学说。我们相信,历史上政治哲学家们所提出的问题在我们自己的社会中依然存在,只要在主要之点上不言而喻或不知不觉得到回答的问题依然能够存在。我们也相信,为了理解任何一个社会,即为了在任一深度上分析社会,分析家本身必然会遇到这些经久不衰的问题,而且不可避免地被这些问题所左右。"①在现代与传统的对照中我们会发现,早期儒家通过王霸之辨展现出来的所关注的如关于政治的意义、政治的合法性与正当性、政治治理模式等问题在现代社会依然存在,而且在当代社会中凸显出来的问题越来越严重。这就更有必要对早期儒家的王霸之辨进行深入的分析探究,从中汲取积极的理念与内容,以之探索现代中国政治建设之路。

在当代社会,从国内政治方面来看,改革开放以来国内经济的发展取得了巨大成就,然而单纯地追求物质

---

① [美]列奥·施特劳斯、约瑟夫·克罗波西主编:《政治哲学史》(上册),李天然等译,河北人民出版社,1993 年,第一版序言第 1 页。

的丰裕和经济水平的提升却导致了社会道德、文化和精神追求的堕落与贫乏。同时，随着改革开放的深入和信息技术高速发展带来的日益细密的全球化趋势，中国特色社会主义的建设面临着如何适应市场经济转型后所带来的法治建设、道德建设等艰难课题。处于社会转型时期的法制体系尚未健全，道德转型更为艰辛，传统道德遭到鄙视而新道德无从得以建立其应有的社会地位，这就引起了一系列的社会政治矛盾和问题。现实中人的功利欲望越来越缺乏节制，在许多行业中基本的职业道德失去了底线，其结果便是人的价值的失落与社会政治凝聚力的削弱，全民道德素养下降，社会道德规范认同缺失，社会腐败现象严重，政府和社会的公信力削弱，社会冲突加剧。于是，现实的社会道德建设问题的重要性又一次凸显出来。

早期儒家对政治合法性问题有独特的见解和积极意义，同时也有着明显的缺陷。这些缺陷在新的历史背景下给我们今天的政治领域带来了许多问题。当今社会政治领域存在着权力滥用的问题，究其根源，除了道德方面的原因，另一个重要原因就是对政治合法性认识不清，对权力的意义、权力的来源、权力的使用等问题存在着错误的认识。在当今中国社会，许多人对于政治合法性的认知还深受传统社会中儒家的合法性观念的影响。因此在新时代背景之下，如何继承传统文化中关于政治合法性的优秀理念、独特见解，摈弃消极观念的影响，对政治合法性尤其是权力的合法性问题进行科学理性的思考，将政治合法性观念进行现代转换，重塑政治合法性观念，巩固合法性基础，就成为今天我们所面临的重要任务。

从国际方面来看，随着全球化的进一步加强，人类面临越来越多的跨国威胁和国家地区间的冲突，这就需要世界各国人民加强合作，共同创造一个使所有人安全繁荣的国际秩序。世界合作的前提之一就在于一种普遍的价值认同，因此道德规范和价值理念对国际关系的重要性已逐渐成为各国政治家所关注的热点。同时，当今世界仍战争频发、冲突不断，贸易争端、保护主义盛行，各国仍将不断增强自己的经济与军事实力作为政治的重点。如何更好地实现国际合作，如何消减国家间的暴力冲突，以什么样的原则和方式来处理国际间的政治、经济、军事、文化关系才能实现世界的稳定与和平发展，已成为当今国际关系理论研究的重要内容。随着国际格局的变化，发展中的中国在国际事务中的分量在上升，作为古老文明的代表，作为一个负责任的大国，它有责任、有义务提供自己的意见，贡献自己的智慧，为维护世界和平、促进世界发展、建立合理的国际秩序做出自己的贡献。因此，建设新世纪的国际政治理论不是一个单纯的外交事务，而是关涉中国在全球化时代整体国力的提升问题,关涉如何维护民族尊严和利益的问题。我们中华民族优秀的传统文化,特别是传统儒家的政治理念,对于我们今天建构既适应中国现实发展,又具有中国特色的国际政治理论具有十分重要的借鉴作用。

春秋战国至秦汉时期,也是中华文明发展的大转型时代。中华文明自夏商周时代创立了以宗法分封为基础的礼乐政治后,在秦汉时期转向了以郡县制为主的中央集权政治。在这样伟大宏阔的历史时代,先秦诸子、秦汉儒家都提出了不同的政治理念和现实政治的实施措施,其思维方式、价值标准和政治理想深深地影响了整个传统社会。同样的,我们今天的时代也是处于伟大的中华文明复兴的转型时期,从社会主义的计划经济转向市场经济、从民族独立的人民共和国迈向全球化时代的国际大国,如何总结社会转型时期的政治、经济、文化发展,如何继承传统文化中的优秀的、独特的价值观念和治国理念,就成为我们今天学术界所面临的时代任务。早期儒家,也就是先秦至秦汉时期的儒家,对维护社会的稳定和处理国与国之间关系的原则和方式已经有深入的思考,并提出了系统的政治信仰、政治道德原则、治国方针等理论,通过王霸之辨这个核心概念,提出了许多有原创性的见解。因此,我们应回到早期儒家的王霸之辨中去寻找可供利用、参考的价值资源以解决当代国内国际存在的政治问题。

二、研究综述

相对于王霸之辨在中国传统政治哲学中的重要地位来说,学术界对王霸的研究显得十分薄弱。到现今仍旧没有专门从政治哲学角度研究的论著,对王霸的研究大都散见于各种论著的章节之中,相关论文也寥寥可数。从研究切入的角度来看,对王霸的研究主要有以下两种:

（一）专人专著王霸思想研究及比较

以往对王霸的研究往往依附于思想家或专著的研究,把王霸思想作为思想家整体思想的一部分或专著中的某些章节进行概括总结和比较。这类研究大都出现在思想史类或人物研究类的书籍和论文当中,其中主要集中在孔子、孟子、荀子、《管子》、董仲舒、贾谊、《盐铁论》、王安石、司马光、二程、朱熹、陈亮、孙中山等人物及其专著上,由于材料众多,在此就不一一列举。

（二）王霸思想专题研究

相对于对传统思想家政治思想的研究,王、霸作为中国传统政治哲学中一对重要范畴或观念却并没有得到太多的重视,对王霸的专题研究也仅散见于各专著的章节之中,研究论文数量也比较少。根据目前所搜集到的资料,对王霸专题的研究有代表性的主要有以下几篇:

罗根泽的《诸子考索·古代政治学中之"皇""帝"
"王""霸"》:论文从历史的角度辨明了皇、帝、王、霸产生
的时期,并分析考察了四者之政治异同。作者认为以皇
为君产生于战国中期,帝在战国末期才作为政治学名词
使用,王始于周,霸始于春秋,而王政、霸政之说则出现在
战国中期,到西汉开始以政治分别皇、帝、王、霸。他认为
王、霸之分,就形势而言,王者兼有天下,霸者仅为诸侯之
长;就政治而言,则王植基于仁,霸植基于力[①]。

贺昌群的《贺昌群史学论著选·论王霸义利之辨》:
作者认为儒家的政治哲学是王道,道法二家是霸道,自
秦汉以来无时无代不是王霸并用。所以中国政治社会
是儒道法三位一体,王、霸不是二元,是相对的一元,不是
绝对的一元,不能分离[②]。

冯友兰的《新理学》第五章《道德人道》:文中简单说
明了王、霸之别,认为在政治上依照道德的本然办法以
办政治者,其政治是王;依照功利的本然办法以办政治
者,其政治是霸。政治上道德的本然办法是合乎全社会
利益的,功利的本然办法则多是为社会之某方面的利
益,此二者可相合而不必相合,儒家贵王贱霸。从道德观

---

①罗根泽:《诸子考索·古代政治学中之"皇""帝""王""霸"》,人民出版
　社,1958年,第115–129页。
②贺昌群:《贺昌群史学论著选·论王霸义利之辨》,吴泽主编,金自强、虞
　明英选编,中国社会科学出版社,1985年,第155–161页。

点看,无论何人皆应贵王贱霸①。

　　张立文的《中国哲学范畴发展史·人道篇》第十九章《王霸论》:以王霸范畴的发展为线索,梳理了王霸的含义及春秋至明清期间主要思想家的王霸观点。该文资料比较全面,罗列了历史上有代表性的思想家对王霸的认识。在此基础上归纳了各历史时期对王霸的不同观点:春秋时期:王霸对偶相与别;战国时期:尊王贱霸成王霸;秦汉至隋唐时期:霸王道杂王仁义;两宋时期:王霸并用辨同异;明清时期:王霸之分在心术②。

　　张分田的《中国帝王观念——社会普遍意识中的"尊君—罪君"文化范式》第五章第三节《王霸之辨》:作者认为王霸之辨是一种哲理化程度很高的政治价值和政治品评体系,是对两类不同政治方略的概括。王霸涉及政术与心术等一系列问题,是中国古代讨论政治方略与施治技巧的两个重要概念。王霸之辨是不同概括方式、不同价值取向之间的理论之争。有关理论又成为评判君主的德行功业和历史地位的重要依据。王霸之辨的实质不是要不要暴力和权术的问题,而是德与刑、仁与力何者为主,实现君主政治主要靠矫治君心还是富国

①冯友兰:《三松堂全集》卷四《新理学》,河南人民出版社,2001年,第119-120页。
②张立文:《中国哲学范畴发展史·人道篇》,中国人民大学出版社,1995年,第677-706页。

强兵的问题。另外,作者还对王霸的传播和发展进行了概括,根据对霸道的不同态度把历代思想家的王霸思想分为绝对否定和有所肯定两派①。

孙晓春的《中国传统政治哲学》(上卷):作者认为春秋战国时期对王霸的争论主要是在不同学派之间进行的,争论的焦点是实行王道还是实行霸道,王霸的优劣在思想界尚无定论。到了两汉以后行王道而黜霸道成为思想界的共识。此后王霸之辨的问题不是行不行王道的问题,而是要说明什么是王道,王、霸的界限及评价王、霸的标准是什么,这是两汉以后思想界一直争论不休的问题。先秦儒家所说的王道是成王之道,两汉以后则是为治之道②。孙晓春还在论文《王霸义利之辩述论》中简单考察了王霸义利之辨的始末;分析了王霸义利之辨的内容,认为王霸义利之辨主要围绕以仁义治国的必要性及其与法术刑名的关系,政治的本质、目的及其由以遵循的原则,王、霸分界以及品分政治的标准及其政治哲学意蕴等问题而展开;文章还揭示了王霸义利之辨的意义及其局限,认为没有王霸义利之辨就不会有中国传统政治哲学的发展;而王道的理想化使其远离于社会

①张分田:《中国帝王观念——社会普遍意识中的"尊君—罪君"文化范式》,中国人民大学出版社,2004年,第572-577页。
②孙晓春:《中国传统政治哲学》(上卷),吉林人民出版社,2003年,第230-248页。

现实,在如何实现王道问题上,历代儒家都没有找到切实的答案①。

韩星的《"霸王道杂之":秦汉政治文化模式考论》:作者首先认为"霸王道杂之"是以儒法思想为主进行政治文化整合的一种政治文化模式,然后又对其学术思想渊源、在汉代的政治实践进行了分析,对其历史影响与现实意义进行了评价。通过分析研究,作者认为汉代形成的"霸王道杂之"与战国百家争鸣中的王霸之辨有着密切的关系。从思想发展的逻辑上讲,王霸之辨从孔子到孟子再到荀子经历了一个复杂的认识过程。"霸王道杂之"主要表达了两个层面的意思:一是王霸结合,即代表儒法结合,由此延伸是礼法、德刑结合;二是在王霸结合的前提下同时杂取其他学派的政治思想来治理国家。"霸王道杂之"这一政治文化模式在政治、法律制度与意识形态的连接部位起着一种支撑和稳定作用,这也是中国封建社会形成超稳定结构的一个重要原因②。

刘红卫的《王、霸的时序性——试析由王道向霸道转变的原因》:认为在春秋战国时期,王道政治由于自身体系内部的矛盾,即人性善的理论与人性的本质的矛

①孙晓春:《王霸义利之辩述论》,《吉林大学社会科学学报》1992年第3期,第6-11页。

②韩星:《"霸王道杂之":秦汉政治文化模式考论》,《哲学研究》2009年第2期,第54-60页。

盾、理想化的为政理念可望而不可及、过于内倾的文化导致的软弱性,使王道政治很难适应拨乱反正的需要,而霸道重仁、智、农、兵,正好克制了王道的不足,是对王道的批评继承。但霸道也只是一个过渡阶段,随着历史的发展,霸道政治将最终被法治所替代①。

秦闻一、常培军、高卫星编著的《统治的规则与艺术》第一章《王霸论》:对春秋战国时期儒道法三家的王霸观进行考察,从帝王统治的角度认为王霸是两种不同的统治思想和规则,但都是帝王之术,王道的特点是先教后杀,德礼刑政并用,霸道的特点是先事而后兵②。

王鸿生的《中国传统政治的王道和霸道》:从现代政治学的观点看,王道和霸道都没有"合法性",但有其历史的合情合理性和文化正当性。无论是王道还是霸道,都是君主政治,而非民主政治③。

任力的《先秦儒家"王霸"思想及其启示》:文章认为"王道"取天下靠的是"德",即精神和道德的力量;"霸道"取天下靠的是"力",即物质和武力的手段。先秦儒家王霸思想是对先秦时期各大诸侯国崛起实践的理论

---

①刘红卫:《王、霸的时序性——试析由王道向霸道转变的原因》,《管子学刊》2004年第1期,第24-28页。

②秦闻一、常培军、高卫星编著:《统治的规则与艺术——中国古典应用政治学浅说》,中州古籍出版社,1997年,第3-30页。

③王鸿生:《中国传统政治的王道和霸道》,《武汉大学学报(哲学社会科学版)》2009年第1期,第128-132页。

总结和规律探索,体现了中国人传统的大国情怀和强国之梦①。

　　台湾东海大学吴力行的硕士论文《中国历史文化中的王霸思想演变》:该论文以王霸思想的德刑内涵为基点,论述了先秦自明清王霸(德刑)思想的演变,并对其所显示的文化精神进行了揭示,认为王霸思想演变中,德刑为主要运用准则,然而这两个观念来源仍然是道的系脉,亦即阴阳说法的传承转变。只有王霸相依为用,才能使王道始终有意义②。

　　以上论著在王霸研究方面取得了一定的成果,表现为以下几个方面:第一,对中国古代思想家的王霸思想进行了梳理描述和概括提炼,为王霸的研究提供了丰富而全面的资料来源。第二,对各思想家不同的王霸思想进行了比较研究,揭示了王霸的不同内涵。第三,对王霸范畴进行了历史考证,基本厘清了王霸的字源字义及内涵的发展。第四,对王霸之别进行了界定,主要表现为三种不同的定位:(1)从地位上区分王霸:认为王霸是皇、帝、王、霸四个不同的历史发展阶段;另外还有一种认识认为"王"指的是天下之共主,"霸"指

①任力:《先秦儒家"王霸"思想及其启示》,《中国军事科学》2007 年第 5 期,第 149—156 页。
②吴力行:《中国历史文化中的王霸思想演变》,硕士学位论文,东海大学历史研究所,1975 年。

的是诸侯之长。(2)从性质上对王霸作了不同的界定：表现为德与力、德与刑、礼与法、动机与效果、道德与事功、心术与治术、世界主义与国家主义等方面的不同。(3)从派别的角度对王霸进行了区分，认为"王道"指的是儒家的政治思想，"霸道"指的是法家或道、法两家的政治思想。

上述研究虽然取得了很多的成果，但是也存在着一些不足之处。首先，这些论著大多仅仅是从思想史的角度以思想家为基点对王霸之辨进行了梳理比较，没有把王、霸作为传统政治哲学的一个重要范畴进行具体问题和内容的梳理，因而就没有能够很好地呈现出王、霸范畴的不同内容。其次，虽然对王、霸范畴进行了初步的界定，但同时也存在界定标准的多样化、片面化的问题。再次，以往的研究仅仅是点线式的梳理，并没有对王霸进行立体的理论架构的展开，分析其内在逻辑结构及与其他政治哲学范畴的联系进而刻画出中国传统政治哲学的特征。最后，由于研究多侧重于政治学、史学角度的分析，没有将传统与现实联系起来进行考察，没有挖掘出王霸之辨的现实意义，缺少传统与现实的连贯统一。

本书在以上研究的基础上，充分利用已有研究成果，力求弥补目前的不足，以期展现出中国传统政治哲学中王霸之辨的丰富内涵并为现代政治文明提供有益的思想资源。

　　本书第一章首先对王霸进行概况性的介绍,以对王霸有一个整体性的把握。文章首先解释了王霸的字义演变,然后分别介绍王道、霸道的主要内容,最后梳理了王霸在早期儒家政治哲学史中的产生发展过程。

　　第二章内容就早期儒家围绕王霸之辨所展开的论题进行分析归纳,文章认为早期儒家的王霸之辨主要是围绕着圣王与霸主、德与力、义与利、礼与法、德与刑这几个论题而进行论辩的。早期儒家首先对历史上的圣王和霸主进行评价,总结其政治得失,在此基础上分别把王道中的道德、道义、礼制和道德教化与霸道之中的武力、利欲、法治和刑罚进行分析比较,认为只有王道才是理想的政治,从而确立了王道为政治理想。

　　第三章内容分析了早期儒家为解释王道的合法性、合理性和现实可能性而展开的论证。首先,早期儒家以天命天道来说明王道来源于天,是天意天道在人间的体现。其次,早期儒家又从历史的角度来证明王道的合理性,认为历史上曾经出现过如尧舜禹汤文武周公等治理下的圣王之治,以此来说明王道不仅可以实现而且在历史上也曾经真实地存在着。再次,早期儒家以人性为考察对象,认为王道是人性的需要和体现,而且人性是可以通过教化而向善的,所以王道所追求的道德完满的境界是可以实现的,是有现实可能性基础的。

本书前三章内容主要是总结归纳王霸之辨的基本含义、主要内容及理论框架，接着在下面几章的内容中着重从政治哲学和历史的角度对王霸进行理论分析。

第四章主要分析了王霸之辨的理论实质和理论价值。本书认为早期儒家所进行的王霸之辨实质上是他们对于政治本质、政治合法性与正当性、政治原则、政治价值的思考和把握，体现了他们对人类社会理想的社会政治生活的追求。通过王霸之辨而确立起来的王道理想，也成为中国传统政治领域内的政治理想模式、政治信仰和政治价值原则导向，对中国传统政治哲学及传统社会都产生了重要的影响。

第五章具体分析了王霸之辨的历史影响。首先系统梳理了传统政治哲学中各时期各思想家对王霸的不同看法，展示了王霸问题在传统政治哲学史中的发展过程及各时期的特点。然后又分别探讨了王霸之辨对传统政治哲学和政治实践的影响，认为王霸之辨是传统政治哲学的核心，在现实政治实践中促使人治到君主专制的出现，并形成了霸王道杂用的政治方略。

最后，在书的第六章，对王霸之辨进行了现代分析，分别探讨了王道、霸道的本质特征及王道的理论缺陷，以对王霸之辨有客观的认识。我们对王霸的研究绝不仅限于对此有一个清晰的认识，还在于探索其现代价值。本书认为王道确立的道德理想和道德信仰对现代性危机导致的信仰危机、道德危机都有很好的借鉴意义，同时王霸之辨所论及的处理国际政治关系的理论对全球化下的国际政治理论也具有启发意义。

在此基础上，本书力图实现以下几个方面的理论创新：首先，从政治哲学的角度，把王霸作为中国传统政治哲学的核心范畴进行研究。其次，以早期儒家的王霸之辨思想为基点，从早期儒家所聚焦的问题的角度系统梳理早期儒家的王霸之辨，呈现王道、霸道的主要内容，并分析其理论架构，探究王霸与中国传统政治哲学中其他范畴的逻辑关系，以更好地认识中国传统政治哲学及中国传统社会政治的特质。再次，通过分析早期儒家王霸之辨的理论得失，挖掘其积极意义，使其展现出思想的活力，以借鉴于现代社会政治文明建设。

然而本书的写作也存在着一些难点。本书涉及大量的原始材料，在研究过程中对材料的整理吸收是一份庞大而细致的工作。另外，本书对王霸问题进行逻辑地分析与理论框架的建构，需要对中国传统政治哲学及西方政治哲学有一个全面的了解，而本人基础薄弱，对中西政治哲学的理解还有待提高。同时，本书注重挖掘早期儒家王霸之辨的现实意义，就必须对当代社会政治问题和国际形势有较清楚的了解，由于学科的限制，这方面也是难点之一。由于以上原因，本书存在着许多不足之处，也有很多有待进一步深入研究的问题，在以后的学习研究中将做进一步思考,以期对王霸之辨有清晰准确的认识,提炼出更多有益于当代政治文明建设的优秀传统文化资源。

第一章　王霸之辨的产生发展

　　王道政治是中国传统政治的独特本质,中国传统政治体制当然是君主制,是中央集权的皇帝家天下的政治制度,但与其他文明中的君主制不同的是,中国的传统政治具有一种道德理想追求,中国的帝王必须要以尧舜禹这样的圣王为典范,中国的传统政治必须要以道德治国为其基本方针,传统政治的最终理想必然是道德完备的王道社会。这样的观念奠基于夏商周时代,中国传统社会的政治发展虽然在以后的时代中无法符合王道的理想标准,但它的发展无不尊奉这样的道德理想和设计来实践,因而就给统治者和思想家们带来了永恒的话题,于是王霸之辨成为中国传统政治思想的核心。孔子所开创的儒家作为传统文化的正统继承者,率先从正面对夏商周的王道政治进行了系统的反思,在礼坏乐崩的春秋战国时代,鲜明地表明了自己的政治立场,对现实政治进行了毫不留情的批判,并进而在秦汉时期系统地建构了王道政治的理论体系。儒家政治理想和道德原则的建立,不仅影响了诸子百家政治思想的发展,同时由于汉代将之确立为官方政治意识形态,进而主宰了后续的中国传统社会政治文化的发展。本章主要探讨王霸之辨的起源、在先秦和秦汉时期的演变,并对其具体探讨内容进行详细的介绍。

第一节 "王""霸"的含义

王字出现比霸字早。王,最初是一个象形字,在甲骨文中作🔾,像一个无柄的斧钺之头,刃部朝下放置之形,而斧钺本为军事统率权的象征物,后象征权力,进而引申为最高的执掌权力的人。在《尚书》中,夏以前的尧、舜、禹都称为帝。夏朝开始称最高统治者为王,称以前的统治者为先王,此时,王或先王都是指具体的人,即拥有最高权力的人。商周时期,由于尊天敬祖,先王之道、先王之制、先王之典逐渐成为后王应仿效的统治标准。此时,先王不再指作为人物的具体的王,而具有了抽象的意义,先王更多是和先王之道联系在一起的,作为一种政治治理方式和原则让后人来效仿。先王之道引申为先王所创立的政治原则、政治理念,它逐渐脱离了具体的时代内容成为抽象的、永恒的政治经验和法则,成为一切王应该遵守的原则。王也由具体的继承先人王位的某一人泛指一切统治天下的王,成为代表最高权力者等级称号的政治名词。春秋战国时期,"王"的内涵更加丰富,并进一步上升为一种价值评判标准。由于尧舜禹汤文武周公所开创的时代是如此的伟大,对文明发展所建立的功勋是如此的神圣,于是他们所建立的"先王之道"便成为春秋战国以后儒家所理想的王道。王道既是指尧舜禹汤文武周公所建立的道德理想得以实现的和谐社会,也指实现这种社会理想状态的治国理念、治国方针。随着春秋战国霸道的出现和盛行,王道成为儒家进行社会政治批判的价值标准。在这样的语境下,在儒家那里"王"自然与"霸"相对,成为一个专有名词概念,衍义成为具有道德理想和功德的圣王,这样一个与霸主相对的道德完备、功德完美的圣王形象,后来便成为历代统治者必须追求和仿效的典范。如果泛指的话,王的意义是很宽泛的,但是作为儒家王霸之辨中的"王"是有其确切所指的,指的是作为儒家道德批判和价值标准的"王"。

霸,本义是一种天文气象,金文中开始出现。《说文》提到:"霸,月始生,霸然也,承大月二日,承小月三日,从月霏声。"①霸本义为月之光体,在殷周时均为其本义,并没有任何政治内涵。后来霸字与伯借用,互相通假,开始具有了政治含义。霸的政治含义的内容是从

①《说文解字》卷七《月部》。

"伯"字而来。伯,本义为长,也是诸侯、方伯的称谓。作为诸侯之称,伯指一种等级称号,西周实行宗法制,分封诸侯,确立了公侯伯子男不同的贵族等级制度。至于方伯之"伯",则指的是一方诸侯之长。上古社会,交通不便,地域广袤,统治力薄弱,天子很难实际统治全国各诸侯国,于是便指派具有威望和功勋的贵族为一方诸侯之长,代天子维持一方的平安,根据天子的旨意,或者依据国家的法度,负责征讨违反国家礼制的诸侯,抗击夷狄的入侵,保护华夏文明的延续与发展。历史上周公、召公都曾担任这样的职责,文王在殷商王朝就做过西伯。传说中东南西北四方都有伯,代天子治理四方,所以成为"方伯"。方伯之伯乃为一方霸主,可以代天子行赏罚征讨,位高权重。于是在春秋时期,当周天子势力衰微、德行丧失、失去了诸侯的敬畏时,各方强大的诸侯便纷纷突起,发展国力,挟天子以令诸侯,渴望成为一方霸主。这样既可以维持华夏文明,安定一方诸侯,也可以满足其扩大领土人口的欲望。春秋五霸就这样纷纷登场,传统的礼制无人遵守,出现了诸侯争霸的混乱局面。这种政治的混乱格局,给社会和人们的生活带来了极大的破坏,当时的思想家从不同角度对此进行反思,提出自己的见解和对策,于是诸子百家蜂起论争,其中一个核心问题便是对传统的先王之道与现实之中的霸主之道的考量和选择,王霸之辨由此产生。王霸之辨的"霸"就这样从古代社会政治中"伯"转化而来的。

春秋时期，周王室逐渐衰微，诸侯势力强大，实力较大的诸侯成为诸侯之长，齐桓公、晋文公、宋襄公等相继而起，被尊为伯。但由于周天子势力衰微，这个时期相继而起的五霸并没有正式的封号，只是凭实力号召和威胁各诸侯成为霸主。霸于是成为政治名词，但并没有霸政之义。在这个时期，王霸只是等级名分上的差异，并没有政治价值内涵上的对立。春秋时期的霸主虽然比不上西周时期那样尊奉天子，但相对于战国的乱世来说，春秋五霸兴灭国、继绝世，反击了夷狄的侵略，对于维护华夏文明还是有贡献的。所以，春秋五霸在先秦诸子心中的评价还是很复杂的，并不是绝对的否定。但春秋五霸对礼制的破坏，对自身欲望的无所节制，不仅导致了自己国家的衰亡，而且也加剧了时代的混乱和痛苦。因此如何恢复往日西周的辉煌，如何认清现实的错误，便成为先秦诸子的时代课题，王霸之辨便由此成为诸子争论的中心。到了战国时期，孟子首先最为鲜明地揭示了王与霸的不同，并予以了绝对对立、势不两立的道德价值评判。

战国中期，诸侯争霸愈加激烈，各诸侯国纷纷采取策略富国强兵以图称霸诸侯，霸的含义由单纯的诸侯之长发展为称霸的策略和措施即霸政。相对于霸政，以往的王政具有了道德理想、现实完美的政治意蕴，王政不是指具体的、客观的天子统治方式,而是指依据圣王之道实施统治的政治模式。王与霸的相对出现,既是指两种政治历史的客观存在,也是指两种不同的治国方针和理念,因而王霸一词的连用便具有了一种道德价值评判的意味。于是,王霸之争便引起了思想家的讨论,儒家学者认为王道的政治方略不仅正当而且是理想的,以此统治将达到一种完满的社会状态,只要统治者克己复礼便能恢复西周的王道,于是王道由王的统治之道进而成为儒家的政治理想和政治信仰。道家则批判文武周公所建立的王道理想,法家则进一步发展霸道思想,以富国强兵、诸侯集权为根本目的,反对儒家不切实际的道德政治。

霸主以霸政统治的霸道社会,在中国传统政治中是与儒家追求的王道社会相对存在的。孟子首提王霸之别,赋予王霸对立的政治内涵,王霸开始作为政治哲学中一组对立的范畴出现。从王霸范畴的发展演变可以看出,王霸在中国传统政治哲学中具有以下几种涵义:

1. 等级称号。王一般指天子,最高权力拥有者,历史上的三王,通常指的就是夏禹、商汤、周武王。春秋时有的诸侯在本国内也称王,如在《左传·庄公四年》中:"四年春,王三月,楚武王荆尸,授师孑焉,以伐随。将齐,入告夫人邓曼曰:'余心荡。'邓曼叹曰:'王禄尽矣。盈而

荡,天之道也。先君其知之矣,故临武事,将发大命,而荡
王心焉。若师徒无亏,王薨于行,国之福也。'王遂行,卒
于樠木之下。"①这里的王指的是楚庄王。春秋时代,天
子衰微,楚国、齐国、秦国等僭越称王,但战国时代则列国
国君皆得称王。霸(伯),指诸侯之长。《礼记·曲礼》:
"五官之长曰伯,是职方,其摈于天子也。"如召公封在北
方,姜尚封在东方齐国,都是一方伯主。春秋战国时比较
有代表性的就是齐桓公和晋文公。他们原都是周朝的
分封国,后实力强大,成为诸侯之长,举行诸侯会盟,解决
诸侯之间的纷争,讨伐不尊王室的诸侯,征讨侵略的夷
狄,维护周王室的权威和稳定。在这里王和霸是分开使
用的,是不同等级的称号。

2.政治治理之道。王者霸主的出现自然引起了春秋
战国时代思想家和政治家的思考,成王成霸乃是春秋时
代各国统治者的政治梦想。回顾历史,如何再现先王的
王道社会,如何使自己的诸侯国成为一方霸主,二者又
分别以什么样的方式治理国家,王道、霸道分别是什么,
哪一种更符合政治的本原意义等等问题成为春秋战国
时代各国政治家和思想家关注的中心。王霸概念由此
进一步发展为王道霸道两个政治哲学范畴。王道霸道
分别指王者之政和霸者之政,王者之政是指三代先王所

---

① 《左传·庄公四年》。

施行的以仁义取天下、以道德治天下的仁政;霸主之政
是凭借武力、刑罚、计谋、权势等进行统治的治国方略。
孟子认为王道是以德治使人心悦诚服,而霸道则是以力
假仁,通过财富和兵力、权谋和野心,假借仁义名义企图
号令天下,其动机和最终的目的是满足一己之私欲,因
而并不能真正得到民心的拥护,最终无法长久地维持统
治。孟子说:"以力假仁者霸,霸必有大国;以德行仁者
王,王不待大。汤以七十里,文王以百里。以力服人者,
非心服也,力不赡也;以德服人者,中心悦而诚服也,如七
十子之服孔子也。"①行霸道可以使国家得以富强,但很
难靠行霸道而得天下,况且财富、武力等手段不可能长
久地维持和拥有,不如依靠仁义德治赢得民心拥护的方
式来赢得天下、治理天下。荀子认为:"隆礼尊贤而王,
重法爱民而霸。"②王道是以礼、德来治理社会,霸道则是
以法、力。王道是治理国家的最高原则,霸道是次于王道
或与王道相对的治国方式。相比昏君、暴君而言,圣王和
霸主的治理模式都是对社会政治有益的。由于王道和
霸道是两种差异很大的治国方式,那么在评说某个国家
的政治治理模式时,使用王道或霸道一词便具有了价值
评判的意味,王道和霸道也成为了一种价值标准。

　　王道、霸道不仅是治理天下国家的两个不同的理

---

① 《孟子·公孙丑上》。
② 《荀子·强国》。

念,同时也是统一天下的两种方式。在夏商周时代,行王道则得天下,行暴政则失天下。王道既是实现理想社会状态的治理方式,也是商汤、文武王统一天下的主要手段,正是靠着行王道,商汤和文王、武王才赢得民心,取得天下。在春秋时代出现的五霸,以及战国时期的七雄,主要的目的就是如何壮大自己的力量以赢得天下。春秋战国的五霸和七雄不能说是完全失败,在乱世之中都曾各自称雄,但是最终都没有赢得天下。虽然秦王朝最终统一天下,但是在传统儒家看来,其业绩是不予承认的。王道社会肯定是天下一统,但是天下一统不一定都是王道,短命的秦王朝反而成为霸道失败的最好例证。正是有鉴于秦王朝的覆亡,汉王朝才最终选择了儒家王道理想作为官方的意识形态,从而使儒家的王道政治思想影响了整个传统社会。

3. 社会政治状态。实行王政将会达到的一种理想社会状态即王道社会,以霸政统治的社会则是霸道社会。王道社会是传统儒家的最高社会政治理想,是儒者终身所追求实现的社会政治目标,是儒者坚定的政治理想和政治信仰。如《礼记·礼运》中孔子对大同小康社会的憧憬,孟子也多次提到使人民养生丧死无憾的王道社会:"五亩之宅,树之以桑,五十者可以衣帛矣。鸡豚狗彘之畜,无失其时,七十者可以食肉矣。百亩之田,勿夺其时,数口之家可以无饥矣。谨庠序之教,申之以孝悌之义,颁白者不负戴于道路矣。七十者衣帛食肉,黎民不饥不寒。"①孟子将这种理想化的社会治理模式称之为"不忍人之政",希望统治者通过内心所具有的仁心——不忍人之心,推广到整个天下,使百姓都得其利。先秦儒家所总结和信仰的这种王道理想,在汉代被官方所认可,于是儒家的王道理想成为中国传统政治文化的核心理想与价值标准。在对理想政治的追求和社会现实政治的评判的同时,王霸之辨也自然成为中国传统政治哲学的核心。

总之,在传统社会历史的发展中,王霸被赋予了多重内涵,它既指夏商周和春秋战国不同的具体历史时期,也指这不同时期所代表的社会政治模式,同时也指这两种不同社会的具体治理方针和道路,更高远的,它还成为一种政治评判的价值标准。王道社会既是儒者的人生信仰,又是历代统治者和士人所追寻的政治理想。

我们今天的政治哲学研究所需要关注的是政治行为所应遵循的原则和制度,这些原则制度所从出的规范和价值观念及规范和价值观念的基础,从哲学的角度去思考人类社会的政治行为。所以本书主要在政治哲学视域内对中国传统政治哲学的核心范畴王道和霸道进行初步的探索,探求传统社会中对政治原则、政治方略

---

① 《孟子·梁惠王上》。

的思考以及其深层次的价值观念基础,以期深入地认识中国传统政治的本质,更好地继承中国传统政治智慧。

第二节　早期儒家王霸之辨的产生与发展

虽然直至战国中期,孟子是王而非霸,才出现王道霸道之别,但中国传统政治中对王道政治的认识和追求却由来已久。王道霸道是中国传统社会政治发展的产物。王道比霸道的历史更久远。王道政治是从尧舜禹汤文武周公孔子的智慧中产生的,是对尧舜禹夏商周社会状态的理想化,是儒家所信仰、追求实现的社会政治理想。王道的典型代表便是自尧舜以至文武周公的历代圣王。与王道相对应的一个概念是霸道,是远逊于王道的称霸之道,霸道是随着春秋战国诸侯争霸而产生的,典型代表是春秋五霸。

一、尧舜禹——王道政治的缘起

先秦儒家对历史的溯源最早到尧舜禹,现存最早的文献《尚书》就是从尧舜的禅让开始的。尧舜禹时代的政治究竟怎样,由于缺乏记载难以定论。但我们从现存的古代文献中可以看出,那个时代是天下大公、百姓和乐的时代。在尧舜禹时代:

　　大道之行也，天下为公，选贤与能，讲信修睦。故人不独亲其亲，不独子其子，使老有所终，壮有所用，幼有所长，矜寡孤独废疾者皆有所养。男有分，女有归。货恶其弃于地也，不必藏于己；力恶其不出于身也，不必为己。是故谋闭而不兴，盗窃乱贼而不作，故外户而不闭。是谓大同。①

天下为公，人们之间没有私利，表明了那个时代还没有出现私有制，因而也不可能产生国家的形态，还处在原始社会阶段。那个时代所谓的王，或者天子，应该就是部落首领，或者部落联盟的首领。但是在古人眼里，那个时代的英雄人物与后起的圣王一样，都是神话般的道德完备的圣王，是历朝历代所尊奉崇拜的对象。禅让制就是那个时代道德最为高尚的表现。在后人眼里，天子拥有天下最高的权力和所有的财物，如果有人为了天下百姓的利益，连天子之位都弃之如屣，可见心灵中没有一点私欲。所以，早期儒家非常推崇尧舜禹，认为他们才是真正的理想的"圣王"。在儒家心中，"王"是为天下而位天下，所以要选择有贤能的人为王。尧以舜贤将王位让于舜，舜以禹治水有功禅让给禹，后世选贤任能的机制就是上古时代禅让的延续。

————————
① 《礼记·礼运》。

王实行德政,竭尽一切心力为民养民。《尚书·尧典上》记载说,帝尧"曰放勋。钦明文思安安,允恭克让,光被四表,格于上下。克明俊德,以亲九族,九族既睦,平章百姓,百姓昭明。协和万邦,黎民于变时雍"。在他的治理下,人民安居乐业。此后,帝舜和大禹以尧的圣明,遵循其治国之道,尧舜禹时代的这种治国之道被先秦儒家认为是最为合理和理想的,足以垂法万世,成为儒家信奉和追求的理想政治。

二、夏商周——王道政治的完善

夏商西周,任贤禅让的制度变为家天下的血缘继承制,最终确定为嫡长子继承制。西周"制礼作乐",以礼乐经邦治国,建立了完备的礼乐文明。其礼乐文化和政治方略被儒家加以发扬光大,为"王道政治"的产生奠定了思想基础。

"夏道尊命,事鬼敬神而远之"①,夏王从原始的宗教崇拜中给自己的统治找了一个合理的依据,以天神天命为统治的依据,从而赋予王的统治以合理性与神秘性。殷商时期,神权政治色彩更加浓厚。"殷人尊神,率民以事神"②。殷人将天神改造为"帝""上帝",使其成为自然万物的缔造者和社会秩序的宰制者,人间王的地位是

①《礼记·表记》。
②《礼记·表记》。

由天命而来,王作为天帝在人间的代表承接天帝的意志成为现实世界的统治者,殷人借助于天帝、祖先为现实世界的王提供了政治统治的合理性与地位的不可动摇性。在夏商时期,王的统治是绝对的唯一的,是神圣不可动摇的天命。王道被赋予了神圣的天命依据。

此外,夏商治国也继承了先王的典则,在政治上尚德而治。《尚书·舜典》说商之祖先为舜之司徒,"敬敷五教,在宽"。微子之命亦谓:"乃祖成汤""抚民在宽"。仲虺作诰解释商汤放逐夏桀时,认为汤"克宽克仁,彰信兆民","王懋昭大德,建中于民,以义制事,以礼制心,垂裕后昆"①。

夏商周三代文明的发展最终以周公制礼而完成,达到了三代文明的顶峰。在孔子看来,"殷因于夏礼,所损益,可知也;周因于殷礼,所损益,可知也"②。"周监于二代,郁郁乎文哉"③。周文王武王伐纣建立了周王朝,周朝在治国之道上继承夏商之制并加以损益,成为三代文明的集大成者。周朝提出了"敬德保民"的政治原则,分封天下,制礼作乐,选贤任能,兢兢业业,以民为本,为儒家政治思想的发展奠定了基础。大禹及其儿子启所建立的夏王朝、商汤所建立的商朝和文王武王所建立的周

①《尚书·仲虺之诰》。
②《论语·为政》。
③《论语·八佾》。

王朝,同样在儒家思想中被称为王道社会。虽然夏商周社会由于家天下被有的儒者称之为小康社会,看作是比尧舜禹时代德行次一级的社会,但早期儒家的主流观念还是将尧舜禹汤文武周公等同起来,都看作是对中华文明做出重大贡献的圣王。因此,在儒家思想中尧舜禹汤文武周公被儒家奉为圣王,被当作自我实现的最高境界的现实证明。他们所开创的时代被儒家看作是王道理想实现的时代。

武王伐纣建立了西周王朝,为了解释小国周替代大国商的合理性及可能性,执政的武王之弟周公提出了天命转移说,认为"天命靡常"①,而要保有天命,唯有以德配天命,"惟王其疾敬德,王其德之用,祈天永命"②。王如果没有德就要被有的人取代,而上帝判定人间的王是否有德的依据就是人民的意愿。作为王如果要维持天命、维持统治就要敬德保民,注重自己的德行,明德慎罚以取得民心,以德配天。人间的王只要努力以德爱民,就能维持天命。虽然依然有天命存在,但周朝的人对天命和人自身的存在价值已经有了初步的理性认识,如西方的文艺复兴一样发现了人自身,即使人的主观努力仍旧笼罩在天命之下。这样,王道不仅具有了神圣的天命依据,也被赋予了人文内涵。

①《诗经·大雅·文王》。
②《尚书·召诰》。

夏商和殷周之际的朝代改换与革命,不仅提高了人对政治运行的理性认识,在制度上也有了更成熟的思考。周公认识到要维持西周的统治,除了谨遵天命,还必须建立相应的规范,确定尊卑贵贱、远近亲疏;明确阶级关系、血缘关系;按照尊卑有分、贵贱有等、长幼有序、轻重有别限定特权义务。为此,周公对周王朝的治理做出重大变革,实行宗法分封制,并在此基础上形成以"礼治"为核心的系统的典章制度——礼乐文明。

> 周室自文、武始兴,崇道德,隆礼义,设辟雍、泮宫、庠序之教,陈礼乐、弦歌移风之化。叙人伦,正夫妇。天下莫不晓然论孝悌之义,惇笃之行。故仁义之道,满乎天下,卒致之刑错四十余年。远方慕义,莫不宾服,《雅》、《颂》歌咏,以思其德。①

西周以礼乐经邦治国,崇尚道德礼义,注重教化引导,并在周初以"礼制"的典章制度确立了等级社会的上下亲尊,将习俗法定化、规范化;《尚书·洪范下》中的"皇极"和"王道"思想的建立则将周初礼乐文明中的政治伦理、政治行为和政治手段固定化、系统化,进而发展为"礼治"的政治理念,为儒家的王道政治构建了理论框架,提

---

① 《战国策·序》。

供了现实证明和具体的制度范本。《尚书·洪范下》中
"皇极"对王道作了最初的描述：

> 无偏无陂,遵王之义。无有作好,遵王之道。无
> 有作恶,遵王之路。无偏无党,王道荡荡。无党无
> 偏,王道平平。无反无侧,王道正直。会其有极,归
> 其有极。曰皇极之敷言,是彝是训,于帝其训。凡厥
> 庶民,极之敷言,是训是行,以近天子之光。曰天子
> 作民父母,以为天下王。

王道的特点是无偏党,无偏颇,无反侧,荡荡、平平、正直,
是大中主正之道。王道的作用是以此为标准教化百姓,
作为社会的准则、治理百姓的通则,使百姓遵其义、道、
路,"是训是行,以近天子之光",天子之所以能够成为天
下一统的统治者就在于以民为本,为民父母。

　　同时,西周在宗法制的基础上分封建国、封爵授土,
实现"封建亲戚,以藩屏周"[1];形成以王室为中心、以诸
侯国为纽带、层层隶属、上下一统的国家形态。西周的分
封形成了各个诸侯国,从而产生了作为诸侯之长的伯,
由此,中国古代政治思想上出现了伯的概念。在西周初
期,各诸侯国受封于天子,服从周天子的命令,定期进行

---

[1]《左传·僖公二十四年》。

朝贡。自此,不仅王道思想内容进一步完善,霸主也逐渐登上了历史舞台。

三、春秋——王道理想的确立

在春秋时期,礼崩乐坏,天下大乱,儒家力图恢复他们所认为的美好的王道理想,即上古三代及西周的礼乐文明,以仁德礼义治国。孔子综合了尧舜禹夏商周的治国之道,并统一在一个理想的政治模型——王道政治中,创立了一种新的政治思想,为后世制定了万世法。

为改变社会转型时期的天下失道的混乱局面,孔子不仅带着弟子们周游列国,游说诸侯,又论《诗》《书》,定《礼》《乐》,祖述尧舜,宪章文武,对历史上的圣王政治进行了理论总结,对现实的社会混乱予以了道德批判,强调要在现实中挺立王道政治理想,力图恢复西周的礼乐文明,恢复尧舜禹夏商西周时期的美好的王道理想社会。《史记·十二诸侯年表》说:"是以孔子明王道,干七十余君,莫能用,故西观周室,论史记旧闻,兴于鲁而次春秋,上记隐,下至哀之获麟,约其辞文,去其烦重,以制义法,王道备,人事浃。"《汉书·地理志下》中说:"孔子闵王道将废,乃修六经,以述唐虞三代之道。"孔子向往的王道社会是尧舜禹夏商周的社会形态,在王道社会中,以礼乐制度治理社会,具有良好的社会秩序,君臣父子夫妇秩序分明,君主道德高尚,仁民爱物。

　　在孔子看来,实现王道社会的方式是为政以德。"道之以政,齐之以刑,民免而无耻;道之以德,齐之以礼,有耻且格。"①因此,孔子提出"克己复礼"②,从内在的道德修养和外在的礼乐制度的约束两个方面来实现王道。内在方面,孔子首提"仁"的思想,仁者爱人,推己及人。为政要以仁为本,孔子要求统治者首先要时时约束自己,提高自身的道德修养,进而以自己的德行感召人民、教化人民去践行仁德。而为仁之本则是基于血亲之爱的家庭生活中的孝悌,家庭成员之间和睦友爱扩展到个体的人、扩展到整个社会,就会使全体社会成员之间的矛盾消除,使人与人、人与国家和社会的关系趋于和谐。外在方面,孔子提出以西周礼乐制度约束君主和人民,遵循西周的礼乐制度,周礼得以恢复,则天下归仁。除了道德感化和礼乐约束,孔子还从政治上对礼进行贯彻和落实,并设计了具体的方案——正名。正名,即按照"礼"的规定,确立起"君君、臣臣、父父、子子"的宗法等级关系,建立起既和谐又统一的统治秩序,以保持社会的有序状态。孔子在总结上古三代的治国之道的基础上,确立起了儒家理想的社会政治形态即王道社会,为儒者确立了道德目标和社会理想。

　　春秋时期,幽王失德被杀,平王被迫东迁,周王室的

---

① 《论语·为政》。
② 《论语·颜渊》。

军事、经济实力遭受严重破坏,政治地位亦急剧下跌。区域性的诸侯之长——霸主,代之而兴,成为各诸侯国实际上的政治重心。周天子的权威下降,天子与诸侯之间的礼义制度被破坏。诸侯之间为了扩大势力不断征战,霸道大兴,形成了春秋五霸的局面,霸主的地位在政治思想上凸显出来。尽管如此,周王室的王位在表面上还是可以维持的:

> 五伯之起,尊事周室。五伯之后,时君虽无德,人臣辅其君者,若郑之子产,晋之叔向,齐之晏婴,挟君辅政,以并立于中国,犹以义相支持,歌说以相感,聘觐以相交,期会以相一,盟誓以相救。天子之命,犹有所行;会享之国,犹有所耻。小国得有所依,百姓得有所息。①

霸主地位虽然主要靠实力获取,但在形式上,却必须得到周王室的承认。霸主发号施令尚需借周王室的名义,霸主有率领诸侯维护周王室的义务。所以孔子尽管向往和宣扬王道,但对霸道和进行争霸战争的霸主们的评价也比较客观,他只是反对为霸而霸,而希望由霸而王最终实现其理想的王道。齐桓公依靠权术谋得高位,又

---

① 《战国策·序》。

出兵攻打鲁国,采取手段逼死残杀对手,管仲不仅未"杀身成仁",反而被桓公选中以相其治国。子路、子夏等觉得管仲"未仁""非仁者",但孔子却说:"桓公九合诸侯,不以兵车,管仲之力也。如其仁,如其仁!"[1]"管仲相桓公,霸诸侯,一匡天下,民到于今受其赐。微管仲,吾其被发左衽矣!"[2]孔子认为"仁"是最高的道德,他一般不轻易许人,而却称赞管仲为仁,由此可以看出他对称霸君臣和霸道的肯定。但孔子向往的仍是王道的理想社会,管仲没有辅助齐桓公达到王道政治,所以他又说:"管仲之器小哉!"[3]

春秋时期,孔子总结先王之道,确立了儒家的王道理想,虽然霸主的地位逐渐凸显,但由于霸主仍然尊王攘夷,所以在春秋时期王道霸道并没有对立起来。

四、战国——王霸之辨的展开

春秋后期及战国,根据《战国策》记载:

> 仲尼既没之后,田氏取齐,六卿分晋,道德大废,上下失序。至秦孝公,捐礼让而贵战争,弃仁义而用诈谲,苟以取强而已矣。夫篡盗之人,列为侯王;诈

---

[1]《论语·宪问》。
[2]《论语·宪问》。
[3]《论语·八佾》。

谲之国,兴立为强。是以传相放效,后生师之,遂相
吞灭,并大兼小,暴师经岁,流血满野;父子不相亲,
兄弟不相安,夫妇离散,莫保其命,潜然道德绝矣。
晚世益甚,万乘之国七,千乘之国五,敌侔争权,盖为
战国。贪饕无耻,竞进无厌;国异政教,各自制断;上
无天子,下无方伯;力功争强,胜者为右;兵革不休,
诈伪并起。①

如果说春秋时期周王室的权威还得以残存,那么到了战
国,周王室已经被诸侯完全抛弃了。各诸侯已经完全置
礼义于不顾,狂热地追求武力强国。

随着形势的发展,战国时期兼并战争愈演愈烈,"尊
王攘夷"已成为历史。战国七雄并峙而立,周王室已经
完全失去威信,周天子名存实亡,已经没有任何面子上
的权威可言,天下诸侯纷争,急功近利、富国强兵成为当
务之急,一统天下的王道治国原则被丢之脑后。法家、纵
横家横行天下,儒家因其坚守王道理想而被现实社会边
缘化。王道被弃,霸道成了通行的政治原则。王道、霸道
的分立已成定局。

战国中期,孟子首提王霸之别,是王而非霸,把霸道
理解为与王道不同的政治文化,极力提倡王道,坚决批

①《战国策·序》。

判反对霸道政治。其后,荀子继续探讨王道与霸道的关系,大王而小霸,认为王、霸是不同层次的治国之道,王道固然是最高的理想政治,霸道也是可以接受的低一层次的政治。从此,王霸之辨顺着孟荀的两条不同思路发展,成为我国传统政治思想史上影响较大的命题。

孟子生活的时代比孔子更加混乱,"民之憔悴于虐政,未有甚于此时者也"①,面对王道的隐退、霸道的嚣张及霸道给人民生活带来的巨大痛苦,孟子率先提出"王霸之辨",对王和霸进行了鲜明的对比和辨析:"以力假仁者霸,霸必有大国;以德行仁者王,王不待大。汤以七十里,文王以百里。以力服人者,非心服也,力不赡也;以德服人者,中心悦而诚服也,如七十子之服孔子也。"②在孟子看来,王者不必有大国,不必兵强马壮,王道以德行仁,使人心悦诚服;霸者假借于仁而实际上靠强力使人不得不服,这就必须要有足够强大的军事和经济实力,然而这种征服并不是真正的服从,只是由于力量无法与之抗衡而被强迫下的服从。孟子鲜明地提出王和霸的区别在于是"以德服人"还是"以力服人","德"与"力"分别是两种不同的政治方略,会导致不同的政治结果即王和霸。王与德才是理想的治理和统一天下的政治方式,霸与力必定不能安定天下。

①《孟子·梁惠王上》。
②《孟子·公孙丑上》。

在孟子看来，王是天子的统治方式，霸是诸侯的统治方式："故汤之于伊尹，学焉而后臣之，故不劳而王；桓公之于管仲，学焉而后臣之，故不劳而霸。"①王霸统治方式不同，所达到的效果也是不同的，霸者凭借武力假托仁义，必须具备大国的条件，霸之所以霸是由于其土地甲兵之强使人感到畏惧，而非心服，只是国力不如而已。王者以仁义行天下，天下之人心服，因此即使是很小的土地也可以使天下归顺。只有心服才能真正王天下。在不同的政治下，人民的状态也是不同的。"霸者之民欢虞如也，王者之民皞皞如也"②，霸道是由于土地甲兵的强大使人感到畏惧而暂时得以号令诸侯，一旦其他诸侯力量足以与之抗衡，则很快失去统治地位，因此霸者之民只是感到欢娱，但并不能坦然心安。王道是人心自然臣服，所以没有忧患，王者之民可以心旷神怡，安然自得。孟子提出只有以德实行王道才能真正拥有天下，以武力得天下并非真正得到，也不能长治久安。得天下不在于国之大小，而在于人心的向背。孟子以德与力、大与小来区分王霸，以期能够使诸侯认识到一统天下的真正意涵，以此来结束诸侯的混战，从而使人民过上理想的安定生活。

"养生丧死无憾，王道之始也"③，这便是孟子所向往

---

① 《孟子·公孙丑下》。
② 《孟子·尽心上》。
③ 《孟子·梁惠王上》。

最基本的"王道之始"。如何达到理想的王道社会？孟子从人的不忍人之心出发，将此心扩充，在政治上则可行仁政，行仁政则爱民，爱民则可得民心，得民心则天下归之，天下归之则王。在孟子看来，政治的关键在于得民心，使民心悦诚服，为了做到这一点，孟子从政治和经济的方面都提出了自己的看法。在政治方面，主要要实行仁政，去利怀仁；推恩，"老吾老，以及人之老；幼吾幼，以及人之幼"①；任贤使能；省刑罚；教民以礼义。在经济方面，首先要正经界，均井地，平谷禄；然后制民之产，使民有恒产；在此基础上薄税敛，深耕易耨，无夺农时。通过这些措施使人民"养生丧死无憾"，如此则天下归之，天下归之则可以王。孟子理想的王道社会就是：

> 五亩之宅，树之以桑，五十者可以衣帛矣。鸡豚狗彘之畜，无失其时，七十者可以食肉矣。百亩之田，勿夺其时，数口之家可以无饥矣。谨庠序之教，申之以孝悌之义，颁白者不负戴于道路矣。七十者衣帛食肉，黎民不饥不寒，然而不王者，未之有也。②

孟子首先明确提出了王霸之别，荀子则对王霸有了更为客观系统的理论认识。荀子生活在战国后期，此时

①《孟子·梁惠王上》。
②《孟子·梁惠王上》。

诸侯经过多年混战,已呈现出统一大势。霸道在诸侯争战的时期起到了重要的实际作用,一些诸侯以霸道治国,实力日益强大,成为当时社会中的重要力量,因此霸道成为各诸侯国奉行的治国方略。荀子生活在霸道盛行的时代,虽然王道仍是他的最高理想,但在当时诸侯征战力图一统天下的时局下,理想之王道难以实现,能有重法爱民的贤君成就霸业结束纷争也是荀子可以接受的。荀子认为霸道仅次于王道,王者人心向化,霸者政治修明,王者有仁德,霸者有威信,可以定天下。在乱世,对王者的希求只是一种理想,而如果有霸者出,卫弱禁暴,救民水火,虽然不如王道,在那个时代也足够安天下了。因此荀子对王霸的认识不同于孟子,孟子是王非霸,荀子则大王小霸。

《荀子》一书中对王霸论述较多,大都是把王和霸作为不同层次、不同效果的统治方式,在书中通常把统治方式和存在状态分为四种:王、霸、安(危)、亡,在对四者的对比中表达了荀子理想的王道统治方式。

首先,在治国方面,荀子认为"人之命在天,国之命在礼。人君者隆礼尊贤而王,重法爱民而霸,好利多诈而危,权谋、倾覆、幽险而亡"[1]。"修礼者王,为政者强,取民者安,聚敛者亡"[2]。王者崇礼,霸者重法,王者尽得天

---

[1]《荀子·强国》。
[2]《荀子·王制》。

下之民心,霸者称霸天下。礼是荀子政治思想的重要内容,是治国的关键,修礼就能行王道。霸者重法,治国靠的是法等具体政治措施。

由于对礼法的侧重不同,王霸的治国原则也不同:"故用国者,义立而王,信立而霸,权谋立而亡。"①王者挈国以礼义、举义士、举义法、举义志,这样臣民就为王的道义所臣服,政治基础稳固了,国家天下也就安定了。霸者虽德未至,义未济,然而却道义彰明,认真积蓄,加强战备,在刑赏已诺方面取得了天下的信任,不失信,同盟国和臣民都信任他,这样就会军队强劲、城防牢固,其威势可震天下。但霸者没有达到最崇高的政治境界,没有健全的礼仪制度,没有使人心悦诚服,所以与王者还是有一定的差距的,坚持霸道是不可能统一天下的。

在这样的原则下,王者霸者对内政的治理方面也各有特点,"故王者富民,霸者富士,仅存之国富大夫,亡国富筐箧,实府库"②。王者仁爱万民,使万民富,而霸者国家强盛主要依靠兵力,所以富足将士。在具体的为政措施上,王者修仁义,正法则,选贤良,养百姓,务本事,积财物。如此,则君子进用、敌国屈服、国家富足,天下顺,王天下。霸者慈爱百姓,辟田野,实仓廪,便备用,安谨募选阅材伎之士,卫弱禁暴,而无兼并之心,敬诸侯,修友敌之

①《荀子·王霸》。
②《荀子·王制》。

道,如此逐渐强大,则可以霸诸侯。

在治理内政时对微小的事态度不同,对王霸也有影响:

> 积微,月不胜日,时不胜月,岁不胜时。凡人好敖慢小事,大事至然后兴之务之,如是则常不胜夫敦比于小事者矣。是何也?则小事之至也数,其县日也博,其为积也大;大事之至也希,其县日也浅,其为积也小。故善日者王,善时者霸,补漏者危,大荒者亡。故王者敬日,霸者敬时,仅存之国危而后戚之,亡国至亡而后知亡,至死而后知死,亡国之祸败不可胜悔也。霸者之善著焉,可以时托也,王者之功名不可胜日志也。财物货宝以大为重,政教功名反是——能积微者速成。①

王者时时刻刻以政事为重,功以日志,霸者以季度为事,所做之事很明显,可以以季度来记录。霸不如王。

其次,王霸的实现除了以何种方法来治理国家之外,与谁一起治理也十分重要,所以荀子的王霸观也很重视用人。

> 彼国错者,非封焉之谓也,何法之道、谁子之与

---

① 《荀子·强国》。

也？故道王者之法与王者之人为之,则亦王;道霸者
之法与霸道之人为之,则亦霸;道亡国之法与亡国
之人为之,则亦亡。①

王者是奉行王道(依靠德化、遵行礼义、推行仁政)而能
称王天下的人,王者之人指王者的辅佐大臣,也就是奉
行王道的大臣。霸者,奉行霸道(依靠强力、借仁义之
名、努力确立信用)而能称霸诸侯的人,霸道之人指奉行
霸道的辅佐诸侯的人。亡国之法指追求功利、专搞权谋。
王者除了要实行王者之法外,还要与奉行王道的人一起
治理,才能王天下。所以"与积礼义之君子为之则王;与
端诚信全之士为之则霸;与权谋倾覆之人为之则亡"②。

　　最后,对于隆礼重贤是否能够彻底、纯粹地贯彻和
使用,所形成的政治结果也有差别。

　　　　彼持国者,必不可以独也,然则强固荣辱在于
取相矣。身能相能,如是者王;身不能,知恐惧而求
能者,如是者强;身不能,不知恐惧而求能者,安唯便
僻左右亲比己者之用,如是者危削,綦之而亡。国
者,巨用之则大,小用之则小,綦大而王,綦小而亡,
小巨分流者存。巨用之者,先义而后利,安不恤亲

---

①《荀子·王霸》。
②《荀子·王霸》。

疏,不恤贵贱,唯诚能之求,夫是之谓巨用之。小用之者,先利而后义,安不恤是非,不治曲直,唯便僻亲比己者之用,夫是之谓小用之。巨用之者若彼,小用之者若此,小巨分流者亦一若彼、一若此也。故曰:"粹而王,驳而霸,无一焉而亡。"此之谓也。①

纯粹以义来统治,还是义利驳杂,是王霸之别所在。在荀子看来,王道是礼义为上,不杂以利,是王者与王者之人以王者之法共同配合而成的。霸道则义利驳杂,统治者没有能力,而尊贤者为相,以霸者之法行。

此外,在对外关系上,在与其他诸侯国的关系上,王者霸者所采取的措施也不同。"王夺之人,霸夺之与,强夺之地。夺之人者臣诸侯,夺之与者友诸侯,夺之地者敌诸侯。臣诸侯者王,友诸侯者霸,敌诸侯者危"②。王天下者争取的是民心,得民心者可使诸侯臣服,诸侯臣服则可王天下;霸诸侯者争夺的是同盟国,使诸侯成为自己的友邦,如此则可以称霸诸侯。可见,王霸的区别在于是得天下人之心还是各诸侯国基于各自利益而结成同盟,得人心者才能得天下。

王霸在荀子这里不是对立的两个范畴,而是两个不

---

① 《荀子·王霸》。
② 《荀子·王制》。

同层次上的统治方法。如荀子说"上可以王,下可以霸"①。虽然对霸道可以接受,但王道依然是荀子的理想政治。通过与霸道的对比,我们可以看出荀子理想的王道社会形态,荀子认为霸道是:

> 德虽未至也,义虽未济也,然而天下之理略奏矣,刑赏已、诺,信乎天下矣,臣下晓然皆知其可要也。政令已陈,虽睹利败,不欺其民;约结已定,虽睹利败,不欺其与。如是,则兵劲城固,敌国畏之,国一綦明,与国信之,虽在僻陋之国,威动天下,五伯是也。非本政教也,非致隆高也,非綦文理也,非服人之心也,乡方略,审劳佚,谨畜积,修战备,齺然上下相信,而天下莫之敢当。故齐桓、晋文、楚庄、吴阖闾、越勾践,是皆僻陋之国也,威动天下,强殆中国,无它故焉,略信也。是所谓信立而霸也。②

荀子的理想王道社会应该是霸道没有达到的境界,即德已至、义已济、本政教、致隆高、綦文理、服人心的社会状态,把政治教化作为立国之本,有健全的礼仪制度,人民心悦诚服,这样的王道政治已达到了最崇高的政治境界。荀子这样来描述王道政治:

---

① 《荀子·王霸》。
② 《荀子·王霸》。

挈国以呼礼义而无以害之,行一不义、杀一无罪而得天下,仁者不为也,揜然扶持心、国,且若是其固也。之所与为之者之人,则举义士也;之所以为布陈于国家刑法者,则举义法也;主之所极然帅群臣而首乡之者,则举义志也。如是,则下仰上以义矣,是綦定也。綦定而国定,国定而天下定。仲尼无置锥之地,诚义乎志意,加义乎身行,著之言语,济之日,不隐乎天下,名垂乎后世。今亦以天下之显诸侯诚义乎志意,加义乎法则度量,著之以政事,案申重之以贵贱杀生,使袭然终始犹一也。如是,则夫名声之部发于天地之间也,岂不如日月雷霆然矣哉!故曰:以国齐义,一日而白,汤、武是也。汤以亳,武王以鄗,皆百里之地也,天下为一,诸侯为臣,通达之属莫不从服,无它故焉,以济义矣。是所谓义立而王也。①

王道政治以义为上,不行一不义,一切政治行为都以义为标准,这样则天下定,天下定则王。

战国时期形成的孟子、荀子两种略有差异的王霸观,使王霸之辨成为儒家争论的问题之一,并以孟子、荀子为开端形成两种不同的王霸观——是王非霸与大王小霸。

---

① 《荀子·王霸》。

五、秦汉——王霸理论的完成

战国时期,诸子学派蜂拥而起,纷纷游说诸侯,或以其各自的政治主张、治国之道来取媚诸侯以期换取功名利禄,或有一统天下安民利生的宏大抱负。儒家身怀王道理想和君子人格的操守,虽然也周游列国,但其强烈的道德理想感和对往日西周礼乐制度的维护,使得儒家在战国时代日益受到冷落。虽然儒家学派人数众多,从政人员也不少,但是其政治主张没有被任何一个国家所采纳,孟子和荀子都抑郁不得志而终。众多的儒者在失望之余,依旧怀抱坚定的信仰,转而从事理论建构,希望在未来的天下统一的时代里重新得到社会的承认。

于是,战国后期至秦汉时期,大量的儒者从事与传统历史经典文化相关的整理和注释工作,并对孔子所开创的儒家思想进行系统的阐发,现今所流传下来的《周礼》《礼记》就是这个时期儒家的著作和论文选集。《周礼》是儒者依托周礼为未来时代所设计的一套完整的政治行政系统,《礼记》则是儒者们对儒家的王道理想的具体描述。《周礼》以设官分职为基本内容,其中至高无上的是天子,是王,天子为了治理国家将国家分为六个部分,即"邦治""邦教""邦礼""邦政""邦刑""邦事"。掌管邦治的官长叫作大宰,掌管邦教的官长叫作大司徒,掌管邦礼的官长叫作大宗伯,掌管邦政的官长叫作大司马,掌管邦刑的官长叫作大司寇,掌管邦事的官长叫作大司空。这叫作六官。《周礼》又把六官与天地四时相配,大宰是天官,大司徒是地官,大宗伯是春官,大司马为夏官,大司寇为秋官,大司空为冬官。在此严密的制度安排之下,天子要想贯彻自己的意志,就可以随心所欲了。《周礼》通过一套完整的官制安排表达了早期儒家对理想政治的具体设计。《礼记》中的礼是早期儒家思想的中心,它既代表了儒家的社会政治理想,又是对前代文化的总结与反省。在《礼记》中礼是现实的政治制度,是王道社会用来经国家、定社稷、序人民、利后嗣的政治制度;礼又是一套道德体系,是社会统治管理方式。亲亲和尊尊是礼的实质,通过宗法等级严格区分上下等级关系维持宗法制度和社会秩序。这样,早期儒家的王道理想不再仅仅是理论上的历史总结或单纯的政治理想,而是通过礼制的规定被设计出来,有了具体的制度上的安排。

到西汉时期,大儒董仲舒则系统地阐发了儒学思想,完成了儒学思想体系的理论化和系统化。他集成了先秦儒学对尧舜禹夏商周的王道政治的信仰,通过天命观、人性论等对儒家的政治理想、治国方针等进行了系统的论证,满足了西汉王朝对统治意识形态的需要,被官方所采纳。其所弘扬的王道理想也因而成为中国传统政治文化的主流价值观,成为历代帝王和士大夫所实践追求的政治信仰。董仲舒以天人感应论来论证王道政治的合法性,他认为天是万物的创生者,是人间的主宰者,天通过选择天子来代天治理天下,所以在董仲舒看来,王是天命的,因此王道就具有天命的合法性。王是能通天地的人,他禀受天命代天治民,那么他就要顺从天意,按照天道来治理社会。董仲舒以阴阳五行来描述天道,又把社会政治与之相比附,认为天道阳尊阴卑,那么相应地人道之中就是德主刑辅,他认为"仁义制度之数尽取之天"①。王道来源于天命,是天道在人间的具体体现。同时董仲舒还认为人性有三品,有圣人之性、中人之性、斗筲之性,其中中人之性是可以改变的。他认为人天生具有善质,善质需要经过教化才能变为善性,因此他强调王道道德教化的重要性。董仲舒通过天人关系和人性说进一步论证了王道的合法性和必要性。此外,董仲舒所提倡的儒家学说被汉武帝纳为官方学说,从而使王道从民间的理论上升为官方的意识形态,具体落实到了政治实践中。这样,王道理论经过董仲舒多方面的论证和提倡逐渐成为一个系统而完善的思想理论。

第三节　王道的具体内容

　　人类活动进入有组织的社会,出现了国家政治,这

————————

①《春秋繁露·基义》。

是人类文明进步的标志。人类在不断摸索创建自身的社会组织的同时,也在不断地反省总结自己的社会实践的经验教训。通过《尚书》的记载,我们能够得知尧舜禹和夏商周时代都在不断地总结执政得失、国家兴亡的经验教训。当中华文明发展到春秋战国这个大转型的时期,人们开始反省和思考上古三代文明的发展道路和经验,以期为混乱的现实寻找出路。孔子所开创的儒家通过对上古三代历史的继承和反省,通过对现实社会政治的批判,通过与诸子的论辩,详细地论证了三代文明的理想政治原则和内容,并对现实社会政治的发展提出了具体的设计,这就是先秦儒家所展开的王霸之辨的具体内容。它不仅确定了传统儒家政治思想发展的基本方向,也深深地影响了现实社会政治的演变。

王道作为儒家的政治理想,代表着完善的伦理道德境界和完美的社会政治秩序。在伦理道德方面,王道以仁爱为基本精神,不仅王者自身成为圣王、道德的楷模,而且要以道德的方式和要求来处理君臣、君民关系;在社会政治方面,王道以仁政为基本主张,在各种政治举措中要体现民本、德政的精神。王道的基本内涵就是以仁爱精神推行仁政,实现道德的完满和社会的有序,用孟子的话语表述,就是要以不忍人之心行不忍人之政,这样的政治就是王道,王者无敌于天下,必能取得天下,也必能保有天下。这样的王道政治,尧舜禹、夏商周都曾实现过,所以是现实的,是可行的。儒家通过对上古三代历史的总结,针对现实社会的混乱,对王道仁政进行了系统地设计,涵盖了政治、经济、军事、社会风俗方面的具体内容。

一、政治——为政以德

儒家主张以仁爱之心实行仁政,仁政在政治层面集中表现为"为政以德"。"为政以德"最早由孔子所提出,他说"为政以德,譬如北辰,居其所而众星共之"①。为政者如果能在政治中遵循道德的原则,以德爱民、治民,就会赢得人心,民众的拥护就像众星围绕北极星那样自然。"为政以德"强调以仁爱为基本精神的道德在政治中的重要作用,要求为政者以仁德为原则,执政以德。

儒家之所以提出这样的主张,在于其对上古三代政治得失经验的总结。在儒家看来,夏商周的兴亡,其原因在于民心的向背。此时,随着人类理性的发展,对社会政治生活的理解已开始逐渐落到人间和人自身。在商周时期,人们还将政治的兴衰更替归结为天意,到了春秋时期,思想家更多的关注点开始集中到人世间,民心的向背及君主自身的品德是政治问题的关键。得民心者得天下,失民心者身死国灭。商汤和文武周公之所以得

①《论语·为政》。

天下,就在于以德治国,而桀纣之所以亡国身灭,就在于荒淫无道,失去民心的拥护,导致百姓的反抗,起而推翻暴政。所以,商和周的先王们都谆谆教诲后王,要敬畏天命,要兢兢业业,要勤政爱民,否则就会像桀纣一样被百姓所推翻。孔子所开创的儒家正是继承了这种传统观念,进而总结出统治者要发扬仁心,要克己复礼,以德治国,才能长治久安,社会秩序井然,人们安居乐业,才能恢复往日的美好社会,从而实现王道政治。随着人类自身理性在社会生活发展中的自然觉醒,人们对于社会政治生活本身也有更深入的思考,开始去思考政治生活本身的意义、目的及方式方法。在先秦儒者看来,理想的社会政治生活是道德高尚、秩序分工分明的,人人安分守己、各安其分、各尽其责的,人们的生存生活无忧无憾。所谓政治就是采取正确的规范和方式来教化治理百姓,即政者正也,使人人向善,人人守序。那么什么是正确的举措和方式呢? 周公曾明确地提出了以德配天的观念,发扬德性、发扬仁心自然成为实现王道的必然之路。早期儒家继承了这样的观点,认为强制不能起到很好的作用,人皆可为善,只需进行引导和教化,同时根据天道制定人间之礼乐制度,教化和监督人们遵守,通过道德感召和道德教化就可以成就理想的社会政治生活。由此,早期儒家在政治上的一个最鲜明的观点就是为政以德。为政以德也是一个系统的工程,由君主到臣子到百姓,早期儒家都提出了自己的主张。

(一)君主之道德修养

儒家认为为政以德首先表现为执政者要成为有德之人,将其仁爱之心推至天下百姓,因此为政以德的首要前提就是要求为政者要具备仁爱之心和高尚的道德品质。

儒家理想的王道社会是圣王之治,因此他们对治理天下的为政者有着很高的道德要求。圣就是内在道德修养完备的最高境界,圣才能王,王道的实现必须由具有圣人这样的道德水准的人来担当,所以圣和王是统一的,圣而王,王必圣。后期儒家将早期儒家的这种思想发挥成为内圣外王之路,成为儒家学派的思想特征之一。在儒家看来,为政者的个人道德水平的高低决定了国家政治的好坏。儒家这种观念的产生是与其所尊奉的西周礼乐文明制度相关的。在西周礼乐制度下,贵族之间、君臣之间是通过血缘宗法来联系的,是通过礼乐活动来维系的,因此要求各级统治者,从天下到最底层的士都必须要加强道德修养,以身作则,否则就会破坏亲亲和尊尊的政治制度。所以,对统治者的道德修养提出强烈的要求,不仅是儒家对现实政治的批判而得出的经验总结,也是对历史文化的传承弘扬的结果。

在儒家看来,为政以德、实行仁政首先是一个"推己及人"的过程。只有为政者具有仁爱之心,做到"己欲立

而立人,己欲达而达人①,"己所不欲,勿施于人"②,把
这种仁爱之心推及他人才能做到"泛爱众"③。孟子认为
仁政实质上就是一个"推恩"的过程,是为政者内在的
"不忍人之心"的推演,他说:"先王有不忍人之心,斯有
不忍人之政矣。以不忍人之心,行不忍人之政,治天下可
运之掌上。"④为政者具有"不忍人之心",将此心推及他
人,才能"行不忍人之政",即孟子所谓"仁政"。因此,为
政者首先必须要有仁爱的道德精神,才能爱人,进而才
能实行仁政,为政以德。之所以以仁心行仁政就能赢得
人心,在于以仁心行仁政乃是一个诚字,它使统治者上
下级心灵能够得到完全的融合与沟通,同心一气,上下
相感,所以才能上下同心,国家政治于是得到治理,王道
得以实现。诚能动人,诚能感通天下,而要想做到诚,就
必须要求统治者自身在道德方面以身作则。所以,儒家
非常强调对统治者自身的道德要求,孔子所讲的"非礼
勿视,非礼勿听,非礼勿言,非礼勿动"⑤,就是对统治者
的严格要求。因此,在儒家看来,政治又是一个"正己以
正人"的道德感召的过程。

①《论语·雍也》。
②《论语·卫灵公》。
③《论语·学而》。
④《孟子·公孙丑上》。
⑤《论语·颜渊》。

孔子说:"政者,正也。子帅以正,孰敢不正。"①孔子以"正"释"政",把为政者自身的"正"作为"政"的前提。他认为,为政者要在道德上起到表率作用,通过自身的道德感召和对民众的道德教化,使天下百姓的道德品质得以提高,这样才能更好地维持社会秩序。"其身正,不令而行;其身不正,虽令不从"②,"子为政,焉用杀? 子欲善而民善矣。君子之德风,小人之德草。草上之风,必偃"③。孔子把为政者的品德作风比作"风",把百姓的品德作风比作"草",认为就像风向哪边吹,草就会向哪边倒一样,为政者的品德作风对广大百姓有着重要的示范引导作用。风动无形,象征着道德感化作用的无形而有效,要求执政不能依靠严刑酷法这样有形的恐吓手段来驯服百姓。孟子说:"君仁,莫不仁;君义,莫不义;君正,莫不正。一正君而国定矣。"④他同样认为君之道德品德影响着群臣和天下百姓之品德,君主在治国理政过程中有着重要的导向作用,只要君主提高自己的道德水平,以己之仁义引导天下百姓效仿,那么天下也就随之而安定了。反之,君主如果行事违反道德,则臣下百姓都会随之仿效,社会就会大乱。荀子也十分强调为政者对民众

①《论语·颜渊》。
②《论语·子路》。
③《论语·颜渊》。
④《孟子·离娄上》。

的导向作用:"君者,仪也,民者景也,仪正而景正;君者,槃也,民者水也,槃圆而水圆;君者,盂也,盂方而水方。君射则臣决。楚庄王好细腰,故朝有饿人。"①他形象地将君臣关系比喻为形象和影子、水与容器的关系,认为君王是臣民的表率,对天下人具有引导的作用。汉代董仲舒继承了先秦儒学的这种观念,也提出:"故为人君者,正心以正朝廷,正朝廷以正百官,正百官以正万民,正万民以正四方。"②人君实行德治,首先要正心,这样才能正朝廷百官,以至正天下万民。早期儒家的这些见解都表明为政者自身的道德品质的高低与能否为政以德有着密切的联系,是能否实现为政以德的一个先决条件。儒家这种观念的背后其实蕴含着一种政治逻辑,这就是上行下效,所谓"楚庄王好细腰,故朝有饿人",中国上古政治的好坏主要取决于统治者自身的德行,国家的法制和臣民的参与是没有什么影响的。

　　既然为政者的道德是实现为政以德的前提和关键,那么为政者如何能提高自己的道德水平呢?在儒家看来,关键在于修身,通过修养扩充仁爱之德行实现内圣,进而将此德行推至治国安邦实现外王。孔子在《论语·宪问》中回答子路问君子时说到"修己以敬""修己以安人""修己以安百姓",由内而外,由近及远,通过修己来

①《荀子·君道》。
②《汉书·董仲舒传》。

实现修身、安人、安百姓的目的。《大学》说:"古之欲明明德于天下者先治其国,欲治其国者先齐其家,欲齐其家者先修其身……身修而后家齐,家齐而后国治,国治而后天下平。自天子以至于庶人,一是皆以修身为本"。在早期儒家看来,修身主要是指要遵守西周以来的"礼"的规范,保有并发挥内在于人心的仁德,修饬仁义礼智信五常之道,以内圣而外王。为政者要以自我修身为起点,以平天下为目的,提高自身道德修养,把仁爱之心推及他人,以良好的道德品质感召感化天下百姓,这样才能实现儒家的王道理想。

(二)以民为本

王道是以仁爱之心推行仁政,那么儒家要将此仁爱之心推至何处? 行仁政的对象是什么? 在儒家看来,无论是仁心还是仁政,其对象都是天下之民。《论语·颜渊》载:樊迟问仁。子曰:"爱人。""仁"的基本涵义是"仁者爱人",他说:"弟子入则孝,出则悌,谨而信,泛爱众,而亲仁。"[1]因此从政治哲学意义上讲,"仁"即爱人,即"爱众",也即"爱民","博施于民而能济众"[2]。"爱人"是政治活动中最重要的原则,《礼记·哀公问》记载孔子说:"古之为政,爱人为大。"为政以德即将仁爱之心推及天下之民,以良好的道德感召天下之民,因为政治

[1]《论语·学而》。
[2]《论语·雍也》。

的基础是天下万民,民为政本,为政以德的目的就在于得到民众的拥护,天下归附方可称之为"王"。因此,儒家进一步将王字的含义加以引申,"王者,往也,天下所归往也"①,"王者,民之所往"②,借用汉字同声相假的规律,将王这个概念的含义解释为民众所归顺向往,得到万民的归往才是王道。因此,为政以德自然地就要以民为本,一方面使天下万民"养生丧死无憾"③,另一方面对民众进行礼乐教化,不断完善其道德品质,这样才能万民归往,从而实现儒家理想之王道。

　　在儒家的政治思想中,民众在政治中具有重要的地位和作用。首先,民意是天意的参考标准,是君主存在的根本原因。儒家认为君主的角色是上天为了民众的生存而设立的,君主的存在是为了替天治民,"天之生民,非为君也。天之立君,以为民也"④。董仲舒也认为"且天之生民,非为王也;而天之立王以为民也。故其德足以安乐民者,天予之;其恶足以贼害民者,天夺之"⑤。民众的存在不是为了君王的统治,君王的存在反而是为了民众。天立王以为民,君王的存在并不是因为武力的强大,而是上天要照顾百姓,才降下天命,为百姓设立了君王

---

① 《白虎通·号》。
② 《春秋繁露·灭国上》。
③ 《孟子·梁惠王上》。
④ 《荀子·大略》。
⑤ 《春秋繁露·尧舜不擅移、汤武不专杀》。

来替天管理养育百姓。所以，君王之所以有资格统治百姓，乃是因为有天命，而天命的根本在于民众。早在西周初年，武王伐纣时就宣称："天视自我民视，天听自我民听。"①天意通过民心来显现和判断人间君主是否称职，民之所归代表着君主顺应天意做好了自己的工作。孟子在解释禅让天下的事情时认为"使之主祭，而百神享之，是天受之；使之主事而事治，百姓安之，是民受之也。天与之，人与之，故曰天子不能以天下与人"②。"天子不能以天下与人"，天下乃是"天与之""人与之"，君主之所以有天下是由于他能够安民心，从而合天意，禅让本身只是一个形式，其实质乃是上天天命的转移，而天命的转移是以民众人心的转移为依据的。因此，君主得民心，天与之，反之，天则夺之。

其次，得民心者得天下。儒家认为王道社会是民心顺服的社会，得天下在于得天下民心。孟子在对夏商的经验和教训的总结中指出："桀纣之失天下也，失其民也；失其民者，失其心也。得天下有道：得其民，斯得天下矣；得其民有道：得其心，斯得民矣；得其心有道：所欲与之聚之，所恶勿施，尔也。民之归仁也，犹水之就下、兽之走圹也。"③桀纣之所以失天下是因为他们失去了天下民

①《尚书·泰誓中》。
②《孟子·万章上》。
③《孟子·离娄上》。

心的支持。因此,若要得天下就要得民心,赢得天下百姓的支持,这是政治治理的基础,能否得民心是统一和治理天下的关键。因此,儒家充分肯定民众在政治中的重要地位,孟子提出"民为贵,社稷次之,君为轻"①的主张;荀子把君民关系比作舟水关系,他说:"庶人安政,然后君子安位。《传》曰:'君者,舟也;庶人者,水也。水则载舟,水则覆舟。'此之谓也。故君人者欲安则莫若平政爱民矣。"②在君民关系中,民是为政的基础,在政治中民最为重要,是天下国家存亡的关键因素,只有民心稳定,君主的统治地位才能稳定。因此,民众是政治的基础和根本,为政者若想实现为政以德,必须以民为本,顺民心,安民生,得民心,这也就是为政以德的主要内容。

如何才能得民心?如何将爱民之心具体化,使民众得到现实利益?孟子说"得其心有道:所欲与之聚之,所恶勿施"③。民众所欲的是什么?其实无非是最基本的生活保障,生活安定,衣食温饱,保全性命,因此对于为政者来说,执政的各种措施必须要顾及民众所希望的这些基本生存要求,这样的政治就是德政。当然民众的欲望不可能于此止步,君主还要进一步用道德教化百姓,要让百姓自觉道德荣辱,自觉地维护和接受统治。所以,为

---

① 《孟子·尽心下》。
② 《荀子·王制》。
③ 《孟子·离娄上》。

政以德主要表现为"利民""养民""富民""教民",为政者要"因民之所利而利之"①,通过制民之产、取民有制、节用裕民等手段来使百姓养生丧死无憾,能够安居乐业。在此基础上进一步对民众进行礼义教化,提高民众的道德素质,如此便可"保民而王,莫之能御也"②。

这就是通常所说的儒家民本观念的起源和本义,这个观念自然与现代的民主观念有本质的不同。早期儒家的民本思想是看到了在人类社会政治群体生活中社会成员的重要性,触及到了政治的根本意义和价值,从而重视民众。但民众几乎没有任何的权力,更多的是义务的承担,是安守统治者制定的规则制度,依靠贤能的统治者来为其创造安稳的生活,民众是顺民而非现代社会意义中的公民。民本思想,不管其本意是为民还是为君,都看到了人类社会组织生活中成员的重要性,从根本意义上来讲,不管是何种政权组织形式,政治的本源意义都在于维护社会组织的稳定及成员利益的合理分配和协调。在古代,民本的观念应该说是一个很有进步意义的政治道德观念,是具有历史的进步意义的,因而也成为中国传统儒家政治思想的优秀成分。

(三)任贤使能

为政以德要求为政者具有仁爱之心以爱民,要求为

---

① 《论语·尧曰》。
② 《孟子·梁惠王上》。

政者具有较高的道德品质感召天下百姓,然而治理政事毕竟是非常繁重的,为政者不可能以个人的力量来治理整个国家,必须有他人的辅佐。儒家的仁政强调为政以德,以道德为原则来治理社会,然而儒家对道德的要求不仅体现在为政者身上,辅佐者也必须有良好的道德修养和足够的才能,以此来承继并发扬为政者的仁爱精神,具体落实为政者的德治措施,从而才能保证为政以德的顺利实施。因此,为政者若想有效地开展以德治国,必须任贤使能,"论德使能而官施之"①,让"贤者在位,能者在职"②。

在儒家看来,对贤能的重视与任用是先王治天下的重要措施,是先王之道的一个重要部分。子夏说:"舜有天下,选于众,举皋陶,不仁者远矣。汤有天下,选于众,举伊尹,不仁者远矣。"③舜、汤在王天下后也通过选举贤能来治理天下。荀子不仅认为尚贤使能是先王之道:"故尚贤使能,等贵贱,分亲疏,序长幼,此先王之道也。故尚贤、使能,则主尊下安;贵贱有等,则令行而不流;亲疏有分,则施行而不悖;长幼有序,则事业捷成而有所休。"④而且还列举了历史上的事例来证明贤能的重要

---

① 《荀子·王霸》。
② 《孟子·公孙丑上》。
③ 《论语·颜渊》。
④ 《荀子·君子》。

性,他举例说:

> 既能当一人,则身有何劳而为,垂衣裳而天下定。故汤用伊尹,文王用吕尚,武王用召公,成王用周公旦。卑者五伯,齐桓公闺门之内,县乐奢泰游抏之修,于天下不见谓修,然九合诸侯,一匡天下,为五伯长,是亦无他故焉,知一政于管仲也,是君人者之要守也。①

不仅历史上的圣王通过任贤使能而能轻松地治理好天下,连齐桓公这样的霸主也因为任用了管仲这样的能者而能在诸侯争霸中脱颖而出成为诸侯之长,由此可见,贤能在治理天下国家中发挥着重要的作用。所以孔子在仲弓问政时回答说要"先有司,赦小过,举贤才"②,他认为为政必须要举贤才。

任贤使能在政事中发挥着重要的作用。《论语》中说:"舜有天下,选于众,举皋陶,不仁者远矣。汤有天下,选于众,举伊尹,不仁者远矣。"③舜和汤在治理天下的时候选择并任用了皋陶和伊尹这样的仁者,有他们的辅佐,不仁和不贤的人就自然而然地不能接近为政者,

---

① 《荀子·王霸》。
② 《论语·子路》。
③ 《论语·颜渊》。

"尊贤则不惑,去谗远色,贱货而贵德"①,为政者由此可以更好地亲贤臣远小人。如此贤者进奸者退,为政者身边的贤者就会越来越多,"尊贤使能,俊杰在位,则天下之士皆悦,而愿立于其朝矣"②,董仲舒说,"贤积于其主,则上下相制使……上下相制使,则百官各得其所……百官各得其所,然后国可得而守也"③。贤者从政可以更好地维护国家秩序稳定,由此则可以"圣人积众贤以自强"④。因此,儒家认为能否任贤使能在政治中具有重要地位,关系着为政以德能否真正落实,甚至于关乎国家的存亡。孔子曾说过:"其人存,则其政举;其人亡,则其政息。……故为政在于得人。"⑤政治的关键在于施政之人,有贤能之人,方能实行仁德之政,能否任贤使能是能否推行德政的重要因素。不管是为政者还是辅助者,其道德才能都直接关系着国家的存亡。孟子认为"不用贤则亡"⑥。荀子认为"国者,天下之大器也,重任也,不可不善为择所而后错之,错险则危;不可不善为择道然后道之,涂薉则塞,危塞则亡。彼国错者,非封焉之谓也,何法之道,谁子之与也?故道王者之法与王者之人为之,则

---

① 《礼记·中庸》。
② 《孟子·公孙丑上》。
③ 《春秋繁露·通国身》。
④ 《春秋繁露·立元神》。
⑤ 《礼记·中庸》。
⑥ 《孟子·告子下》。

亦王;道霸者之法与霸者之人为之,则亦霸;道亡国之法
与亡国之人为之,则亦亡。三者,明主之所以谨择也,而
仁人之所以务白也。"①国家的生死存亡在于采用何种治
国之道,在于任用什么样的人,只有任用有贤德的"积礼
义之君子"才可以实现王道。《大戴礼记·盛德》说:"古
之御政以治天下者,冢宰之官以成道,司徒之官以成德,
宗伯之官以成仁,司马之官以成圣,司寇之官以成义,司
空之官以成礼。……天子三公合以执六官,均五政,齐五
法,以御四者,故亦惟其所引而起之。以之道则国治,以
之德则国安,以之仁则国和,以之圣则国平,以之义则国
成,以之礼则国定:此御政之体也。"通过贤能的辅佐,儒
家的德治得以展开实施。

　　任贤使能在政治中有重要的作用和地位,是为政以
德的保证,那么如何选贤与能呢?儒家有一个共同的观
点,即以仁德和才能为标准,而不考虑其他因素。孔子在
《论语·为政》中说:"举直错诸枉,则民服;举枉错诸直,
则民不服。"在选拔任用官员时,只有把正直的人提拔上
来,在不正直之人之上,才能够使民众诚服。孟子、荀子
都有相同的观点,如孟子说:"是以惟仁者宜在高位,不
仁者而在高位,是播其恶于众也。"②为政者应该任用道
德品质较高的仁者,如果用了不仁的人,不仅不能将仁

①《荀子·王霸》。
②《孟子·离娄上》。

心仁政推广下去,反而会起到相反的作用,传恶于众。荀子同样强调德才的标准,"论德而定次,量能而授官,皆使其人载其事而各得其所宜"①。他认为应该根据个人的道德水平和能力来任用辅佐之人,使其各得其所,各尽其责。儒家都认为选用人才不能以出身高低贵贱为标准,而应该任人唯贤,唯能是举。孟子以舜、傅说、管夷吾等出身低贱的人作为例子,告诫为政者不要以出身来衡量人才,只要有才有德,便可辅佐其成大业。

任贤使能、选贤任能是中国传统政治文化中非常优秀的政治道德。三代文明虽然实行宗法世袭制度,但是其中一直存在选贤任能的个案,伊尹、姜尚得到商汤和文王的重用,才使得商汤代夏、西周代商。在春秋战国时代,凡是主张积极入世的学派无不赞同选贤任能的观念,因此它成为了传统社会的政治共识,深深地影响了中国古代社会政治官员的选拔制度、培养制度、监察考核制度等。科举制度就是在这样的观念指导下所形成的最具有中国特色的古代选拔人才的政治制度。

(四)礼义教化

为政以德要求君主具有仁爱精神,要以民为本,选贤与能,这些前提条件都具备了,接下来就是如何具体操作的问题了。如何将仁爱精神推展开去? 如何维持稳定的

---

①《荀子·君道》。

社会秩序？如何保证为政以德的贯彻落实？仁是为政以德的核心，但仁爱精神更侧重于对统治者的内在的道德要求，而王道理想不是仅靠道德意愿就能实现的，王道社会的秩序需要外在的制度加以规范和制约，仁爱精神的落实也需要具体的制度保障。在儒家看来，这个制度就是西周以来的礼义制度，所以礼成为孔子思想中的最高行为标准和最终目的。另外，为政以德也不仅是一种道德品质的要求，同时也是一种以德导民、以德化民的社会治理方式。总的来说，礼义制度是为政以德的制度凭依和保障，道德教化则是为政以德的基本的实践方式。

在儒家思想中，礼与仁有着密切的关系，虽然孔子后的孟子、荀子对仁与礼的侧重不同，但对仁礼关系的认识还是大体一致的。一般来说，仁心外化而成礼，依礼而行则成仁。仁是礼的内在根据和基本精神，只有自身具备仁，才能更好地符合于礼，孔子说："人而不仁，如礼何！人而不仁，如乐何！"①只有具备了仁，才能更好地遵循礼乐；礼是仁的外在约束规范，只有恰当地符合了礼，才能更好地实现仁，孔子认为"克己复礼为仁"，只要使自己的行为符合礼的规范，也就达到了仁的要求。仁与礼在政治活动中具有不同的作用，仁德强调通过道德感召教化提升人的道德精神，礼义制度强调具体的规范与

---

① 《论语·八佾》。

制度对人们行为的外在约束,正所谓"道之以德,齐之以礼"①,二者的共同作用使天下之人既符合仁的内在道德要求,又符合礼的外在规范制约,这也就是儒家理想的王道社会的基本要求。荀子继承了孔子重礼的思想,将孔子的礼学思想发扬光大。孟子则将礼细分为礼仪与礼义,认为外在的礼仪是辞让等形式,而行礼的本质在于维护君臣父子的礼义。他们作为儒家共同的特点就是注重日常行为的礼义教化。汉代的董仲舒也坚持同样的观点。

礼作为治理天下国家的主要手段之一,在社会秩序的维持和为政以德的实施方面发挥着重要的作用。首先,礼可以节人欲,治人情。孔子在进一步解释"克己复礼为仁"时强调"非礼勿视,非礼勿听,非礼勿言,非礼勿动"②,也就是说人的一切言行举止,要处处遵守礼的规定,时时符合礼的要求,这里孔子就以礼来约束人们的行为,从而进一步加强仁的培养。荀子对先秦礼的思想有更深刻的认识,他分析礼的起源:

> 礼起于何也?曰:人生而有欲,欲而不得,则不能无求;求而无度量分界,则不能不争;争则乱,乱则穷。先王恶其乱也,故制礼义以分之,以养人之欲,给人之求,使欲必不穷乎物,物必不屈于欲,两者相

①《论语·为政》。
②《论语·颜渊》。

持而长,是礼之所起也。①

礼起源于人欲的无度无界,由此下去将造成社会的混乱,圣人为了避免这种不良后果,就制定一定的规则即礼制来约束人的欲望,规范人们的行为。一方面使人具有道德的精神以区别于动物,以此来改造人性,提高人的道德修养;另一方面通过礼的规范教化使人学会辞让,免去争夺,从而维持社会的稳定。其次,礼可以定亲疏,等贵贱。好的政治应该是秩序分明的,人们各守其位,各尽其责。这种秩序如何制定和体现呢? 儒家一致认为要通过礼制的规定来“明分”,实现社会的有序,即孔子所谓“君君,臣臣,父父,子子”②。在儒家看来“有序”即是“有别”,“有别”即荀子说的“曷谓别? 曰:贵贱有等,长幼有差,贫富轻重皆有称者也”③。在儒家看来,合理的秩序是上下有序、尊卑有等的,只有这样才能保持社会的稳定,才是一个理想的社会政治。礼制通过规则规范的制定对人们的地位和行为进行了规定,礼者所以“序尊卑、贵贱、大小之位,而差外内、远近、新故之级者也”④。礼制规定了人的贵贱、长幼、亲疏的等级之序,

---

① 《荀子·礼论》。
② 《论语·颜渊》。
③ 《荀子·礼论》。
④ 《春秋繁露·奉本》。

进而建立了社会政治的秩序。秩序确立了以后，"君臣上下，贵贱长幼，至于庶人，莫不以是为隆正。然后皆内自省以谨于分"①。人人按照礼的秩序规定和行为规范各安其位，各尽其责，做到"父慈、子孝、兄良、弟悌、夫义、妇听、长惠、幼顺、君仁、臣忠"②。这样，人的道德水平得到了提高，社会也可以稳定而有序的发展。最后，礼可以明是非。礼是判断社会和政治行为是非曲直的标准和依据。荀子说"水行者表深，使人无陷；治民者表乱，使人无失。礼者，其表也，先王以礼表天下之乱。今废礼者，是去表也。故民迷惑而陷祸患，此刑罚之所以繁也"③。凡是符合礼的社会行为都是正确的，凡是违反礼的行为都会扰乱社会秩序，所以礼既是人们的行为标准，同时也是人们的是非善恶的标准。礼可以使人知道什么是对的，什么是错的，使人们的行为有所依照、调节和校正，从而减少人的错误。《礼记·经解》曰："礼之于正国也，犹衡之于轻重也，绳墨之于曲直也，规矩之于方圆也。"礼又是治理国家的标准和依据，有礼制的规则，治理国家才有章可循，有法可依，否则治理国家就无从下手，国家必然陷入混乱。

①《荀子·王霸》。
②《礼记·礼运》。
③《荀子·大略》。

《礼记·曲礼上》曰："道德仁义,非礼不成;教训正俗,非礼不备;分争辨讼,非礼不决;君臣、上下、父子、兄弟,非礼不定;宦学事师,非礼不亲;班朝治军,莅官行法,非礼威严不行;祷祠祭祀,供给鬼神,非礼不诚不庄。"礼义制度通过调节人的欲望、别贵贱长幼之序、明确是非,不仅改造了人的本性,使人具有了道德意识,还确立了社会等级秩序并制定了规范加以维持,从人的本性和社会的秩序两方面为为政以德提供了保障。

道德教化是儒家为政的核心内容,也是为政以德的具体实施方式。以仁爱仁政为核心的王道社会指的是一个完满的道德的世界,这种道德世界的实现需要全体社会成员的道德提升。并不是有了完美的制度就自然实现了王道理想,有了好的统治者和群臣,有了好的制度,还需要一个渐进的过程来教化百姓,使百姓内心都能自觉意识到仁义道德的重要和伟大,都能自觉地遵守道德礼义,最终达到无人犯法、家家圣贤的境地,这样才算是王道的真正实现。所以,一方面,儒家要求为政者拥有仁爱精神和良好的道德品质,并据此来治理社会,以民众为根本,任用贤能;另一方面,为政者要以其优良的道德品质作为榜样和标准引导民众,同时还要把儒家的道德观念灌输到百姓中间,以礼义制度为制度规范和行为规约。这就是儒家所谓的道德教化,通过教化提高全体百姓的个人道德水平,进而实现王道理想的道德境界。

儒家一直都比较重视道德教化在治理社会中的作用,认为道德教化是实现为政以德的有效途径。孔子说:"道之以政,齐之以刑,民免而无耻;道之以德,齐之以礼,有耻且格。"①孟子说:"仁言不如仁声之入人深也,善政不如善教之得民也。善政,民畏之;善教,民爱之。善政得民财,善教得民心。"②孔子、孟子的这两段话都表达了同一种观点,政令刑罚只能使百姓因强力的外在制约而避免违犯社会规范和道德原则,但无法防止百姓内心违反礼法的冲动,因而社会中总是会有人以身试法,很难达到道德完美的境地;而以道德引导百姓,以礼约束其行为,则可以培养人们的道德心,启发人们内在的道德自觉,提高人们的道德境界,进而使其具有道德上的自觉性,自发地遵守规范和原则。因此,当冉有问孔子"既富矣,又何加焉"时,孔子回答说:"教之。"③在解决了民生的基本问题之后,要对民众进行伦理道德的教化,把儒家的伦理道德规范内化到百姓内心,一方面提高其道德水平,另一方面也使之能够化被动为主动,自觉、自发地遵守伦理道德规范,更好地维护社会道德和社会秩序。

---

① 《论语·为政》。
② 《孟子·尽心上》。
③ 《论语·子路》。

二、经济——养民富民

王道的仁政思想除了要求政治上要为政以德,注重道德的修养和教化外,在经济方面也有所规定,同样要求国家的经济政策及措施要体现儒家的仁爱精神。经济领域涉及国计民生,不仅是社会生活的物质前提和基础,更是人们生存的必要条件,所以,一个理想的社会政治状态,在经济方面必然是能够满足基本的生存问题的。在以小农自然经济为基础的传统社会,国家的经济政策主要涉及土地分配、劳役、赋税等问题,它关涉百姓的安居与流亡、富饶与困苦,涉及百姓的直接生存利益。那么儒家理想的王道社会在经济上的体现是什么? 如何在经济领域也贯彻儒家的仁爱精神? 正如前面所说,"仁"的基本内涵为"爱人",如何才能做到"爱人"呢? 儒家认为除了要在政治上以德理政、以民为本、教民礼义外,在经济上应该做到的首先就是要保障百姓的物质生活,具体就表现为养民、富民。

(一)民富与王道

儒家认为在经济上保障百姓的物质生活是王道社会的一个基本要求。春秋战国时期,诸侯为了争霸不断发动战争,给百姓带来极大的危害,破坏了社会生产,人们不但失去了土地,而且连最基本的生活都不能保证,如孟子所说:"凶年饥岁,君之民老弱转乎沟壑,壮者散而之四方者几千人矣。"①因此,儒家认为一个理想的社会首先应该能够保证人们的物质生活,使百姓能够安居乐业。孔子很重视百姓的"食"的问题,他说:"所重:民、食、丧、祭。"②同时他还把"养民也惠"作为君子之道,可见在孔子看来,百姓的物质生活在政治生活中是非常重要的。

孟子也曾提出了一个理想的社会经济景象:

> 不违农时,谷不可胜食也;数罟不入洿池,鱼鳖不可胜食也;斧斤以时入山林,材木不可胜用也。谷与鱼鳖不可胜食,材木不可胜用,是使民养生丧死无憾也。养生丧死无憾,王道之始也。③

孟子认为在经济方面主要的支柱是农业,而在自然科学不发达靠天吃饭的古代,农时是最为重要的,因此只要不违背农时,就能使人们的日常生活得到基本的满足,可以使人"养生丧死无憾",这就是王道最基本的要求。

孟子认为王道首要的就是要使百姓基本生活无忧。他曾两次描述了理想社会的物质生活状况:

---

① 《孟子·梁惠王下》。
② 《论语·尧曰》。
③ 《孟子·梁惠王上》。

> 五亩之宅,树之以桑,五十者可以衣帛矣。鸡豚狗彘之畜,无失其时,七十者可以食肉矣。百亩之田,勿夺其时,数口之家可以无饥矣。谨庠序之教,申之以孝悌之义,颁白者不负戴于道路矣。七十者衣帛食肉,黎民不饥不寒,然而不王者,未之有也。①

在孟子的描述中,我们可以看到他们理想的生活状态,百姓有基本的生产资料,可以满足他们的物质生活需求,衣食无忧,生活安定,风气良好,能够把社会治理成这样,就可以王天下。

荀子在《荀子·王制》中提到"王者之法":

> 王者之等赋、政事,财万物,所以养万民也。田野什一,关市几而不征,山林泽梁以时禁发而不税,相地而衰政,理道之远近而致贡,通流财物粟米,无有滞留,使相归移也。四海之内若一家,故近者不隐其能,远者不疾其劳,无幽闲隐僻之国莫不趋使而安乐之。夫是之为人师,是王者之法也。

王者之法就是王者在经济方面的具体措施,荀子也认为王者要通过等赋、政事、财万物的方式来养民,也就是通

---

① 《孟子·梁惠王上》。

过一系列的经济手段来保障民众的基本物质生活。

荀子也曾说:"故家五亩宅,百亩田,务其业而勿夺其时,所以富之也。立太学,设庠序,修六礼,明十教,所以导之也。《诗》曰:'饮之食之,教之诲之。'王事具矣。"①在荀子看来,使百姓拥有一定的土地,不影响农业生产,就可以使百姓生活无忧,富民是实现王道的一个重要方面。可见,在儒家看来,百姓的物质生活保障问题,是王道的基本要求和基本特征,也是实现王道的基础,因此,要实现王道首先必须要养民富民,民有恒产才有恒心,才能安居乐业,才能为国效力。百姓的生活有了基本保障,民心也就自然归顺,得民心则进而得天下。反之,如果统治者横征暴敛,残酷剥削,民众无法生存立足,便会四处流浪,甚至引发暴动,使社会陷入混乱动荡的状态。

(二)养民富民与道德教化

养民富民不仅是实现王道的基本条件,也是治理社会的基础和前提条件。儒家认为社会的治理主要靠礼义教化,而礼义教化的施行又以养民富民为基础和前提,这就是儒家一向强调的"先富后教"的思想。

《论语·子路》记载:"子适卫,冉有仆。子曰:'庶矣哉!'冉有曰:'既庶矣,又何加焉?'曰:'富之。'曰:'既

①《荀子·大略》。

富矣,又何加焉?'曰:'教之。'"孔子认为在人口众多的
情况下,首先应该富民,保障其基本生活,然后再教民,对
其进行礼义教化。自此,"富然后教"成为儒家一个基本
的政治经济思想。这与管仲所言的"衣食足而后知荣
辱"的观念是相一致的。孟子说:

> 无恒产而有恒心者,惟士为能。若民,则无恒产,
> 因无恒心。苟无恒心,放辟邪侈,无不为已。及陷于
> 罪,然后从而刑之,是罔民也。焉有仁人在位罔民而
> 可为也?是故明君制民之产,必使仰足以事父母,俯
> 足以畜妻子,乐岁终身饱,凶年免于死亡。然后驱而
> 之善,故民之从之也轻。今也制民之产,仰不足以事
> 父母,俯不足以畜妻子;乐岁终身苦,凶年不免于死
> 亡。此惟救死而恐不赡,奚暇治礼义哉?王欲行之,
> 则盍反其本矣:五亩之宅,树之以桑,五十者可以衣帛
> 矣。鸡豚狗彘之畜,无失其时,七十者可以食肉矣。
> 百亩之田,勿夺其时,八口之家可以无饥矣。谨庠序
> 之教,申之以孝悌之义,颁白者不负戴于道路矣。①

孟子认为基本的物质生活是人们道德生活的前提,缺少
物质生活上的保障,没有基本的生活条件,人们维持基

①《孟子·梁惠王上》。

本的生命存在都很难,更难以遵守道德信义,难免就会作恶,导致社会混乱。只有解决了人民的生存生活问题,才能使人心安定,才可以进而通过礼义教化引导人们向善,遵守礼制规则。

荀子也表达了同样的观点,他说:

> 不富无以养民情,不教无以理民性。故家五亩宅,百亩田,务其业而勿夺其时,所以富之也。立大学,设庠序,修六礼,明十教,所以道之也。诗曰:"饮之食之,教之诲之。"王事具矣。①

荀子认为王道社会就是富民与教民,正如《诗》中所说,先要满足百姓的基本生活,然后再对其进行教诲。西汉董仲舒也提出:"先饮食而后教诲,谓治人也。"②

儒家所理想的王道社会不仅是一个道德高尚的社会,也是一个经济富裕的社会。经济生活是人类社会的物质基础和存在前提,作为生物的自然的人,首先必须要保证生命的存在才能从事各种社会活动。崇尚道德的儒家并没有忽视经济领域,只不过在他们看来,经济上的要求更多的是使人们的生活得到保障,养生丧死无憾。当解决了人类基本的动物性的生存需求之后,才能

---

① 《荀子·大略》。
② 《春秋繁露·仁义法》。

够对社会成员进行人性的提升、道德的教化,才能实现王道。儒家"先富后教"的思想主张首先解决满足百姓的生活生存的基本物质需求,民众没有了生活上的后顾之忧,在此情况下,对民众进行礼义道德的教化,通过物质条件的满足和道德境界的提升,才能更好地维护社会的稳定。

(三)养民富民的措施

儒家不仅仅是强调了养民、富民如何重要,还提出了体现了儒家的仁爱精神的养民富民的具体措施。概括来看,这些措施主要包括以下几个方面的内容。

首先,制民之产。在小农经济下的春秋战国时期,土地是百姓最基本最主要的生产资料,是生活的基本来源。所以,百姓之产主要就是土地,土地所产乃是百姓赖以生活的基本保障,失去土地就失去了生存的基本条件,只能卖身成为奴隶才能生存。由于连年战争、土地兼并和井田制的破坏,加之沉重的赋税,许多百姓失去了土地,生活无法得到保障。因此,孟子认为养民富民首要的就是解决百姓的土地问题,保证其拥有固定的土地,所征收的赋税必须要留下让百姓得以温饱的份额,才能保证其基本的物质生活,使之"仰足以事父母,俯足以畜妻子,乐岁终身饱,凶年免于死亡"[1]。孟子认为解决土地和生活问题最好的办法就是实行井田制,他说:"夫仁

---

[1]《孟子·滕文公上》。

政,必自经界始。经界不正,井地不钧,谷禄不平,是故暴君污吏必慢其经界。"①经界就是地块之间的边界,通过井田制划分好土地的边界,使百姓各有自己明确的土地,避免分配的混乱,从而实现"乡田同井,出入相友,守望相助,疾病相扶持,则百姓亲睦"②的理想状态。恢复井田制的主张一直在学术界被认为是幻想,是不切实际的,是历史的倒退。然而中国历史上一直没有解决农民的土地分配问题,众多的农民起义大多是由于土地兼并所导致的结果,所以在传统社会一直有人主张恢复井田制。井田制的实质是一种国家所有的平均分配的制度,尽管无法实现,但均田地的理想,以及反对土地私有、兼并泛滥的愿望应该说还是有一定的积极意义的。

其次,使民有时。在农业经济下的古代社会,百姓的生活主要是依靠农业生产,而农业生产又必须根据季节时令来进行,因此,儒家都比较强调根据时令让百姓服徭役,避免影响正常的农业生产。孔子说:"道千乘之国,敬事而信,节用而爱人,使民以时。"③孟子更是多次强调要不违农时,他说:"百亩之田,勿夺其时,八口之家可以无饥矣。"④荀子说:"罕举力役,无夺农时。"⑤儒家

---

①《孟子·滕文公上》。
②《孟子·滕文公上》。
③《论语·学而》。
④《孟子·梁惠王上》。
⑤《荀子·王霸》。

强调"不违农时"，就是要求为政者不要违反农业活动的自然规律，以保证农业生产的顺利进行。使民有时在古代中国是非常重要的，因为统治者经常不顾及百姓生产的需要，任情妄为，大兴土木，兴修宫殿陵寝，发动战争，征调大量的民力，使得基本的生产无法进行，正常的生产秩序被打乱，民不聊生。这几乎成为中国传统社会乱世时的普遍现象，所以，自先秦儒家开始就普遍地要求和呼吁统治者要使民有时，这种在今天看来很低级的生存要求成为早期儒家所主张的德政的基本内容。

再次，取民有制。取民有制就是征收赋税也要有一定的节制，不要横征暴敛，影响民众基本的生活需要。一方面，为政者要"薄税敛"，尽量减少百姓的赋税，孟子认为王者如果"施仁政于民"就要"省刑罚，薄税敛"①，通过减少税收，可以使百姓生活富足："易其田畴，薄其税敛，民可使富也。"②另一方面，儒家还强调要"节用"，统治者既然不能向百姓巧取豪夺，自然要节俭财用支出，不能奢侈豪华，浪费财物。孔子说"节用而爱人"③，要求为政者要节省费用，减轻民众的额外负担，这就是"爱人"的一种表现。孟子认为过着奢侈生活而不顾百姓生

---

① 《孟子·梁惠王上》。
② 《孟子·尽心上》。
③ 《论语·学而》。

活的人是率兽食人,他说:"庖有肥肉,厩有肥马,民有饥色,野有饿莩,此率兽而食人也。"①荀子认为若要实现国家百姓富足必须节用,他说:"足国之道,节用裕民而善藏其余。节用以礼,裕民以政。彼裕民,故多余。裕民则民富。"②为政者的财用都来自于对百姓的赋税,要取之于民用之于民,如果为政者减少财用支出,就可以减少对百姓的税收,百姓上缴的减少,自己存留的相应就有所增加,生活就可以相对富足一些。民众的富足恰恰就是王道实现的前提。

三、军事——仁义之战与仁义之兵

(一)仁政与军事

王道在政治上表现为为政以德,经济上主张养民富民,在军事上则表现为仁义之战和仁义之兵。仁战和仁兵思想是儒家以"仁爱"精神为核心的仁政学说在军事上的具体运用和表现。

礼崩乐坏之后,战乱不已,然而春秋无义战,各诸侯国发动的战争都不是为了正义而战,都是为了满足统治者个人的私欲和贪婪。因而如何面对战争问题成为先秦诸子必须要回答的时代难题,早期儒家也不例外。战争是人类社会所无法避免的,为了对抗暴力的压迫,为

①《孟子·梁惠王上》。
②《荀子·富国》。

了保护私有财产,为了维护国家的利益,动用武力和发动战争是必要的。但是,战争会死伤大量的民众,消耗大量的财物,是对人类文明积累的破坏。像墨家那样完全避免战争、否定战争是不现实的,但何种战争是正义的,是应该肯定的,是很难回答的一个难题。儒家主张战争如果是正义的,应该赞赏和支持。王道社会的建立,最初也都是通过战争来开始的,商汤伐桀、武王伐纣,都是正义之战,所以才有了汤武革命,王道社会才能实现。

王道理想强调以仁爱之心推行仁政,"仁爱"的基本精神为"爱人",仁政强调道德在治理国家社会中的意义和作用,从这两个意义上来讲,儒家是反对战争的,因为战争的破坏作用非常大,会严重危害人民的生命和生活,这不符合儒家爱人的精神和道德的原则。然而儒家又不是完全排斥战争的,正如孔子在《论语·先进》中回答子贡问政时说的:"足食。足兵。民信之矣。"他认为"兵"同"食""民信"都是治理国家所不可缺少的,然而三者的重要性又是不同的,于是当子贡问他"必不得已而去,于斯三者何先"的时候,他主张首先"去兵",所以儒家认为军事对于治理国家虽是不可少的,然而又不是最重要的,主张在对待战争问题时要"慎战":"子之所慎,齐(斋)、战、疾。"①慎战首先就表现为要正确认识战

---

①《论语·述而》。

争的性质和作用,儒家认为战争有正义的和不义的两种,正义的战争是体现了儒家仁爱精神的仁义之战,不义的战争则是以争夺为目的的,王道社会的战争是仁义之战。

(二)仁义之战

什么是仁义之战?或者说仁义之战如何体现了儒家的仁爱精神?对于这个问题,历代儒家都做出了大致相同的回答。孔子说:"天下有道,则礼乐征伐自天子出;天下无道,则礼乐征伐自诸侯出。"①在孔子看来,"仁"即是要符合"礼"的规定,在他生活的时代,诸侯仍是要服从周天子的,一切礼义制度都必须以周天子为主,要维护周天子的权威,周天子代表了天下的利益,他维护的是整个天下,而诸侯则是维护个人或本诸侯国的利益。因此,孔子认为只有"自天子出"的征伐战争才是维护天下的利益,才是符合礼制的,才是仁义的,只有天子才有权征讨、发动战争、讨伐不义,而诸侯私自进行征伐则是不符合仁的要求的,是出于个人的私欲僭越礼制,是不义的。

孟子生活的时代,战争更加频繁,人民生活困苦不堪。在这种情况下,孟子从"不忍人"的"仁心"出发,要求保护天下之民,所以他认为仁义之战就是"救民于水

①《论语·季氏》。

火"的安民之战。当齐宣王说自己"好勇"时,孟子提出了"大勇"和"小勇"之分,他说:

> 王请无好小勇。夫抚剑疾视,曰:"彼恶敢当我哉!"此匹夫之勇,敌一人者也。王请大之!《诗》云:"王赫斯怒,爰整其旅,以遏徂莒,以笃周祜,以对于天下。"此文王之勇也。文王一怒而安天下之民。《书》曰:"天降下民,作之君,作之师。惟曰其助上帝,宠之四方,有罪无罪惟我在,天下曷敢有越厥志?"一人衡行于天下,武王耻之。此武王之勇也。而武王亦一怒而安天下之民。今王亦一怒而安天下之民,民惟恐王之不好勇也。①

孟子认为不可以呈一时的匹夫之勇,而应该具有像文王武王那样"安天下之民"的大勇。当天下之民受到虐待,生活在水深火热之中时,君主应该一怒而起,发动战争去征伐,救民于水火之中,这样就会:

> 天下信之,东面而征,西夷怨;南面而征,北狄怨,曰:"奚为后我?"民望之,若大旱之望云霓也。归市者不止,耕者不变,诛其君而吊其民,若时雨降。

---

① 《孟子·梁惠王下》。

民大悦。①

"救民于水火"的战争就像及时雨,是人们所期盼的,会得到民心的支持,是仁义之战。

荀子与陈嚣的对话比较集中地反映了他对仁义之战的看法:

> 陈嚣问孙卿子曰:"先生议兵,常以仁义为本;仁者爱人,义者循理,然则又何以兵为?凡所为有兵者,为争夺也。"孙卿子曰:"非汝所知也!彼仁者爱人,爱人,故恶人之害之也;义者循理,循理,故恶人之乱之也。彼兵者所以禁暴除害也,非争夺也。故仁者之兵,所存者神,所过者化,若时雨之降,莫不说喜。是以尧伐驩兜,舜伐有苗,禹伐共工,汤伐有夏,文王伐崇,武王伐纣,此四帝两王,皆以仁义之兵,行于天下也。故近者亲其善,远方慕其德,兵不血刃,远迩来服,德盛于此,施及四极。诗曰:'淑人君子,其仪不忒,其仪不忒,正是四国。'此之谓也。"②

荀子认为,战争的存在与儒家的仁义精神并不相违背,

---

① 《孟子·梁惠王下》。
② 《荀子·议兵》。

反而体现了仁义的精神。正是因为爱人，所以才要以武力和战争来保护人免受危害；正是因为礼义制度的伟大，才需要兵来维护礼义，不许有人作乱。所以，荀子认为仁义之战是"禁暴除害"以推行仁义的战争，而争夺则是不义之战，荀子举例说尧、舜、禹、汤、文"皆以仁义之兵，行于天下也"，从而得到了天下的顺服，进而做到王天下。所以，荀子认为王道社会的战争应该是体现"仁义"精神的，是"禁暴除害"之战，也即"仁义之战"。

由以上分析可以看出，儒家的仁义之战是为了维护天下的统一安定，保护天下百姓，救民于水火。仁义之战体现了对人民的爱护和对仁义的注重，是儒家爱人的仁爱精神的推广与实现。

（三）仁义之兵

兵是战争的主体，仁义之战需要仁义之兵的参与，因此，儒家还强调对兵的礼义教化，以使其达到仁义之兵的要求。

仁义之兵首先要具有较好的道德品质。儒家对士兵在战争中的行为提出了一些具体的道德要求，要求士兵要做到："不杀老弱，不猎禾稼。服者不禽，格者不舍，奔命者不获。凡诛，非诛其百姓也，诛其乱百姓者也，百姓有扞其贼，则是亦贼也。以故顺刃者生，苏刃者死，奔命者贡。"[1]

①《荀子·议兵》。

士兵要具有仁爱的精神，不杀老弱，不杀战俘，一切以民为本。这也是仁义之师进行战争的道德行为准则。

儒家认为在军事上要以仁义来治军，而不能以诈、利来处理战争事务。对于这一点，荀子进行了比较详细的说明：

> 仁人之兵，不可诈也。彼可诈者，怠慢者也，路亶者也，君臣上下之间滑然有离德者也。故以桀诈桀，犹巧拙有幸焉，以桀诈尧，譬之若以卵投石，以指挠沸，若赴水火，入焉焦没耳。故仁人上下，百将一心，三军同力，臣之于君也，下之于上也，若子之事父，弟之事兄，若手臂之扦头目而覆胸腹也，诈而袭之，与先惊而后击之，一也。且仁人之用十里之国，则将有百里之听；用百里之国，则将有千里之听；用千里之国，则将有四海之听。必将聪明警戒，和传而一。故仁人之兵聚则成卒，散则成列，延则若莫邪之长刃，婴之者断；兑则若莫邪之利锋，当之者溃；圜居而方止，则若盘石然，触之者角摧，案角鹿埵、陇种、东笼而退耳。①

他认为用欺诈的手段来对付仁人之兵就像以卵击石，是毫无作用的；在士兵疲惫不堪、君臣上下离德的情况下

①《荀子·议兵》。

用欺诈的手段才可能投机取巧。仁义之兵上下一心，将和兵、君和臣同心同力，亲如父子兄弟，而且还训练有素，所向无敌。所以，治兵必须要以仁义来统一军队士兵，只有这样才可使上下一心，一致对外。

荀子提出要以礼义教化士兵，以此来统一军心，提高军队的战斗力，而不能以欺诈功利来诱导士兵。他说：

> 故齐之技击不可以遇魏氏之武卒，魏氏之武卒不可以遇秦之锐士，秦之锐士不可以当桓、文之节制，桓、文之节制不可以敌汤、武之仁义，有遇之者，若以焦熬投石焉。兼是数国者，皆干赏蹈利之兵也，佣徒鬻卖之道也，未有贵上、安制、綦节之理也；诸侯有能微妙之以节，则作而兼殆之耳。故招近募选，隆势诈，尚功利，是渐之也；礼义教化，是齐之也。故以诈遇诈，犹有巧拙焉；以诈遇齐，辟之犹以锥刀堕太山也，非天下之愚人莫敢试。故王者之兵不试。汤、武之诛桀、纣也，拱挹指麾而强暴之国莫不趋使，诛桀、纣若诛独夫。故泰誓曰："独夫纣。"此之谓也。故兵大齐则制天下，小齐则治邻敌。[1]

荀子认为只有仁义才是无敌的，他举了齐、魏、秦、桓文为

---

[1]《荀子·议兵》。

例,认为他们的强兵利器都无法抵抗汤武的仁义之兵,因为他们的士兵都是为了功利的目的,而不会真正尊重君主,上下一心。注重权谋诡诈,崇尚功利,这是在欺骗士兵;讲求礼制道义教育感化,才能使士兵齐心合力。军队能大规模地齐心合力,就能制服天下;小规模地齐心合力,就能打败邻近的敌国。

总之,儒家认为仁义之兵可以做到同心同德,上下一心,团结一致,是无敌的。因此,要对士兵进行礼义仁德的教化,使之有共同的道德认同,齐心合力,共保天下。

早期儒家的王道,主张以仁爱之心来治理天下,这个仁爱之心贯穿整个社会政治治理,政治上强调以仁德治国,实行礼义道德教化,经济上强调保障社会成员的基本物质生活,使人生活无忧,军事上主张救民于水火的仁义战争,要求军队是仁义之兵。这就是王道政治的基本内容和形态。

第四节　霸道的具体内容

历史上各思想家对王道的认识基本一致,但对霸道的认识并不相同。在早期儒家中,孔子提倡王道德治,但他对能够尊王攘夷的霸道依然是认可的;孟子以仁政为核心,以德与力为标准对王霸道进行了绝对的区分,认为以德服人的是王道,以力服人的是霸道,王霸势不两立;荀子并没有像孟子那样对政治形态进行绝对的王与霸的二分法,而是在霸道之下又提出了强道和危亡之道,他认为霸道虽然不如王道,但是它讲信,是驳杂了仁德的,所以虽然荀子认为王道是最理想的政治形态,但对霸道也有一定程度的认可。本书以早期儒家整体思想为研究对象,因此对个体儒者间的细微差别不加以详细分析,而是注重儒家思想的整体倾向。尽管各思想家观点不同,但在霸道具体内容表现方面,仍可以归纳出儒家的基本观点。

如果说王道是以仁爱之心推行仁政,追求良好的道德境界和稳定有序的社会秩序,那么霸道就是以功利之心推行力政,追求以强大的政治经济军事实力为基础的强权政治。霸道在政治、经济、军事方面无不体现了这个特点。

一、政治——以力假仁　刑严势威

霸道不像王道那样强调道德的理想,不注重道德教化的途径与方式,而是追求直接的功利性的目标,如领土的增加、权力的扩大、人口的增加、财税的增收、军力的强盛等等,主张通过强权威慑以屈服各国,因此霸道在政治原则上就表现为以力假仁,假借仁义道德作为合法性依据来满足其称霸诸侯甚至一统天下的私欲;在具体的治理方式方面依靠严刑峻法等强制性手段来维护社会秩序和君主的权威;在处理与其他国家之间的关系时

则以强大的经济军事实力来压制其他诸侯国,并通过讲
求信用稳固其地位。

（一）以力假仁

王道以道德为目标和原则,也以道德为治理的方式
方法,对为政者自身及其施政原则、措施都有较高的道
德要求,甚至认为可以通过道德解决一切政治问题;霸
道则不然,它对道德没有特别的看重,而追求具体而现
实的事功。即使有仁义的思想,在儒家看来,也是以力假
仁、以让饰争、依仁蹈利,凭借武力假行仁义来推行暴力
征服,实施功利政治。王道是将为政者自身的仁爱之心
推广以行仁政,而霸道所行的仁义并非出自为政者本
心,不是其仁心的推演,而是作为一种手段被借用来收
买人心,掩饰其私利私欲。

在儒家看来,霸主自身的道德修养是远远不如王者
的。霸主不具备仁爱之心,不具有良好的道德品质,他们
所追求的仅仅是一己之私利,所以儒家历来对霸主都是
持否定态度的,虽然会显赫一时、风光一时,但都不会长
久地保持强盛的状态,也不可能得到百姓的衷心拥护。
孟子认为五霸及诸侯在三王面前都是应该受到批判的
罪人,他说:

　　五霸者,搂诸侯以伐诸侯者也,故曰,五霸者,三
王之罪人也。五霸,桓公为盛。葵丘之会,诸侯束牲

载书而不歃血。初命曰,诛不孝,无易树子,无以妾
为妻。再命曰,尊贤育才,以彰有德。三命曰,敬老慈
幼,无忘宾旅。四命曰,士无世官,官事无摄,取士必
得,无专杀大夫。五命曰,无曲防,无遏籴,无有封而
不告。曰,凡我同盟之人,既盟之后,言归于好。今之
诸侯皆犯此五禁,故曰,今之诸侯,五霸之罪人也。①

五霸联合诸侯攻打诸侯,僭越了礼制,其他诸侯则违犯
了开始的盟约,他们都不具备儒家所希望的政治美德。

荀子评价作为诸侯盟主的霸主齐桓公时说:

仲尼之门,五尺之竖子言羞称乎五伯。是何也?
曰:然,彼诚可羞称也。齐桓,五伯之盛者也,前事则
杀兄而争国;内行则姑姊妹之不嫁者七人,闺门之
内,般乐奢汰,以齐之分奉之而不足;外事则诈邾,袭
莒,并国三十五。其事行也若是其险污淫汰也,彼固
曷足称乎大君子之门哉!②

齐桓公是五霸中最先称霸的,也是最负盛名的春秋霸
主,不过在荀子看来齐桓公在儒家那里还不足以称乎大
君子之门。齐桓公不但杀了他的哥哥来争夺国家的政

①《孟子·告子下》。
②《荀子·仲尼》。

权;还在宫门之内纵情作乐、奢侈放纵,齐国税收的一半供养他都不够;而且在与其他国家的关系上还欺骗邾国、袭击莒国,吞并国家三十五个。荀子认为他的所作所为是险恶肮脏、放荡奢侈的,不值得称道。在儒家看来,霸主的道德水平远远没有达到王者的水平,而他们也并没有由此而注重自身的道德修养,他们所关注的仅仅是现实事功和个人私欲。

霸主不具有较高的道德水平和仁爱天下之心,因此他们就不可能真正的施行仁义,然而他们却一直假借仁义之名自我标榜。一般来说,霸主地位的奠定要依靠强大的实力,而霸主地位的维持却必须得到诸侯盟国的支持和百姓的顺服。正是因为如此,霸主才不断标榜自己是推行王道、主持正义的,以此为口号来证明、标榜其地位和行为的合法性,以维持其霸主地位。春秋时期的五霸,都打着"尊王攘夷"的旗号;除此之外,霸主还假装施行仁政,如齐桓公曾实行善政以赡贫穷,晋文公修政以施惠百姓,秦穆公施德诸侯,宋襄公修行仁义,但其政治举措最终都是昙花一现,没有成为持久的制度留存下来,百姓也没有得到实质性的利益。

霸主"尊王攘夷"是霸主的职责所在,春秋战国时代,夷狄混处中国,经常侵略同宗同姓的小国,霸主便需要打着保护华夏文明、维护周王室的尊严的旗号率领各诸侯国讨伐夷狄。但霸主发动战争的真正目的不是尊崇周王室,而是往往借此来称霸诸侯,进而可以在政治上发号施令,控制盟国,满足自己的权力欲望。在经济利益方面,霸主通过战争不但可以扩大领土和人口数量,还可以要求盟国朝聘贡纳,占有盟国的贡赋,从而谋取和保持其政治地位的提升。齐桓公就是通过战争陆续吞并了几十个小国,晋文公在位期间先后灭掉三十多个小国,他们通过战争壮大了自己的实力,也给百姓带来了极大的痛苦,这与儒家所倡导的仁爱精神是完全背离的。对此,孟子和荀子都有明确的认识。孟子说"以力假仁者霸"①,力,指的是国富兵强的实力,霸者以力服人,以力假仁,依靠强大的物质力量,并假借仁义的名义使人屈服,称霸一方。荀子说"彼以让饰争、依乎仁而蹈利者也,小人之杰也,彼固曷足称乎大君子之门哉!"②五霸是以表面上的谦让来掩饰争夺、依靠仁爱之名来追求实利的人,他们所谓的退让,不过是为了掩饰更大的争夺,他们所谓的仁义,不过是为了骗取更大的利益。

因此,霸者在推行道德礼义的程度上是远不如以德服人的王道的,王道是仁心的自然而发,霸道则是借用仁爱之名。孟子说:"尧舜,性之也;汤武,身之也;五霸,假之也。"③他认为尧舜是天生圣人,生而具有的仁义,汤

---

① 《孟子·公孙丑上》。
② 《荀子·仲尼》。
③ 《孟子·尽心上》。

武是亲身实践仁义,而五霸虽然表面上看似有仁义,却是假借来的,是外有而内无的。荀子认为霸道:"彼非本政教也,非致隆高也,非綦文理也,非服人之心也。乡方略,审劳佚,畜积修斗而能颠倒其敌者也。诈心以胜矣。"①在荀子看来霸道没有把政治教化作为立国之本,没有达到最崇高的讲求礼义的政治境界,没有健全的礼义制度,没有使人心悦诚服;霸主们只是些注重方法策略、注意使民众有劳有逸、积蓄财物、加强战备因而能颠覆打败其敌人的人,是依靠诡诈的心计来取胜的。王道的仁义之政发于仁爱之心,在政治上完全以德为原则和要求,不行一不义,不杀一不辜者,以道德感召感化百姓心悦诚服。而霸道则不然,霸者假借仁义以济私欲,推崇强力威势,在本质上是以力威慑人,以势压制人。正是在这个意义上,荀子最后总结道:"粹而王,驳而霸,无一焉而亡。"②纯以德治国者为王,以力杂仁者为霸。

(二)重法严刑赏

霸道所依靠之"力"体现在治理国内政治问题上指的就是法治与刑赏,而不是王道政治的德治与仁义教化。

荀子说"人君者,隆礼尊贤而王,重法爱民而霸"③,

---

①《荀子·仲尼》。
②《荀子·王霸》。
③《荀子·强国》。

实行礼义、任贤使能者为王，重用法令、爱惜民力者为霸。王道在治理国内政治问题中强调以礼义为规范，以道德教化为手段。传统的礼义规范是以宗法血缘制度为基础的，其核心为亲亲和尊尊，所以对礼义规范的遵守主要靠的是人内心的道德自觉和社会舆论的约束，并不具有很强的外在强制性，道德的教化也是一个比较缓慢而漫长的过程。然而春秋战国的政治形势却是宗法礼制已被破坏，诸侯间不断发动征战互相兼并，各诸侯国都面临生死存亡的考验，如果自己不能富国强兵就会被别的国家所吞并。然而，礼义规范的自觉和道德的教化是不能起立竿见影的实际作用的，儒家礼治的局限性使得霸主们纷纷转而采取法家倡导的法治主张，积极地改革旧的政治制度，探索新的治国之道。他们通过颁布苛刻的法令明确地规定社会行为规范，并以此为约束人们行为的唯一准则，"不别亲疏，不殊贵贱，一断于法，亲亲尊尊之恩绝矣"①。法具有客观性、强制性和普遍适用性，克服了礼义制度的繁杂，也无需迂阔的道德自觉，通过明确而具体的法令来统一人们的行为，使人们有章可循，有法可依，又以外在的强制约束力使人们不敢为非作歹，使得国家的政令得以畅通无阻，国家的实力也随之而增强。因此，在诸侯争霸时期，各诸侯国纷纷采取了

---

① 《史记·太史公自序》。

法家的思想进行改革和变法,以霸道的治理方式来快速整顿社会和富国强兵。

庆赏刑罚是霸道推行法治的重要手段和途径。在霸道的治理方式中,只有严格执行赏罚举措,才能确立法治,才能保证兵员、财税、劳役的顺利征收。荀子认为王道"赏不用而民劝,罚不用而威行"①,王道是依靠道德教化使民自觉服从统治的。而"彼霸者不然,辟田野,实仓廪,便备用,案谨募选阅材伎之士,然后渐庆赏以先之,严刑罚以纠之"②,霸主以赏罚立禁令,赏以劝善,令而能行者,则赏;罚以惩恶,禁而不止者,则罚。霸道是用庆赏刑罚的方式使人们非出于内心自愿的遵守规范。霸道把赏庆刑罚作为治理国家的手段,通过庆赏来奖励守法有功之人,以利益引诱民众;通过严刑重罚惩治犯法有罪之人,以刑罚威慑民众,以政治实践中的强制和暴力手段来维持和加强其统治地位。霸主"其禁暴也察,其诛不服也审,其刑罚重而信,其诛杀猛而必,黭然而雷击之,如墙厌之"③。霸主禁止暴乱很明确,惩处不服的人也很审慎,他施行严刑重罚并守信用,处决犯人严厉而坚决。这种方式的好处是统治者的命令和旨意可以得到迅速的贯彻,雷厉风行,上下如一,国家权力得到无比

---

① 《荀子·强国》。
② 《荀子·王制》。
③ 《荀子·强国》。

的增强。但荀子认为霸道还是有根本性的缺陷的，"礼乐则不修，分义则不明，举错则不时，爱利则不形"①，在霸道中，礼乐制度并不完善，上下也没有各得其宜，采取的措施不合时宜，爱民、利民之心不能落实，霸主用权势地位去胁迫，用惩罚杀戮去震慑，百姓受到胁迫就会产生畏惧，从而屈从于霸主的统治。这就是霸道治理社会的方式，在早期儒家看来，这种强迫和利诱的方式并不能维护国家的稳定和长久，只是一种暂时性的，一旦民众有机会和能力就会起来反抗。

（三）以力称霸　以信立国

霸主是诸侯之长，作为众多诸侯的带领者，他面对的一个比较重要的问题就是如何处理国与国之间的关系。在这方面，霸道的重要特征就是以力称霸，以信立国。处理好国与国的关系是霸道中的重要内容，称霸天下不仅是针对夷狄，更重要的是称霸于各诸侯国。在西周时期，周天子为天下共主，各诸侯国虽然爵位有高低，但其国家地位是相对独立的，并没有相互依附的关系。西周末年及春秋时期，周天子实力衰微，无力保护各诸侯国，只能依靠春秋五霸来称雄于中原，因而各诸侯国欲想称霸中原便需要妥善处理国与国之间的关系，既要强大自身的实力以威慑诸侯，又要遵守一定的道德原则

---

① 《荀子·强国》。

和规则使各诸侯国听命于自己,因此霸主需要在表面上维护公认的道德准则才能使其称霸具有合法性,这就成为霸道处理国际关系中的基本准则,也是霸主以力假仁的缘由。

霸主地位的获得和保证,首先靠的是强大的实力,具体就是指政治上拥有较大权力、经济富裕、军事力量强大。在春秋战国时期,诸侯国之间的争霸是通过战争来进行的,而争霸战争拼的就是实力。战争需要耗费大量的财富,需要众多的应征当兵的人口,需要坚甲利兵,只有拥有强大的经济军事实力才能应付不断的战争,并取得胜利,因此,强大的经济军事实力是战争取得胜利的关键。取得胜利的国家以强大的实力威慑其他诸侯国,使其不敢轻易发动战争,从而保证自己国家的安全。除了保证本国的安全,实力强大的国家还要"存亡继绝,卫弱禁暴,而无兼并之心"①,对其他弱小的国家进行保护和庇护,如此则"诸侯亲之矣"②,这样就可以吸引其他诸侯国家与之结盟,并成为盟主,也即霸主。所以富国强兵便成为霸主的第一要务,现实的功利目的便成为霸主治国的唯一目标,道德原则与礼义教化被抛之脑后。

虽然通过强大的实力登上了霸主的地位,但霸主地位的维持需要盟国的支持,如果各诸侯国都不来结盟臣

①《荀子·王制》。
②《荀子·王制》。

服,霸主的权力欲望如何能得到满足? 欲接纳招徕各诸侯国,就不能单靠武力,诸侯国动用武力要有理由和借口,而在春秋时期,按照礼制,有权发动战争的只有周天子,诸侯国只能听命于天子,如果无故发动战争,侵略小国,便会遭到各大国的鄙视和讨伐,霸主地位也就失去了其存在的合法性。因此,诸侯要想成就霸业,必须要以仁义道德的旗号作为其合法性根据来笼络各国诸侯结盟,满足自己做霸主的欲望。在儒家看来,霸主的这种行为方式虽然有效,但不可能赢得天下,荀子说:"王夺之人,霸夺之与,强夺之地。夺之人者臣诸侯,夺之与者友诸侯,夺之地者敌诸侯。臣诸侯者王,友诸侯者霸,敌诸侯者危。"①霸道靠权谋狡诈,能够赢得诸侯的结盟,使他们尊奉自己为霸主,但不可能真正成为统一天下的圣王,因为王道的实现依靠的是民众的人心支撑,霸道的重点在于联合诸侯争夺同盟,而没有把精力投入到赢取民心上面,所以不可能实现王道。至于那些一心想扩大土地财物以称霸天下的做法更是不可取的,这只能是四面树敌,招致各诸侯国的反抗。

王道的实现是天下一统,需要天下百姓的支持,霸道则是盟国的接受与支持。若想得到盟国的支持,就要求霸主要讲究信用,因为盟国是通过订约结盟而聚合到

①《荀子·王制》。

一起的,霸主必须讲信用遵守他们订立的盟约,同诸侯国修睦讲和,以友相待,才能巩固和维持自己的霸主地位。荀子指出霸道的这一特点时说:

> 德虽未至也,义虽未济也,然而天下之理略奏矣,刑赏已、诺,信乎天下矣,臣下晓然皆知其可要也。政令已陈,虽睹利败,不欺其民;约结已定,虽睹利败,不欺其与。如是,则兵劲城固,敌国畏之,国一綦明,与国信之,虽在僻陋之国,威动天下,五伯是也。非本政教也,非致隆高也,非綦文理也,非服人之心也,乡方略,审劳佚,谨畜积,修战备,龊然上下相信,而天下莫之敢当。故齐桓、晋文、楚庄、吴阖闾、越勾践,是皆僻陋之国也,威动天下,强殆中国,无它故焉,略信也。是所谓信立而霸也。①

五霸虽然没有完美的德行,没有完全做到道义,但它的刑罚、奖赏、禁止、许诺在天下已取得了信用,臣下都明白地知道他是可以结交的。即使自己的利益将要有所损害,也不改变已经颁布的政令,以免失信于民众;也不因为自己的利益被损害而违反已经订立的盟约,以免失信于他的盟友。这样就可以得到同盟国的信任,即使地处

①《荀子·王霸》。

偏僻落后之地,也能称霸诸侯,威势也可震动天下。除了假借仁义的名目外,注重遵守信用也是招徕诸侯的基本原则。守信,用在内政上,可以保证法治的顺利贯彻,取信于民,使得国力增强;用之于国际间诸侯国的关系中,遵守盟约是霸主受到尊重的最重要条件,如果无信,盟约就会解体,霸主也就名不副实了。

强权、赏罚、信用是霸道在政治方面的主要手段,假借仁义与讲求信用是霸主地位合法性的主要根据,霸道的根本目的不是对仁义的追求,不是想要实现天下统一、百姓安居,而是要称霸天下,满足其对权力和财富的私欲,所以儒家将王道与霸道进行比较,对霸道要么反对,要么贬低。

二、经济——兼并聚敛　地大国富

霸道之力在经济方面表现为以地大国富为主要特征的强大的经济实力,经济实力的增强是通过兼并聚敛和开辟土地实现的。先秦时期,虽然有商业和矿业的税收,但是农业土地的收入依旧是社会财富的主要来源。开垦荒地是一种扩充土地数量的方式,但更直接、更主要的方式就是兼并其他国家的土地。春秋战国时期战争不断,在儒家看来这些战争都不是正义的,都是为了增加各自国家的土地、人口而实施的兼并战争。

在儒家看来,王道是强调以德服人的,是圣王以高尚的道德来感召天下之人,使天下归顺,因此取得天下和王道的实现依赖的不是物质经济的强大而是道德的提升,通过道德的感化来征服天下,对经济问题的思考也是建立在道德原则基础之上的,主张以民为本,养民富民,是服从于道德准则和理想的。而霸道则不同,霸道没有高尚的道德理想,只有一统天下的野心,其所追求的不是道德境界,而是功利的现实事功。霸道的目标是称霸诸侯一统天下,这一目标的实现不是靠道德而是要靠强大实力的威慑和频繁战争的征服,这就需要强大的经济实力作为物质基础,因此,霸道十分重视经济问题。

霸道在经济方面的特征是追求地大国富。战国时期的梁惠王的最大愿望就是"欲辟土地,朝秦、楚,莅中国而抚四夷也"[1],然而在孟子看来:"城郭不完,兵甲不多,非国之灾也;田野不辟,货财不聚,非国之害也。上无礼,下无学,贼民兴,丧无日矣。"[2]他还曾说:"今日事君者曰:'我能为君辟土地,充府库。'今之所谓良臣,古之所谓民贼也。"[3]由此可见当时的君臣下上都是在追求土地财物的增加。荀子也多次提到霸道"辟田野,实仓廪"[4]。从孟子、荀子的描述中我们可以看出,当时盛行

---

① 《孟子·梁惠王上》。
② 《孟子·离娄上》。
③ 《孟子·告子下》。
④ 《荀子·王制》。

的霸道所重视的不是礼义教化,而是城郭甲兵、田野货财,霸道在经济方面的主要工作就是辟土地、充府库。

在小农经济的传统社会,发展经济主要靠农业,农业最基本的要素就是土地,所以土地对于霸道来说非常重要。孟子说:"诸侯之宝三:土地,人民,政事。"①土地是诸侯治国最重要的三个基本要素之一。孟子又说:"以力假仁者霸,霸必有大国;以德行仁者王,王不待大。汤以七十里,文王以百里。"②王道不一定需要广大的土地,商汤以七十里、文王以百里之地一统天下,他们依靠的就是仁德。霸道一定是大国,一定要有大量的土地,土地是增强国家实力的基础。一方面,从土地作为生产资料的意义上来说,可耕种的土地越多,国家拥有的粮食就越多,就可以供养更多的士兵,建立一支更庞大的军队,这就为建立一个强大的帝国奠定了坚实的基础;另一方面,从土地作为国家领土的意义上来说,土地不仅代表着一个国家的疆域,也是国家实力的一种表现,领土越广阔,代表着这个国家的势力范围越大,实力越强,这不但可以对其他诸侯国起到威慑作用,也是称霸诸侯甚至一统天下的基本条件。但在儒家眼里,土地、人口、财宝等这些功利性的东西都不是称霸天下的主要因素,反而会使国家危亡,只有实行仁义才能实现王道,一统天下。

---

①《孟子·尽心下》。
②《孟子·公孙丑上》。

霸道在经济方面的另一个特征是富国。荀子提出"故王者富民,霸者富士,仅存之国富大夫,亡国富筐箧,实府库"①。富裕就是财富的增加,对于政治而言,是增加国家的财力,还是增加贵族、百姓的财产,其效果是不同的,增加财富的方式也不同。王道以民为本,以节俭薄税来富民。霸道则以强大国家实力为目标,强调富国,主张增加国家财政收入,把社会财富控制在国家手里。一方面,富国可以强兵。富国通常与强兵紧密相联,富国可以强兵,强兵必须富国,只有国家财政有充裕的财富,才会有经费来扩大军事力量和应付战争损耗。在春秋战国时期,诸侯争霸战争非常频繁,各诸侯国之间的武力战争实际上是各国经济实力的战争,《孙子兵法·作战篇》中描述当时的战争是"驰车千驷,革车千乘,带甲十万,千里馈粮;则内外之费,宾客之用,胶漆之材,车甲之奉,日费千金,然后十万之师举矣"。要出动十万大军去打仗,至少需要数千辆的战车,还要从遥远的地方运送粮草,再加上外交使节来往的开支、器材物资的供应等,每天要耗费千金,如果没有一定的经济实力是难以应付的。而到了战国时期,一场大战,数十万大军,时间长达半年以上。正如荀子所说"戎甲俞众,奉养必费"②,军队越大,所需军费越多,因此对于以军事实力和战争为主

---

① 《荀子·王制》。
② 《荀子·议兵》。

要手段的霸道来说,如果想保持强大的军事实力,想在战争中取胜,就必须要掌握充足的财富。另一方面,富国可以治民。霸道以法令刑赏治国,刑赏的实施其中一项重要措施就是财富的赏罚,而要保证财富赏罚起作用,就必须要把财利都集中到君主国家手中。霸道在经济上将大量财富集中到国家手中,相应地百姓手中的财富就会减少,人民处于一种相对贫困的状态,这样他们就会依赖于国家的赏罚,受制于国家,霸道正是以此来制约治理百姓的。因而在儒家看来,霸道可以使国家一时富强,但很难持久,很难以此来取得天下,所以霸道是与王道对立的,是应该受到批判的。

霸道扩大土地的手段主要就是兼并和开辟田野,增加国库财政收入主要靠聚敛。一方面,霸主他们通过不断发动战争侵略他国来兼并土地,《荀子·仲尼》载齐桓公"并国三十五",《韩非子·难二》载"晋献公并国十七,服国三十八",实力较大的国家通过兼并扩大了土地,更增强了实力,成为称霸一时的霸主。另一方面,霸主纷纷采取奖励耕种的方式来鼓励人们开垦,孟子曾提到说"今日事君者曰:'我能为君辟土地,充府库。'"①荀子也提到当时的诸侯力推"辟田野"。周朝实行井田制,土地国有,土地是固定的,井田外的土地不许开垦。春秋战国

---

①《孟子·告子下》。

时期井田制逐渐瓦解,霸主于是纷纷采取措施开垦了大量土地。另外,霸道还通过繁重的苛捐杂税来聚敛财富以增加国家财政收入。王道以民为本,主张要薄税敛以保障人们的基本生活,而霸道则以国家为主,主要征收大量赋税来增加国家财政收入,以保持国家强大的实力。王道为民生而富民,霸道为私欲而富国,儒家崇王抑霸,不仅是对古代圣王之道的向往,更是依据人类社会政治生活本身的意义而做出的思考和选择。

三、军事——崇武尚战　坚甲利兵

霸道之力在军事方面表现为崇武尚战,坚甲利兵。霸道以武力、战争作为处理社会和国与国之间问题的主要手段,强调以坚甲利兵为基础的强大的军事力量的作用。

王道不完全排斥战争,但王道的战争是仁义之战,是从爱人之心出发的保护百姓的禁暴除害的战争,王者之兵也是仁义之兵,是以仁德凝聚在一起的讲求礼义的军队。霸道的战争则是为了霸主的私欲,是为了扩张领土,掠夺财物,为了称霸诸侯甚至一统天下,霸道不考虑百姓的生命安危及生活状况,"以土地之故,糜烂其民而战之"①,为了争夺土地,而牺牲百姓发动战争,给百姓生

---

① 《孟子·尽心下》。

活带来极大的危害。霸道战争的性质也决定了其军队士兵尚利的特点,霸道不为仁义,而为一己私利,因此就不可能具有凝聚力使士兵甘愿为其服务,所以霸道只有采取利诱与威逼的方式来组织军队。相对于王道的仁义之兵,霸道则为尚利之兵、嗜杀之兵。

(一)崇武尚战

春秋战国时期,周天子权威逐渐丧失,社会失序,而此时诸侯实力增强,于是他们乘势而起,纷纷发动战争以争夺更大的权势更多的利益,战争成为时代的主题。在霸者看来,在以争夺权势财富为主要目的的混乱社会中,仁义道德教化对人心的感化迂阔而缓慢,而战争和武力不仅是国家安全和安定的基本保障,更是使对方屈服的最有力的工具和最便捷的途径,只有通过战争和武力重创对手,才能使其无力反抗从而屈从于胜利者。因此霸道把战争看作称王称霸的必要手段,极度崇尚武力和战争。孟子在与梁惠王对话时说到"王好战,请以战喻"[1]。梁惠王的好战并不是个别现象,而是当时诸侯推崇战争的普遍倾向。据《史记》记载,"春秋之中,弑君三十六,亡国五十二,不得保其社稷者,不可胜数"[2],战国时期,大小战争也多达二百二十多次。翦伯赞曾在《先秦史》中做过统计:据《春秋》所记,在二百五十余年的春

---

① 《孟子·梁惠王上》。
② 《史记·太史公自序》。

秋时代中,言"侵"者六十次,言"伐"者二百一十二次,言"围"者四十次,言"师灭"者三次,言"战"者二十三次,言"入"者二十七次,言"进"者二次,言"袭"者一次,言"取"言"灭"者,更不可胜记①。

霸道崇武尚战,在这种情况下,只有拥有军事实力的优势,才能保证在战争中的胜利,才能对他国具有威慑力。所以,霸道国家非常重视扩大军事实力的问题,致力于军事力量的建设和军事优势的确立。他们一方面通过招收健勇之人来扩大军队数量,一方面通过蓄积来增加战备物质,同时又通过修理改良武器装备提高军队的战斗力。对此荀子有比较详细的论述,他说:

> 殷之日,安以静兵息民,慈爱百姓,辟田野,实仓廪,便备用,安谨募选阅材伎之士;然后渐赏庆以先之,严刑罚以防之,择士之知事者使相率贯也,是以厌然畜积修饰而物用之足也。兵革器械者,彼将日日暴露毁折之中原,我今将修饰之,拊循之,掩盖之于府库;货则粟米者,彼将日日栖迟薛越之中野,我今将畜积并聚之于仓廪;材技股肱、健勇爪牙之士,彼将日日挫顿竭之于仇敌,我今将来致之、并阅之、砥砺之于朝廷。如是,则彼日积敝,我日积完;彼日

---

①翦伯赞:《先秦史》,北京大学出版社,1990年,第325页。

积贫,我日积富;彼日积劳,我日积佚。君臣上下之间者,彼将厉厉焉日日相离疾也,我今将顿顿焉日日相亲爱也,以是待其敝。安以其国为是者霸。①

他详细列举了霸道为加强军事实力而采取的措施,比如开垦田野,积蓄粮食财物;修理改进军备兵器用具等;招募、选择、接纳、锻炼有才能技艺的辅佐大臣、健壮勇敢的武士。没有做到的诸侯国军事实力逐渐衰弱,而能够做到的诸侯国的军事实力则越来越强,从而就能够凭借军事优势取得争霸战争的胜利,进而称霸诸侯。

（二）尚利之兵

王道以仁义为本,战争也是本于爱人的原则为百姓禁暴除害,因此,王道的仁义之战具有很强的道德感召力和凝聚力,使士兵能够心服,为其效力。王道又强调对军队进行礼义教化,提高士兵的道德水平,这样就造就了具有较好道德品质的仁义之兵。霸道不为仁义而以霸主的私利为目的,战争是争夺土地和财富的诸侯争霸之战,因此霸道不具有凝聚力使士兵心甘情愿地为其服务,霸主只有采取庆赏刑罚的方式通过奖励军功来吸引士兵、治理军队。

荀子对此有深刻的见解,他认为齐、魏、秦等霸道

---

① 《荀子·王制》。

国家：

> 兼是数国者，皆干赏蹈利之兵也，佣徒鬻卖之
> 道也，未有贵上、安制、綦节之理也；诸侯有能微妙之
> 以节，则作而兼殆之耳。故招近募选，隆埶诈，尚功
> 利，是渐之也；礼义教化，是齐之也。故以诈遇诈，犹
> 有巧拙焉；以诈遇齐，辟之犹以锥刀堕太山也，非天
> 下之愚人莫敢试。故王者之兵不试。汤、武之诛桀、
> 纣也，拱挹指麾而强暴之国莫不趋使，诛桀、纣若诛
> 独夫。故泰誓曰："独夫纣。"此之谓也。故兵大齐
> 则制天下，小齐则治邻敌。若夫招近募选、隆埶诈、
> 尚功利之兵，则胜不胜无常，代翕代张，代存代亡，相
> 为雌雄耳矣。夫是之谓盗兵，君子不由也。①

综合齐、魏、秦这几个国家来看，他们的士兵都是为了求
赏蹈利才加入军队的，为赏庆而这样做，这与为财利而
受雇佣的人出卖气力没有区别，所以这样的士兵没有道
德原则，并不讲尊重君主、遵守制度、极尽忠义、心不为非
等。霸道以威势、变诈及功利来渐染所募选的士兵，用权
谋诡诈、崇尚功利的方法治理军队，这样并不能保证军
队的战斗力，因为以求利为目的的士兵在受到伤害时就

---

① 《荀子·议兵》。

会退缩,他们并非为了某种信仰和理想追求从内心中就想参加战争,而仅仅是为了个人利益,当他们遇到大的危险,生命受到威胁的时候就会舍利而求生。比如秦朝的法律规定,在战争中根据杀人的人头数量来赏赐爵位,于是秦人上了战场,疯狂一般勇往直前,杀人如麻。但是秦国的士兵并不忠于国家,大多是为利,所以虽然秦国称霸了天下,但是最终也没有逃脱亡国的命运,更遑论实现万世永恒的理想。所以荀子又讲:

> 故齐之田单,楚之庄蹻,秦之卫鞅,燕之缪虮,是皆世俗所谓善用兵者也;是其巧拙强弱则未有以相君也,若其道一也,未及和齐也,掎契司诈,权谋倾覆,未免盗兵也。齐桓、晋文、楚庄、吴阖闾、越勾践,是皆和齐之兵也,可谓入其域矣,然而未有本统也,故可以霸而不可以王。①

齐国的田单,楚国的庄蹻,秦国的卫鞅,燕国的缪虮,这些都是一般人所说的善于用兵的人。他们遵行的原则都是一样的,他们都还没有达到使士兵和衷共济、齐心合力的地步,而只是抓住对方弱点伺机进行欺诈,玩弄权术阴谋进行颠覆,所以仍免不了是些盗贼式的军队。齐

①《荀子·议兵》。

桓公、晋文公、楚庄王、吴王阖闾、越王勾践,这些人的军队就都是和衷共济、齐心合力的军队,可说是进入了礼义教化的境域,但还没有抓住根本的纲领,仅是和齐不能为王,只能为霸,只有以仁义为本统才能成王。

在早期儒家看来,霸道的出发点是私欲私利,无论是在政治方面还是经济军事方面,无不体现了这样的追求。政治上的严刑威势,经济上的富国强兵,军事上的崇武尚力,都是为了使国家强大起来而一统天下,称霸诸侯。然而,霸道的一统天下,主要并不是出于道德仁义,更多的是诸侯对于权势财富的追求。所以,尽管霸道通行的国家实力强大,但在儒者看来,这样的国家并不能长久和稳定。只有王道,出于仁义,为了仁义,以仁德教化实现天下大同,才能实现持久和稳定的天下统一,才是政治行为真正的意义所在。

王霸之辨的产生和发展,是古代思想家们随着社会的发展变化对人类本身的有组织的集体生活的思考和探索。当社会发生大的变化,集体生活混乱无序进而导致个体成员的基本生活不能正常维持下去的时候,一些有识之士开始对现实社会政治生活进行反思,对人类社会群体应有的政治生活进行设计,于是便有了理想与现实的相互对比和修正,我们的政治文明也正是在这样的情况下不断的发展和进步。中国传统社会的政治哲学和政治思想也正是在王霸之辨的思考中确立了基本形态和内容。各时期的儒者对社会政治的思考都无法回避王霸的问题,虽然对王霸的理解有差异,但对王道的向往和肯定都是一致的,对王霸之辨所涉及的内容领域也没有太大的变化。

第二章　早期儒家王霸之辨的
理论论争

　　早期儒家的王霸之辨是儒家的思想中心,直到北宋新儒学产生,儒家思想研讨的重点才转移到如何内圣的问题上,但修养内圣最终目的还是为了实现王道,所以说儒家的王霸之辨乃是整个传统儒学的核心论域,其中的王道理想乃是儒家的政治信仰所在。早期儒家不仅仅是思想家,他们发展思想理论的目的还是想做一个像周公那样的政治家,渴望通过政治实践以实现其所理想的王道政治。因此,在游说诸侯的过程中,他们针对具体的现实问题,既批判了各种混乱的政治行为,将之斥为霸道和乱世,又提出了自己的具体的治国之道。客观地说,先秦儒学的理论形态是不完善的,缺乏系统的论证,但是其开辟的思想论域和所涉猎的主题是非常丰富的,可以说涵盖了以后传统儒家所研讨的各种问题。通过归纳总结其所阐发的王霸之辨,我们可以非常清楚地抽象出几个政治主题,能够宏阔地显现出儒家政治哲学的基本框架、核心理念和致思的视域、角度等。下面我们将对此分别加以论述。

第一节　王者之道与霸者之政

在早期儒家的政治观和历史观中,上古三代的王都是与圣相统一的,圣而王、王而圣,王道社会必然是由道德完备的圣人所创立,只有道德完备的圣人才能建设王道社会。所以道德完美性、道德理想化是儒家政治思想的本质特征。不仅统治者要道德完美,统治者治国要依靠道德,而且最终实现的理想社会也是道德完美的社会。这就是儒家政治理想的特点。早期儒家对此坚信不疑,因为在早期儒家看来,这不仅是天命天意所在,而且也是上古三代的历史现实所证成的,谁能否认尧舜禹汤文武周公的存在呢?谁能怀疑那样的时代不是完美的时代呢?除了道家之外,先秦诸子恐怕都无法否认。也正因为如此,除了道家之外,其他的诸子学派在理论上是无法与儒家抗衡的。因此,如何美化圣王、如何挖掘圣王的事迹以阐发圣王的成功经验,便成为儒家宣扬自己政治思想的主要方式。于是,圣王观便成为儒家政治思想的中心。实际上,儒家对王道思想的阐发,无不与上古三代圣王的言行相联系。圣王的存在,既是王道理想的证明,也是对后世现实的君王是一种制约和规范,成为历代帝王必须仿效的典范,同时圣王的言行也是王道政治原则和治国方针的载体和证明。

早期儒家对王道与霸道的分辨最直接的表现就在对传说中和历史上的历代圣王和霸主这些人物的评判上。他们在对圣王之治的描述中总结提升出"德政""仁政""王道",同时通过对霸主的分析批评否定了"苛政""暴政""霸道"。早期儒家对圣王和霸主的评判实际上是在通过历史寻找一种合理的社会政治状态,反观历史,他们认为只有王道才是最理想的政治。

一、先王之道

儒家代表人物无不力图以先王之道为蓝本建立起王道社会。孔子"仲尼祖述尧舜,宪章文武"①,孟子"言必称尧舜"②,对传说中或历史上的历代圣王之治进行了描述,并在此基础上总结出了其理想的王道社会。

先秦儒家对历史的溯源最早到尧舜禹,他们认为那个时代是天下大公,人们之间没有私利,"王"是为天下而位天下,在这个时代王位的传递是以贤德为标准通过禅让的形式进行的,尧以舜贤将王位让于舜,舜以禹治水有功禅让给禹。尧舜禹行仁义,举贤爱民:"舜有天

---

①《礼记·中庸》。
②《孟子·滕文公上》。

下,选于众,举皋陶,不仁者远矣。"①"舜明于庶物,察于
人伦,由仁义行,非行仁义也。"②尧舜禹以仁义治理天
下,任贤禅让,形成了儒家理想中的"大同"社会:

> 大道之行也,天下为公,选贤与能,讲信修睦。
> 故人不独亲其亲,不独子其子,使老有所终,壮有所
> 用,幼有所长,矜寡孤独废疾者皆有所养。男有分,
> 女有归。货恶其弃于地也,不必藏于己;力恶其不出
> 于身也,不必为己。是故谋闭而不兴,盗窃乱贼而不
> 作,故外户而不闭。是谓大同。③

"大同"世界天下为公,人们没有私心,贤能在位,是个社
会风俗美善与百姓安居乐业的世界。

夏商西周,任贤禅让逐渐由家天下的礼乐文明代
替。西周"制礼作乐",以礼乐经邦治国,形成了一套较
为完整的礼乐制度,成为后世效仿的范本。文武周公以
礼乐制度治理天下,从而实现了"小康"社会:"城郭沟池
以为固,礼义以为纪;以正君臣,以笃父子,以睦兄弟,以
和夫妇,以设制度,以立田里,以贤勇知,以功为己。"④儒

---

① 《论语·颜渊》。
② 《孟子·离娄下》。
③ 《礼记·礼运》。
④ 《礼记·礼运》。

家对西周礼乐文明推崇备至,孔子认为"周之德,其可谓
至德也已矣"①,"周监于二代,郁郁乎文哉。吾从周!"②
孔子的政治理想也就是通过"克己"实现"复礼",即恢复
周礼,恢复文武周公所建立的政治制度。孟子、荀子对西
周的政治依旧十分向往。孟子说:"诸侯有行文王之政
者,七年之内,必为政于天下矣。"③如果采取西周之政,
则可以王天下。荀子更在西周礼乐制度的基础上进一
步完善了礼的思想,提出了"礼治"的政治主张。荀子的
思想中虽然有法先王和法后王之争,但是荀子之所以反
对法先王,绝不是反对先王之道,而是因为先王的事迹
渺茫,无法令世人仿效,不如像文武王这样的后王那样
明晰。自孔子以来的儒家,虽然都同样地推崇尧舜禹汤
文武周公,但是孔子还是将上古三代文明的完美体现放在
周礼身上,孔子所生活的时代毕竟是西周之后的东周,周
礼虽然崩坏,但毕竟人们还习久未忘,容易引起关注。

　　儒家在对历代圣王的总结中认识到"尧、舜之道,不
以仁政,不能平治天下"④,他们认为圣王之治之所以美
好就在于他们以仁德行天下,举贤爱民,以礼乐制度规
范社会,历史上的圣王之治的存在为儒家的王道理想提

①《论语·泰伯》。
②《论语·八佾》。
③《孟子·离娄上》。
④《孟子·离娄上》。

供了现实证明和历史借鉴。另外,在儒家看来,圣王之治之所以值得效仿,不仅因为是现实的历史存在,还在于他们认为只有圣人才能把握天道,体认天理,创制礼法,治理天下。"圣也者,尽伦者也;王也者,尽制者也。两尽者,足以为天下极矣。故学者,以圣王为师,案以圣王之制为法,法其法,以求其统类,以务象效其人"①。因此他们主张效法先王,把先王之道作为自己的旗帜和理想,在此基础上,儒家设计出了以任贤使能、仁义礼乐为基本内容的美好而有秩序的理想社会——王道社会。

对圣王的推崇和顶礼膜拜强化了儒者对王道理想的信仰,成为儒者入世制约规劝帝王的主要理由,也是儒者不避生死艰辛,始终不渝地坚守道德理想的精神支撑所在。

二、霸者之政

霸道政治在春秋时代对于维护周天子的表面权威,以及维护华夏文明的延续做出了贡献,得到了孔子等人的一定认可,"昔三王之道衰,而五霸存其政,率诸侯朝天子,正天下之化,兴复中国,攘除夷狄,故谓之霸也"②,霸者"行方伯之职,会诸侯朝天子,不失人臣之义。故圣人与之"③。但是霸主内心的道德动机,以及对传统礼制

---

①《荀子·解蔽》。
②《白虎通·号》。
③《白虎通·号》。

的僭越始终没有得到儒者的宽容。自战国后，霸道便受到了儒者严厉的批判。王霸之辨中的霸道始终是作为王道的对立面出现，通过对霸道的批判凸显儒者对王道完美的道德理想的追求。霸道也因而成为后世儒家批判对手的理论武器。

以圣王之道为基础的王道是儒者的理想和追求，而先秦儒家当时所生活的社会现实却是诸侯纷争，霸道流行。儒家在赞美先王之道的同时，对现实中的霸者进行分析评判，否定了诸侯以力兼并土地、以利治国的霸道。

霸者，伯也，为诸侯之长，春秋时代的霸主虽然想要称霸诸侯，但是还是听从天子的调配，还是维护王室的权威的，并没有想要推翻天子。另外，诸侯在称霸的同时，还可以使诸侯国之内的百姓生活得到提高，使诸侯国之间能够免于更多的战争，可以率领诸侯国朝奉天子。因此儒家对早期能够尊王攘夷的霸主还是认可的，所以孔子说"桓公九合诸侯，不以兵车，管仲之力也。如其仁！如其仁！"[①]管仲通过辅助桓公一匡天下而使天下之民免受兵战之苦得到了安宁，得到了孔子的认可。然而霸主仍然是霸者，在道德方面与圣王还有很大的差距。所以孔子又说"管仲之器小哉"[②]，因为"管仲之为人，力功

---

① 《论语·宪问》。
② 《论语·八佾》。

不力义,力知不力仁"①,他虽然能"内足使以一民,外足
使以距难",能够"以德调君而辅之",但却不能"以德覆
君而化之"②,以至于齐桓公"其后矜功,振而自足,而不
修德……功未良成,而志已满矣"③。管仲虽然能够辅助
齐桓称霸诸侯,却因为"力功不力义,力知不力仁",追求
事功计谋而忽略仁义,没有能够以德化君,使齐桓公矜功
自足而不修德,所以在儒家看来他不能成为天子之臣,只
能为诸侯之臣。早期儒家虽然对霸主有所认可,但仍然认
为他们不能与王相提并论。所以当有人问孔子"今之从政
者何如?"他回答说:"噫! 斗筲之人,何足算也。"④

　　战国时期,"周衰,天子微弱,诸侯力政,大夫专国,
士专邑,不能行度制法文之礼。诸侯背叛,莫修贡聘,奉
献天子。臣弑其君,子弑其父,孽杀其宗,不能统理,更相
伐锉以广地。以强相胁,不能制属。强奄弱,众暴寡,富
使贫,并兼无已。臣下上僭,不能禁止"⑤。诸侯不但不
再遵从周天子,而且还以强凌弱,强取豪夺,僭越礼制。
所以儒者对霸主不再认可,甚至不屑于谈论他们,以至
于后来"仲尼之徒无道桓文之事者"⑥。孟子则把五霸看

①《荀子·大略》。
②《荀子·臣道》。
③《春秋繁露·精华》。
④《论语·子路》。
⑤《春秋繁露·王道》。
⑥《孟子·梁惠王上》。

作是罪人,他说:"五霸者,三王之罪人也。……是故天子讨而不伐,诸侯伐而不讨。五霸者,搂诸侯以伐诸侯者也。故曰五霸者,三王之罪人也。"①五霸僭越礼制,成为了历史的罪人。荀子也谈到这一点,他分析说:

> 仲尼之门,五尺之竖子言羞称乎五伯。是何也?曰:然。彼诚可羞称也。齐桓,五伯之盛者也,前事则杀兄而争国;内行则姑姊妹之不嫁者七人,闺门之内,般乐奢汰,以齐之分奉之而不足;外事则诈邾,袭莒,并国三十五。其事行也若是其险污淫汰也,彼固曷足称乎大君子之门哉!……然而仲尼之门人,五尺之竖子言羞称五伯,是何也?曰:然。彼非本政教也,非致隆高也,非綦文理也,非服人之心也。乡方略,审劳佚,畜积修斗而能颠倒其敌者也。诈心以胜矣。彼以让饰争,依乎仁而蹈利者也,小人之杰也,彼固曷足称乎大君子之门哉!②

董仲舒说:

> 仁人者正其道不谋其利,修其理不急其功,致无为而习俗大化,可谓仁圣矣。三王是也。《春秋》

---

① 《孟子·告子下》。
② 《荀子·仲尼》。

之义,贵信而贱诈。诈人而胜之,虽有功,君子弗为
也。是以仲尼之门,五尺童子,言羞称五伯。为其诈
以成功,苟为而已也,故不足称于大君子之门。五伯
者,比于他诸侯为贤者,比于仁贤,何贤之有?譬犹
斌珷比于美玉也。[①]

儒家认为圣王贤者以仁德礼义大化天下,施行大道而不
计功利,五霸则以尊王的旗号相互征战以满足自己兼并
土地增强实力的私利,虽然取得成功但却是以欺诈来获
得的,因此依仁蹈利、以让饰争的五霸不足称于大君子
之门,就像看似美玉的石头与真正玉石的区别。

霸者不仅破坏了西周以来的礼乐制度,造成了礼崩
乐坏的混乱局面,使当时的社会"上无天子,下无方伯,
力功争强,胜者为右,兵革不休,诈伪并起"[②];而且各诸
侯"争地以战,杀人盈野,争城以战,杀人盈城"[③],以武力
战争争夺天下,给人们的生活带来了极大的破坏,民不
聊生,"老羸转乎沟壑,壮者散而之四方"[④],"民之憔悴于
虐政,未有甚于此时者也"[⑤]。而圣王之治则以仁爱恩泽
天下之民,实行仁政德治,天下安定,人民生活幸福。所

①《春秋繁露·对胶西王越大夫不得为仁》。
②《战国策·叙录》。
③《孟子·离娄上》。
④《孟子·公孙丑下》。
⑤《孟子·梁惠王上》。

以儒家通过对圣王之治和霸主之道的现实对比，认为只有以圣王之治为基础的王道才能实现社会的和谐有序，王道社会才是完满地体现仁义的理想的政治状态，霸道社会是混乱的、社会道德伦理败坏的、应当被否定的社会状态。

圣王之治道和诸侯之霸政是儒家政治思想核心理念的正反两方面的表述，圣王是正面的，受到肯定的价值理想；霸政则是反面的，受到否定批判的典型。儒家的一切政治思想观念都可以从此得到解释。实际上，王道来源于儒家历史观念中的圣王之治，它所代表的是价值意义上的政治哲学观念、政治意义、政治原则和政治理想；霸道来源于现实世界，是直接接触到的诸侯所运用的政治手段，进而被概括为一种政治行为方式和策略，它更多代表的是一种现实层面的行政方法和手段。王霸之辨实际上就是关于政治理想与现实、政治价值原则与政治行为方式的冲突与博弈，这是任何时代只要有人类社会的社会政治生活都无法避免的。所以，王霸之辨才是中国传统儒家政治的核心理念。

第二节　德与兵

早期儒家王霸之辨另一个主要的论题就是德与力（兵）的取舍，它所关注的问题是以何种途径才能取得天下。通过这个论题的分辨，儒家分析了德与兵（武力）的优劣，认为要取得天下只能以德服而不能以兵胜。在早期儒家的王霸之辨中，由于所处的时代正是春秋战国的乱世，所以儒家主要讨论了"兵"的问题，其主要目的还是批判霸道乱用武力的问题。所以这里所说的"兵"主要指武力、战争，而"力"也是儒家对霸道的一种评价，主要是说霸道不用道德礼义治理国家，而是专注于武力、财力的增加，所以是力政，而不是德政。如果就理论探讨来说，德通常与力相配，但是在当时具体的谈论中德字通常与"兵"相遇。

一、施仁德与行武力

儒家认为，王道是以德感化人心从而自然得天下，霸道则是以力威慑人心而强得天下。孟子说："以力假仁者霸，霸必有大国；以德行仁者王，王不待大。汤以七十里，文王以百里。以力服人者，非心服也，力不赡也；以德服人者，中心悦而诚服也，如七十子之服孔子也。"①霸道就是凭借武力扩大土地，以强力迫使其他国家不得不服从。而王道以德施天下，"使天下仕者皆欲立于王之朝，耕者皆欲耕于王之野，商贾皆欲藏于王之市，行旅皆欲出于王之途，天下之欲疾其君者，皆欲赴诉于王"②。

---

①《孟子·公孙丑上》。
②《孟子·梁惠王上》。

天下之人无不归附。荀子虽然对霸道没有像孟子那样明确反对，他认为霸道："兵劲城固，敌国畏之，国一綦明，与国信之，虽在僻陋之国，威动天下，五伯是也。非本政教也，非致隆高也，非綦文理也，非服人之心也，乡方略，审劳佚，谨畜积，修战备，齺然上下相信，而天下莫之敢当。"①霸道同样也是以劲兵固城使敌国畏惧，但没有完备的道德，也没有使人心悦诚服。

儒家分析比较了德与力不同做法及其效果，从而进一步肯定了通过以德服人而得天下的王道。荀子分析说：

> 有以德兼人者，有以力兼人者，有以富兼人者。彼贵我名声，美我德行，欲为我民，故辟门除涂以迎吾入，因其民，袭其处，而百姓皆安，立法施令莫不顺比。是故得地而权弥重，兼人而兵俞强，是以德兼人者也。非贵我名声也，非美我德行也，彼畏我威，劫我埶，故民虽有离心，不敢有畔虑，若是，则戎甲俞众，奉养必费，是故得地而权弥轻，兼人而兵俞弱，是以力兼人者也……故曰：以德兼人者王，以力兼人者弱，以富兼人者贫。②

天下之人因为仰慕行王道的统治者的美好德行而归顺，

①《荀子·王霸》。
②《荀子·议兵》。

所以到了他的国家就会安居乐业,遵从法令,这样,国家的实力随着民心的凝聚、民众的增多自然而然地就会增强。以德兼人者,"百姓贵之如帝,高之如天,亲之如父母,畏之如神明,故赏不用而民劝,罚不用而威行"①,百姓对行王道的人像对天地父母神明一样敬他畏他,他在民众心里是一种信仰意义的存在,所以不用赏罚而民众自然效仿顺从。霸道以强力使人畏惧而服从,但并非真正地心服,所以国家要时刻以强大的兵力来压制处在威慑之下的人民,"非劫之以形埶,非振之以诛杀,则无以有其下"②。行霸道会浪费大量的人力财力,国家会随之而不断削弱。不仅如此,战争还给人民带来极大的伤害,使国家失去天下人心:"人之城守,人之出战,而我以力胜之也,则伤人之民必甚矣。伤人之民甚,则人之民恶我必甚矣;人之民恶我甚,则日欲与我斗。人之城守,人之出战,而我以力胜之,则伤吾民必甚矣。伤吾民甚,则吾民之恶我必甚矣;吾民之恶我甚,则日不欲为我斗。人之民日欲与我斗,吾民日不欲为我斗,是强者之所以反弱也。地来而民去,累多而功少,虽守者益,所以守者损,是以大者之所以反削也。诸侯莫不怀交接怨而不忘其敌"③。连年的征战使战争双方的人民都饱受其害,因此

①《荀子·强国》。
②《荀子·强国》。
③《荀子·王制》。

双方人民都会对此极为厌恶,离心离德,其结果是虽然通过战争得到土地,但是百姓人民却日益远去,结果国家实力必然会被削弱,并处于内忧外患的境地。

因此,儒家认为德政是取得天下的最好的途径,而不需要以武力来征服,孔子说:"子为政,焉用杀?"①"为政以德,譬如北辰,居其所而众星共之。"②因此只有为政以德,才能真正使天下之人心悦诚服地感召于仁德而归附,拥有天下。王者通过仁德的感召可以"不战而胜,不攻而得,甲兵不劳而天下服"③。对于好战之人,孟子认为应加以严惩:"故善战者服上刑,连诸侯者次之,辟草莱、任土地者次之。"④

二、兵以救民伐不义

儒家虽然反对以力取天下,但他们也不是完全反对武力和战争,他们认为武力和战争的存在是为了救民伐不义。

孟子区分了匹夫之小勇与王之大勇,认为为了安天下之民而动用武力是大勇,匹夫血气之勇是小勇,作为王,为了保护民众而应该好勇,也就是要有勇气和责任

---

①《论语·颜渊》。
②《论语·为政》。
③《荀子·王制》。
④《孟子·离娄上》。

保护天下之民,天下人之利正是义之所在,所以讨伐不义的武力和战争是正义的。"王往而征之,民以为将拯己于水火之中也,箪食壶浆以迎王师"。所以"东面而征,西夷怨;南面而征,北狄怨,曰:'奚为后我?'民望之,若大旱之望云霓也"①。这样救民于水火的战争也会得到民众的拥护和支持。

　　陈嚣也曾发难于荀子:"先生议兵,常以仁义为本。仁者爱人,义者循理,然则又何以兵为? 凡所为有兵者,为争夺也。"荀子回答:"彼仁者爱人,爱人,故恶人之害之也;义者循理,循理,故恶人之乱之也。彼兵者,所以禁暴除害也,非争夺也。故仁者之兵,所存者神,所过者化,若时雨之降,莫不说喜。是以尧伐欢兜,舜伐有苗,禹伐共工,汤伐有夏,文王伐崇,武王伐纣,此四帝两王,皆以仁义之兵行于天下也。故近者亲其善,远方慕其德,兵不血刃,远迩来服,德盛于此,施及四极。"②兵的产生源于仁者爱人,爱人则恶人之乱,所以以兵来禁暴除害,并非以兵来争利夺土地。这样的仁者之兵得到人民的认可,使人心相向。

　　儒家认为圣人用兵在于禁暴止乱除害于天下,救民于水火,保护天下百姓。然而到了春秋战国时期,霸者用兵则是为了增强实力、扩大领土、争权夺利,"凡攻人者,

---

①《孟子·梁惠王下》。
②《荀子·议兵》。

非以为名,则案以为利也,不然,则忿之也"①,这样的用兵会危害国家残害人民,背离了兵(武力、战争、军队)存在的原有意义。所以儒家反对的不是兵的存在,而是兵的不当运用。

三、得民心与兼土地

儒家对比分析了德与力,认为只有以德才可以服人心,只有得民心才可以得天下,以力兼并土地并不能因为土地的扩大而得到天下。孟子说:"得天下有道:得其民,斯得天下矣;得其民有道:得其心,斯得民矣。"②因此,儒家认为取天下在于取天下之民心,而不在于取天下之土地。"取天下者,非负其土地而从之之谓也,道足以壹人而已矣。彼其人苟壹,则其土地且奚去我而适它?"③如果得到了民心,百姓逐渐增多,那么国家的土地也会随着百姓所使用的土地的扩大而增加,所以对于取天下来说,民心是本,土地是末。

得天下不在于国土的大小,而在于民心的向背,只要民心相向,小国也可以王天下。孟子说:"地方百里而可以王。王如施仁政于民,省刑罚,薄税敛,深耕易耨;壮者以暇日修其孝悌忠信,入以事其父兄,出以事其长上,

①《荀子·富国》。
②《孟子·离娄上》。
③《荀子·王霸》。

可使制梃以挞秦楚之坚甲利兵矣。"①如果施仁政以服民心,那么即使百里之地也可以称王。这是因为施仁政能够使"四海之内皆举首而望之,欲以为君"②,天下之民皆归顺,那么天下也就唾手可得。荀子同样认为只要以仁义治国,小国也可以一统天下。他说:"汤以亳,武王以鄗,皆百里之地也,天下为一,诸侯为臣,通达之属莫不从服,无它故焉,以义济矣。"③汤武以百里之地一统天下,只在于他们能以仁义济天下。汤以七十里、文王以百里而得天下,关键就在于行仁政,通过道德教化感召天下,最后为民除暴,替天行道,得到了百姓和诸侯的认可和归顺,实现了王道理想。商汤和武王的政治传奇一直被后代所深信和称颂,成为儒者宣扬和维护其德治、王道观念的最直接的证明。

相反,即使通过战争扩大了土地,不以仁德服天下,也守不住以武力得来的土地。荀子举例说:

> 齐能并宋而不能凝也,故魏夺之;燕能并齐而不能凝也,故田单夺之;韩之上地,方数百里,完全富足而趋赵,赵不能凝也,故秦夺之。故能并之而不能

----

① 《孟子·梁惠王上》。
② 《孟子·滕文公下》。
③ 《荀子·王霸》。

凝,则必夺;不能并之又不能凝其有,则必亡。①

齐国兼并了宋国,但不能凝聚人心,所以后来被魏国夺去,还有燕国、韩国等,都是因为不能得人心而无法获得合法性,民众不能安心归顺,因此获取土地守住土地的唯一方法在于以礼义凝人心,得到民众的心理认同:

> 能凝之,则必能并之矣。得之则凝,兼并无强。古者汤以薄,武王以滈,皆百里之地也,天下为一,诸侯为臣,无他故焉,能凝之也。故凝士以礼,凝民以政,礼修而士服,政平而民安;士服民安,夫是之谓大凝,以守则固,以征则强,令行禁止,王者之事毕矣。②

只有通过礼义使士服民安,得到了人心,才可以得到并保有土地。

儒家反对以扩大土地为目的的霸道。孟子说:"争地以战,杀人盈野;争城以战,杀人盈城,此所谓率土地而食人肉,罪不容于死。"③霸道为了扩大领土而残害百姓,使百姓生活困苦不堪,孟子认为这样的人有极大的罪

---

① 《荀子·议兵》。
② 《荀子·议兵》。
③ 《孟子·离娄上》。

恶,而且不能统一天下,只有民心所向,才能使百姓顺服。因此儒家得出结论:对于一个国家来说关键的问题不在于土地的大小而在于民心的向背,只有以德才能得民心进而得天下。霸道以武力抢夺土地,王道以仁义感召人心,只有王道才是真正的理想政治。

四、正君心与富国强兵

既然得天下在于得民心而不在于土地的扩大,君主就应该以仁德来感召天下之人。在儒家看来,君主的仁德感召大致有两个方面:一方面要通过实行仁政招徕天下之民,并使民众安居乐业;另一方面要以君心化民心,通过君主高尚的道德来引导教化百姓向善,从而维护社会秩序和天下的稳定。所以,在儒家看来,行仁政的关键在于君王的内心修养和精神追求。因而,要求君王加强道德修养以实现王道理想,成为早期儒家政治思想的主要思路。在儒家看来得天下的关键就在于正君心而不在于霸道所追求的富国强兵。君正则民正,君仁则民心服。

儒家认为君主在国家中具有重要的地位,"君人者,国之元,发言动作,万物之枢机。枢机之发,荣辱之端也。失之毫厘,驷不及追。……君人者,国之本也"①,君主是

①《春秋繁露·立元神》。

为国之本,是民之表、民之原,表正则无物不正。孔子认为:"政者,正也。子帅以正,孰敢不正?"①"政"就是正君心以正天下。孟子也认为:"君仁,莫不仁;君义,莫不义;君正,莫不正。一正君而国定矣。"②君心向仁德,天下之民皆仁,"上好礼,则民莫敢不敬;上好义,则民莫敢不服;上好信,则民莫敢不用情"③。如此以君心化民心,天下皆仁,不需富国强兵就可以天下大治。作为先秦诸子之一的儒家学派,其主要论说的对象就是统治者,孔子的政治主张都是针对当世的各诸侯,希望他们克己复礼,以德统一天下,恢复社会的秩序,维护社会的稳定,实现王道。所以,作为儒家学派,与诸子学派相比,其政治主张中最明显的特点就是要求诸侯、君王以身作则,身先士卒,操劳天下,做天下百姓的道德楷模。

在儒家看来,作为君主要修己以安百姓、正己以正天下:

> 故上好礼义,尚贤使能,无贪利之心,则下亦将綦辞让、致忠信而谨于臣子矣。……故赏不用而民劝,罚不用而民服,有司不劳而事治,政令不烦而俗美,百姓莫敢不顺上之法,象上之志,而劝上之事,而

①《论语·颜渊》。
②《孟子·离娄上》。
③《论语·子路》。

安乐之矣。故藉敛忘费，事业忘劳，寇难忘死，城郭
不待饰而固，兵刃不待陵而劲，敌国不待服而诎，四
海之民不待令而一。夫是之谓至平。①

君主以礼义为基本原则，任用贤能，众臣民就会遵守礼
义制度，社会就会保持良好的秩序；君主具有优良的道
德，天下之人皆效仿而使社会道德水平提高；君主不贪
利以民生为己任，那么就不会有繁杂艰难的政务，官员
也会有比较宽松的环境安心处理政事，百姓也会自觉遵
守法令制度，得以安乐。如此则可以使百姓服、政事简、
兵战止，天下大治。所以，天下是否能统一和安定，关键
在于君主自身的道德水平和政治追求。

　　除了君主，作为政治权力机构的执行者和君主的辅
助者，臣子也应该"引其君以当道，志于仁而已"②。对
此，孟子说：

　　　今之事君者皆曰：我能为君辟土地，充府库。今
　　之所谓良臣，古之所谓民贼也。君不乡道，不志于
　　仁，而求富之，是富桀也。我能为君约与国，战必克。
　　今之所谓良臣，古之所谓民贼也。君不乡道，不志于
　　仁，而求为之强战，是辅桀也。由今之道，无变今之

————————
① 《荀子·君道》。
② 《孟子·告子下》。

俗,虽与之天下,不能一朝居也。①

作为事君者,其主要任务不在于为君辟土地,充府库,事君之道不在于富之强之,而在于使君志于仁,只有这样才能使天下长治久安。这是儒家对臣道的要求,也是作为知识分子的士大夫的道德自律。

在早期儒家看来,治理国家使之强大起来并最终统一天下,关键不在于现实中诸侯所采用的富国强兵的策略,而在于君主自身的道德修养,富国强兵实质上是本末倒置的方法,只能取一时之胜并不能长久;君主的道德高尚,就会以德治国,施行仁政,得到民众的拥护和顺从,就能统一天下。

儒家通过王道之德与霸道之力的对比,得出这样的结论:只有施行仁政才能服民心,只有服民心才能得天下,以武力兼并土地并不能真正得到天下。得天下在于得民心而不在于得土地。因此,君主的主要任务是修己正己以服民正民,而不是一味地追求增强国家的财力兵力以靠强力取得土地。早期儒家这一论题的辨别,是对于政治合法性的获得与政治策略的重心问题的探索。通过德与兵的对比,早期儒家看到政治合法性的获得、百姓对政权所有者的心理认同,不是靠强制和武力,而

①《孟子·告子下》。

是来自于社会个体成员的生存是否能够得到保障和安定。而在君主专制的政治形态中,这些需求的满足更多的依赖于君主自身的道德水平和执政水平,所以早期儒家将更多的关注投向君主,认为一个国家政治策略的重心不在于扩大土地和充实国库,而在于能拥有一个优秀的统治者。早期儒家期望君主能成为圣王,这样不管是对百姓还是对君主,从现实层面来讲都是有利的,百姓得以安乐,君主得以统一天下,从政治哲学的层面来看,早期儒家希望通过这样的方式实现社会政治的本来目的,即人类社会更安定有序的群体生活。当然,早期儒家的这种认识虽然达到了一定的高度,还是具有一些局限的,比如其将社会政治的组织形式执着于君主集权专制,将一切希望寄托在君主身上,对人性过于乐观,治理国家依靠单纯的道德理想主义,把现实政治中的权力简单化等。

第三节　义与利

先秦两汉的儒家辨析王霸问题,都把义利作为衡量政治好坏、王霸与否的内在价值尺度。在早期儒家那里,利指功利、效果、财利或私欲等,义指的是道义、伦理等。义利问题在哲学上是指人的行为动机是出于道德公义,还是出于功利私欲的问题,以及评价人的行为标准是看效果,还是注重其出发动机和目的等问题,在现代伦理学中通常将这两种不同的出发动机分为功利论和义务论。义利之辨也是早期儒家理论研讨的中心,儒家坚持义务论,认为人的一切言行都必须是出自道德义务,而不能出于功利和私欲,所以严守义利之辨,并将之作为批判社会现实及诸子学派的理论武器。在义利关系上,传统儒家的基本思路是重义轻利,先义后利。他们认为王道以义为价值准则,从而使社会生活和谐有序。而霸道以利为目标,人人求一己之私利,不加约束,这样就引发了争夺,进而使天下大乱。早期儒家对义利的辨析实质上是对治理天下的政治价值原则的思考和判断,其基本观点是以义求利,义以为上。

一、行仁义与求私利

《孟子·梁惠王上》记载,孟子见梁惠王,梁惠王见到孟子问"叟!不远千里而来,亦将有利于吾国乎",孟子认为治国不能以现实功利为目标,他说:"王曰,'何以利吾国?'大夫曰,'何以利吾家?'士庶人曰,'何以利吾身?'上下交征利而国危矣。万乘之国,弑其君者,必千乘之家;千乘之国,弑其君者,必百乘之家。万取千焉,千取百焉,不为不多矣。苟为后义而先利,不夺不餍。"①如

①《孟子·梁惠王上》。

果国君以利益为原则为目的,而没有义作为出发点和最终的目的,那么整个国家就会造成上下效仿交相争利的争夺状态。"为人臣者怀利以事其君,为人子者怀利以事其父,为人弟者怀利以事其兄,是君臣、父子、兄弟终去仁义,怀利以相接,然而不亡者,未之有也"①。君臣、父子、兄弟之间以利为上,怀利相接,有利可图则相交,无利可图则相离,君臣、父子、兄弟之间的道义、人伦都不存在了,这样下去,社会秩序必然混乱,国家必然败亡。

荀子这样描述唯利是图的国家:

> 挈国以呼功利,不务张其义,齐其信,唯利之求,内则不惮诈其民而求小利焉;外则不惮诈其与而求大利焉,内不修正其所以有,然常欲人之有,如是,则臣下百姓莫不以诈心待其上矣。上诈其下,下诈其上,则是上下析也,如是,则敌国轻之,与国疑之,权谋日行而国不免危削,綦之而亡,齐闵、薛公是也。②

整个国家都以功利为目的,只追求利益,为此对内欺诈民众,对外欺诈同盟国,常常想要别人的东西。这样的话,臣下百姓也都会以欺诈功利之心对待君主。不由仁义而由功利,为了追求功利人人以诈心相交,上下相析,

①《孟子·告子下》。
②《荀子·王霸》。

敌对之国轻视,同盟之国怀疑,阴谋欺诈横行,这样的国家不可能不处于危亡的境地。

孟子说:"仁义而已矣,何必曰利?"①义利是君子和小人的分辨标准,君子喻于义,小人喻于利,二者截然相对,势不两立。只有行仁义才能保国家长治久安,才能王天下。"为人臣者怀仁义以事其君,为人子者怀仁义以事其父,为人弟者怀仁义以事其兄,是君臣、父子、兄弟去利,怀仁义以相接也,然而不王者,未之有也"②。国君以仁义治国,那么在各种社会关系中才会以道义为原则而不是以利益为目的。一个国家、社会在价值导向上只有以义为本,才能保证社会秩序的稳定、和谐,也才能从根本上避免出现"上下交征利而国危"③的局面。

在儒家看来,义是避免奸恶产生的保证:

> 凡奸人之所以起者,以上之不贵义、不敬义也。夫义者,所以限禁人之为恶与奸者也。今上不贵义,不敬义,如是,则下之人百姓皆有弃义之志,而有趋奸之心矣,此奸人之所以起也。且上者,下之师也,夫下之和上,譬之犹响之应声、影之像形也。故为人上者不可不顺也。夫义者,内节于人而外节于万物

---

①《孟子·梁惠王上》。
②《孟子·告子下》。
③《孟子·梁惠王上》。

者也,上安于主而下调于民者也。内外上下节者,义之情也。然则凡为天下之要,义为本而信次之。古者禹、汤本义务信而天下治;桀、纣弃义背信而天下乱,故为人上者必将慎礼义、务忠信然后可。此君人者之大本也。①

义就是社会人伦之间正常的道德秩序,是用来限制人们做恶和行奸诈的。奸邪的人之所以会产生,是因为君主不推崇道义、不尊重道义而使社会没有义加以节制,君主不推崇道义、不尊重道义,百姓就都会放弃道义而趋附奸邪。君主是臣民的师表,所以做君主的必须要慎重地对待道义。道义,实质上就是调节人自身和人类社会群体的规范,它内能调节人心外能调节万物,上能使君主安定,下能使民众协调,使内外上下和谐有序。古时候夏禹、商汤立足于道义、致力于守信而天下大治;夏桀、商纣抛弃了道义、违背了信用而天下大乱。所以,道义是治理天下的根本,而守信用在其次。统治者最重要的工作就是坚守礼义,致力于忠诚守信,居仁由义以行王道,这是做君主的根本。因此,治国应以义为本,"先义而后利",否则就会造成天下混乱。

义利之辩不仅是个人行为原则的选择问题,在治理

_____

① 《荀子·强国》。

国家时同样非常重要,具体主要表现为两个方面,即治国的目的和标准是义还是利,还有就是治国的重点是重仁义的教化还是重财富的集聚。在儒家看来治理国家应该以仁义为本,以财利为末,应该是"国不以利为利,以义为利也"①。早期儒家认为王道政治的出发点和目的正是仁义,政治行为也是依仁义而行,不行一不义,不杀一无辜以得天下,政治的目的是为了天下的和谐统一,人民的安居乐业。霸道则不然,霸道政治的出发点在于霸主的私利,目的或者为了扩大土地,或者为了称霸诸侯,或者为了夺取财富。霸道社会所有的政治行为都围绕这些目的而进行,如此功利化则会使人人以利相接,国家就会危亡,天下就会大乱。因此王道才是理想的政治,为政应以义为准则,追求私利的霸道应该被否定。

二、以义求利

儒家从整体上重义轻利,将义利当作两种不同的行为动机去判别君子小人、王道与霸道,但是儒家并不是完全否定利的。儒家承认人对利的本能追求,不过他们认为必须对人的求利行为进行规范,也就是以义求利。只有通过道德仁义的引导调节,人们对利的追求才能不危害到他人和国家的安危,从而达到义利兼得的理想效

---

① 《礼记·大学》。

果,保证社会秩序和国家的稳定。

　　儒家认为求利是人天生具有的本性。"富与贵,是人之所欲也……贫与贱,人之所恶也"[1],"好利恶害,是君子小人之所同也"[2]。追求富裕和显贵、厌恶贫穷与卑贱是人们的共同心理和渴望,是人性的一面,是人与生俱来无法摆脱的。虽然如此,我们又不能完全放任这种本性,否则就会导致恶果。人的欲望和要求永无止境,"饥而欲食,寒而欲暖,劳而欲息,好利而恶害"[3],这是人的自然本能,人们总是在不断地追求自己利益和欲望的满足。然而由于资源和生活条件有限,人的欲望和要求是不可能都被满足的,于是就会引发彼此之间的争夺、斗争,争斗的结果又势必造成社会的纷争与混乱,社会也将陷于崩溃和瓦解,每个社会成员的生活和生命都会受到威胁和影响。荀子认为:"人生而有欲,欲而不得,则不能无求;求而无度量分界,则不能不争;争则乱,乱则穷。"[4]在荀子看来,如果不把人的欲望、要求限制在一定的范围内,人们就会由于无穷的欲望而不加节制地追求个人利益的最大化,资源的有限性必然会引发相互间的争夺和残杀,其结果是造成社会的动乱和穷困。

---

①《论语·里仁》。
②《荀子·荣辱》。
③《荀子·荣辱》。
④《荀子·礼论》。

　　因此,儒家主张正确处理义与利的关系,以仁义道德作为原则和标准来引导调节人的欲望,使其在适当的范围内得到满足,以义求利。对于这一点,孔子有较多的论述,比如他说:"富与贵,是人之所欲也,不以其道得之,不处也;贫与贱,是人之所恶也,不以其道得之,不去也。"①富贵是人人都想要的,如果违背了道义,不应该得到而得到了,富贵也可不要;贫贱是人人都不喜欢的,如果需要违背道义去摆脱它,那就不去摆脱。所以在孔子看来富贵贫贱,人们的好恶是一样的,但君子会坚持道义,不管贫富贵贱,都不会去做违背道义的事情。孔子一生就贯彻了这样的原则,他强调:"不义而富且贵,于我如浮云。"②并不是绝对地拒绝富贵,而是拒绝以不道德手段取得的不应当拥有的富贵,追求富贵、消除贫贱都应诉诸道德理性,以义为准绳,以义求利,以义去恶,以不道德的手段得到的利对于儒者来说是毫无意义的。尽管现实社会普遍存在着为富不仁的现象,但是从理论上来说,儒家并不绝对拒绝功名利禄。荀子把义利问题上升到政治治理层面,他说:"义与利者,人之所两有也。虽尧、舜不能去民之欲利,然而能使其欲利不克其好义也。虽桀、纣亦不能去民之好义,然而能使其好义不胜其欲利也。故义胜利者为治世,利克义者为乱世。上重义

①《论语・里仁》。
②《论语・述而》。

则义克利,上重利则利克义。"①荀子不像孟子从人性本善出发来批判现实,而更多地注重和承认现实的人生感受,荀子承认人的情欲存在的客观事实,承认人生有追求功利享受的欲望,只是必须通过儒家的礼义来加以节制。所以治国就是要求统治者贯彻礼义,节制群臣和百姓的情欲泛滥,这样才能使国家归于礼义道德,社会秩序才能得以维系。因而,义与利的问题关系一个国家治乱兴衰,尧舜的治世是因为他们能以义克利,桀纣的乱世是因为他们以利为上,因此,要想成就一个治世就必须以义克利,时时以义来约束规范人们的欲望和求利的行为。

三、富民与富国

在早期儒家看来,对于一个君主来说最大的义就是施行仁政,仁政的核心是爱民,爱民最基本的要求就是要保证人民基本的物质生活,所以国家所求之利应该是人民之利而非君主的私利,只有使人民生活有保障,安居乐业,才能体现仁义道德。因此以义求利具体在治理国家方面就是要以仁义为准则求人民之利,即富民,治国以富民为先。

富国为先还是富民为先,这是中国传统政治思想中

①《荀子·大略》。

一直存在的争论,也是现实社会政治统治所面临的一个出发点和原则问题。在传统观念中,天子和国家是统一的,家天下,天下为一姓之天下,但是,在意识形态上,是举国家以奉一人呢,还是举一人以奉天下? 天下为了皇帝一人,还是皇帝为了百姓? 这就成为国家的性质是君本还是民本的争论。国家与百姓人民的关系也是同样的,表面上看国家是管理人民的,但是在传统文化中国家统治之所以存在和需要,是因为百姓需要治理和爱护,所以国家要以民为本,而不能成为欺压百姓的工具,国家的职责在于使民众富庶,得以教化,而不是盘剥百姓。

于是在中国传统政治改革中,在意识形态的讨论中,就存在着治国是富民还是富国的争论。以商鞅、韩非子为代表的法家反对富民,主张富国为先,商鞅曾提出"国富者王"①、"国富而治,王之道也"②的思想。以孔子、孟子、荀子为代表的儒家则反对富国,主张以富民为先,《论语·颜渊》中记载:哀公问于有若曰:"年饥,用不足,如之何?"有若对曰:"盍彻乎?"曰:"二,吾犹不足,如之何其彻也?"对曰:"百姓足,君孰与不足? 百姓不足,君孰与足?"有若认为应以富民为先,民富就能国富,百姓不足,国家不可能达到富裕的目的。荀子也认为:"下

---

① 《商君书·去强》。
② 《商君书·农战》。

贫则上贫,下富则上富。"①治理国家的关键在于使人民富裕,人民富裕才能实现国家富裕。富国和富民的争论,其核心其实是民本还是君本之争,是对于国家存在意义的深入思考。富国,在春秋战国时期实质上就是充实国库,使君主有更多的财力物力去扩充军力发动战争,实现君主称霸诸侯一统天下的雄心壮志,还有就是天下大部分的财富试图都归君主所有,所以这是一种君本的思想。富民,更多的是对政治生活本身的深入理解,国家的存在从本源上来说正是为了维护社会成员的利益,是为社会成员创造更好的生活,是以民为本,以民生为先。民众生活得到保障,会更安心积极地从事生产活动,同样会促进社会生产力的发展,使国家富裕起来。

儒家认为,富民是王道社会的基本要求,是统一天下维护稳定社会秩序的基本条件。孟子提出"养生丧死无憾,王道之始也"②。他认为能够保障百姓的基本生活需求,使"居者有积仓,行者有裹粮"③,使"七十者衣帛食肉,黎民不饥不寒"④,才是真正的王道。一方面,只有保证人民的基本生活才能得到民心,四方之民皆能归附,才能得天下,人民能够安居乐业,天下才能稳定。荀子也

---

①《荀子·富国》。
②《孟子·梁惠王上》。
③《孟子·梁惠王下》。
④《孟子·梁惠王上》。

说"王者富民，霸者富士，仅存之国富大夫，亡国富筐篋，实府库"①。如果不能保证百姓的生活，而横征暴敛充实国库或满足君主的私欲，这样的国家一定会危亡。另一方面，只有人民生活有了保障，才能够学习礼义，否则"此惟救死而恐不赡，奚暇治礼义哉?"②《子路》篇记载孔子去卫国，看到卫国人口众多，说"庶矣!"冉有问："既庶矣，又何加焉?"孔子说："富之。"冉有接着问："既富矣，又何加焉?"孔子回答说："教之。"孔子认为治理国家首先要使人民生活安定富足，然后才是教民，只有生活有了保障，人民才可以安心学习礼义，实现儒家理想的礼乐社会，民众得到了道德教化，道德水平自然提高，也会自觉遵守礼制，王道社会由此而成。

在义与利的问题上，不管是个人的行为原则还是国家治理的基本原则，儒家基本的观点都是以义为上，以义求利。在国家治理方面，儒家认为要坚持义的原则，然而并非不要利，只是要对利进行约束和限制，以义求利，才能得天下，保证天下稳定。王道社会以仁义为原则，在仁义标准下求百姓之利，霸道社会以个人私利为原则，君主为了私欲而富国强兵、兼并掠夺，这样不仅给人民生活带来灾难，失去天下民心，而且国家也不能稳固。所以，王道霸道的价值原则是不同的，优劣也自然分明。

---

① 《荀子·王制》。
② 《孟子·梁惠王上》。

　　义与利,实质上是早期儒家对政治价值和根本原则问题的思考。政治价值是政治社会的基础,它决定着社会生活的意义方向和目标,给人们提供行为评价的标准,规定着社会生活或组织安排的基本原则,有助于我们合理安排社会政治生活①。早期儒家认为,道义才是人类社会应该追求的价值原则,个体的行为、社会政治生活的安排,都应该以道德性的原则为基本原则。从现代政治学的视角来看,早期儒家的这种观点是非常有意义的。人本身就是一个复杂的存在,既有其动物性的一面,决定着人的欲望的无限性,又有其人性的一面,决定着人对真善美的追求,用人类的理性去实现美好的生活。理性让我们更好地认识自己,也让我们知道应该约束自己的动物性,并为此设计了种种方法,儒家的义利之辨就是试图说明这个问题,试图用道德性约束肆意的动物性的欲望,从个体生活到群体生活都需如此。荀子讲:"水火有气而无生,草木有生而无知,禽兽有知而无义,人有气、有生、有知,亦且有义,故最为天下贵也。力不若牛,走不若马,而牛马为用,何也? 曰:人能群,彼不能群也。人何以能群? 曰:分。分何以能行? 曰:义。故义以分则和,和则一,一则多力,多力则强,强则胜物,故宫室可得而居也。故序四时,裁万物,兼利天下,无它故

---

①参见燕继荣:《现代政治分析原理》,高等教育出版社,2004 年,第 54 页。

焉,得之分义也。"①所以,人类社会作为一种群体性的生活组织,它的存在是需要妥协、宽容和奉献精神的,只有如此,才能维系群体的存续和发展,才能维护每个群体成员的利益。当然,儒家的义利之辨也有不足,比如后来在现实社会生活实践中对利的过度忽略和对义的过度强调,在一定程度上压抑了人性,阻碍了传统社会物质生活的发展进步等。

第四节　礼与法、德与刑

　　早期儒家在王霸之辨的诸论题中讨论了如何能取得天下,确定了治理天下的原则,还具体设计了应该如何治理天下。对于政治制度和社会规范的选择、政治实施的途径和方式的问题,儒家通过对礼法德刑的辨别进行了回答。儒家认为王道社会应以礼作为社会规范和社会制度,并以道德教化的方式使人民自觉遵守来维系礼制;而霸道社会则以严酷的法制作为维系社会的制度,并通过严刑的威慑作用来保证法的权威。儒家认为只有依靠道德的力量使人民自觉遵守作为社会规范的礼乐制度才能真正获得天下的安定。孔子首倡"德教""礼治",他说:"道之以政,齐之以刑,民免而无耻;道之

――――――

① 《荀子·王制》。

以德,齐之以礼,有耻且格。"①孔子鲜明地提出了礼与
法、德与刑的关系问题,主张在治国的举措方面必须要
以德治和礼治为主,反对以刑法为主的治国方针。只有
实行德治和礼治才能实现王道,而以刑法为主的霸道政
治是不可能实现王道理想的。刑、法为主的治国方式是
儒家所坚决反对的。

一、礼与法

　　社会政治的治理和展开首要的就是要为社会确立
一种制度规范,以作为维系社会存在的制度和社会成员
所要遵守的行为准则,组织和安排社会生活,规范社会
成员的行为,解决社会冲突,维持社会的稳定和存续。在
春秋战国时期,当时主要存在的两种制度标准就是儒家
之礼和法家之法。一般说来,礼是指西周以来的礼乐制
度,是以亲亲、尊尊为实质的儒家人伦关系规范;法指的
是以庆赏和刑罚为主要手段的法令律例。西周时期当
然是礼治天下,而春秋时代进入变法时期,各国为了追
求政令的畅通和动员全国人力,为了增强国家的权力,
相继制定了成文法,破坏了礼制。于是在儒家的政治思
想中,在其王霸之辨中,便出现了德礼与刑法的对立。儒
家认为重礼还是重法是王道和霸道的区别。荀子说:

―――――――――

①《论语·为政》。

"人君者,隆礼尊贤而王,重法爱民而霸。"①王道崇尚礼义尊重贤人,体现仁义;霸道强化法令,厉行严刑峻法。早期儒家对礼、法进行了具体分析,认为只有源自于西周的礼义制度才是社会最好的社会规范。

在儒家看来,礼在治理国家中具有重要地位和作用,是治理国家的根本。"人之命在天,国之命在礼"②。能否以礼治国是国家命脉所在。礼的起源在于养民。先王因为恶于人们为了满足无尽的欲望而起的争乱,因此制礼义来节制人们的欲望,进行分配,从而"养人之欲,给人之求"③。为了更好地协调社会成员之间的利益关系,礼义制度通过"定亲疏,决嫌疑,别同异,明是非"④把社会成员分成不同的等级,从而实现儒家的尊卑长幼之序,使社会成员"贵贱有等,长幼有差,贫富轻重皆有称者也"⑤。同时,礼义制度还通过各种不同的具体的礼义形式和规范标准来对社会成员进行约束,使其遵守礼义制度。所以,礼就是管理社会成员和治理国家的规范和标准,"礼之所以正国也,譬之犹衡之于轻重也,犹绳墨之于曲直也,犹规矩之于方圆也,既错之而人莫之能诬也"⑥。

①《荀子·强国》。
②《荀子·强国》。
③《荀子·礼论》。
④《礼记·曲礼》。
⑤《荀子·富国》。
⑥《荀子·王霸》。

礼就像规矩绳墨,作为一种标准衡量一切社会行为的是非善恶。以礼作为标准则社会上下无不有矩可循,"君臣上下,贵贱长幼,至于庶人,莫不以是为隆正。然后皆内自省以谨于分,是百王之所以同也,而礼法之枢要也。然后农分田而耕,贾分货而贩,百工分事而劝,士大夫分职而听……天下莫不平均,莫不治辨,是百王之所同而礼法之大分也"①。礼对社会进行划分和安排,使社会稳定有序。礼不仅是社会秩序和谐有序的保证,同时也是国家治乱的关键,"隆礼贵义者其国治,简礼贱义者其国乱"②。只有礼义才是治国之方,固国之本,"礼者,治辨之极也,强固之本也,威行之道也,功名之总也。王公由之,所以得天下也;不由,所以陨社稷也。故坚甲利兵不足以为胜,高城深池不足以为固,严令繁刑不足以为威,由其道则行,不由其道则废"③。礼是社会治理的最高标准,是使国家强大的根本,是能否得天下的关键。坚兵利甲、高城深池、严令繁刑都不足以治天下,只有以礼行之才可以真正使国家安定强大。"故君人者立隆政本朝而当,所使要百事者诚仁人也,则身佚而国治,功大而名美,上可以王,下可以霸"④,因此,礼在治理国家中具有重要

①《荀子·王霸》。
②《荀子·议兵》。
③《荀子·议兵》。
④《荀子·王霸》。

的作用。

　　然而法却不具有礼所具有的重要作用。在儒家看来，礼具有法无可比拟的优越性。礼的基本精神是"亲亲""尊尊"，它把社会制度规范内化到人的内心，从道德伦理情感上约束人们的行为使之自觉遵守礼，"其止邪也于未形。使人日徙善远罪而不自知也"①；礼的外在形式是礼义制度，它给人们提供一种行为的准则，使人们在社会中能够明确自己的地位和应遵守的规范，人们在行为之前，就知道什么是应当，什么是不应当，禁恶于未萌，人人在一定的社会规则下生活，各安其分，各尽其责。儒家认为"礼者，禁于将然之前；而法者，禁于已然之后"②。法只是以外在的强制力量约束人们，只是事后对犯法行为的纠正，没有引起人们心理的共鸣，也不能事先预防人们违法行为的出现，而道德教化则可以从内心中使人自觉地遵守社会礼义，维持社会道德秩序。

　　儒家认为法规定的赏罚固然能起到一定的效果，但它的作用是非常不稳定的，是有条件的。"凡人之动也，为赏庆为之则见害伤焉止矣。故赏庆、刑罚、势诈不足以尽人之力，致人之死。为人主上者也，其所以接下之百姓者无礼义忠信，焉虑率用赏庆、刑罚、势诈除阨其下，获其功用而已矣。大寇则至，使之持危城则必畔；遇敌处战则

―――――――
①《礼记·经解》。
②《大戴礼记·礼察》。

162

必北;劳苦烦辱则必犇;霍焉离耳,下反制其上。故赏庆、刑罚、势诈之为道者,佣徒粥卖之道也,不足以合大众、美国家,故古之人羞而不道也"①。当人的行为是为了得到奖赏或某种物质利益时,那么一旦自己的生命或利益受到伤害时,赏罚便不再起作用,"见害伤焉止矣",因此赏罚"不足以尽人之力,致人之死",赏罚只是一种手段,它的作用都是外在的,所以并没有让人们从内心去拥护去坚持,没有获得民众的心理认同,不具有合法性,人们自然不会像捍卫信仰一样肯为此尽全力甚至付出生命的代价。君主为了"获其功用"的现实利益而采用法之刑赏,然而这种方法"佣徒粥卖之道也,不足以合大众、美国家",只是一种买卖关系,不具有道德性,不能在民众中获得合法性,也不能使国家变好。相反,当面对强大的敌人时,让他们去防守则会叛变,让他们去抵抗敌人则会失败,让他们去做辛劳繁杂的事则会逃跑,君主反而会受制于此。所以,圣王认为这种赏罚之法是令人羞耻的,并不遵行它。总之,刑法的作用和效果是有限的,而礼义教化的效果是无穷的,是可以无敌于天下的。

礼义作为社会规范和人们的行为准则,把社会划分成了贵贱尊卑长幼等不同等级,并规定了各等级的责任和义务,使各等级的人在礼义的指导下自觉遵守社会规

---

① 《荀子·议兵》。

范,各安其分,各安其职;礼义还对人们的情欲进行调节引导以保证社会的稳定。礼把规范内化为人的道德自觉,而法则是利用人趋利避害的本能来规范人的行为的外在因素。因此,儒家认为礼是治理社会、维持社会秩序的最好的规范准则,也是强盛国家的根本。

二、德与刑

通过礼与法的比较分析,儒家认为应当以礼作为社会的制度和规范,按礼制来组织安排社会生活,以礼义统一人们的行为,使人们的一切言论、行动都符合礼的要求。而要做到这一点,儒家认为必须"道之以德",礼的贯彻执行要靠以德化民,通过道德力量的教育感化和社会风俗舆论的约束力量来规范社会成员的行为,使人自觉自愿地遵守礼制,不能道之以德,也就不能齐之以礼。礼的推广和普及主要依靠道德的情感感召以引发民众的情感认同,进而自觉遵守,不能过多依靠国家的外力强制来推行。而法治是通过硬性规定告诉人们能做什么不能做什么,并凭借强制的力量来维持,它以肉体上和精神上的赏罚或制裁或震慑社会成员来保证法的施行。早期儒家进一步论述了德、刑的性质作用,认为治理社会应该采取以德化民的方式,使人心良善,知道耻辱而无奸邪之心,从而自觉遵守礼制。

与对礼法进行对比一样,儒家对德与刑也进行了区

分,认为德具有刑所不能及的优越性。孔子说:"道之以
政,齐之以刑,民免而无耻;道之以德,齐之以礼,有耻且
格。"①刑罚可以令人害怕而不作恶,却不能使他们产生
羞耻之心,也就是只能依靠外在惩戒的威力使老百姓循
规蹈矩,却达不到依靠他们的良心来自觉地服从道德和
法律的目的。但如果经过道德教化,老百姓就能知耻明
义而心中不生作恶的动机,安分守己,符合社会规范的
要求。所以最有效的治理社会的方法莫过于以道德礼
义来化民向善。孟子说:"善政不如善教之得民也。善
政民畏之,善教民爱之。善政得民财,善教得民心。"②只
有通过道德教化才能得到民心,进而得天下。董仲舒说
"天数右阳而不右阴,务德而不务刑"③,从天数推出治理
国家应该以德为主,天道分阴阳,阴阳在政治上代表德
与刑,像天道之阳总是居于上风一样,治理国家也应仿
效天道以德治为主,刑罚为辅。所以,董仲舒认为"为政
而任刑,谓之逆天,非王道也"④。儒家看到以不同的方
式治理社会就会产生不同的后果:"以礼义治之者积礼
义,以刑罚治之者积刑罚;刑罚积而民怨倍,礼义积而民
和亲。故世主欲民之善同,而所以使民之善者异。或导

①《论语·为政》。
②《孟子·尽心上》。
③《春秋繁露·阳尊阴卑》。
④《春秋繁露·阳尊阴卑》。

之以德教,或驱之以法令。导之以德教者,德教行而民康乐;驱之以法令者,法令极而民哀戚。哀乐之感,祸福之应也。"①以德教行礼义,则使民和亲康乐,以刑罚行法令,则会使民哀、生民怨,国家也会随之或安或危。

在儒家看来,刑罚的产生是由于礼义不明:"凡不孝生于不仁爱也,不仁爱生于丧祭之礼不明","凡弑上生于义不明,义者所以等贵贱、明尊卑","凡斗辨生于相侵陵也,相侵陵生于长幼无序","凡淫乱生于男女无别,夫妇无义。昏礼享聘者,所以别男女,明夫妇之义也",如果"不务塞其源而务刑杀之",则是"为民设陷以贼之也"②。因此儒家强调通过道德教化以明礼义,主张先教后诛,反对不教而诛,认为统治者如果"不教而杀谓之虐,不戒视成谓之暴,慢令致期谓之贼"③。不对百姓进行道德教化就使用刑罚是暴虐的行为,国家规定了法律,却没有让百姓普遍知晓,然后用刑罚惩处百姓,这是诚心陷害百姓,与百姓为仇。同时,荀子说"不教而诛,则刑繁而邪不胜"④,如果不对百姓进行道德礼义教化,百姓不知道什么该做什么不该做,就会经常触犯法律,刑罚会屡禁不止,不能从根本上消除恶的产生,只有用

①《大戴礼记·礼察》。
②《大戴礼记·盛德》。
③《论语·尧曰》。
④《荀子·富国》。

礼义道德教化才能使人民真正向善去恶。

因此,儒家强调要以礼治国,以德教化百姓。否则
"无德法而专以刑法御民,民心走,国必亡"①。在早期儒
家看来,礼乐制度优于赏罚法令制度。礼乐制度的核心
精神是基于血缘关系的亲亲和尊尊,是一种自然的天然
的情感,而这种源于情感的社会制度,需要情感的引导
和德性的教化才能更好的实现,唤起人自然的血缘的情
感,使人自觉地去遵守,才能真正从根本上维护稳定的
社会秩序。因此,儒家在社会制度的选择上认为礼制优
于法制,在实施方式上自然是认为道德教化优于庆赏
刑罚。

三、礼乐刑政四者并行不悖

儒家虽然主张以礼治国,以德化民,但他们同时也
认识到了法和刑的作用。"治之经,礼与刑,君子以修百
姓宁。明德慎罚,国家既治四海平"②,治理社会需要礼
与刑共同发挥作用,这样才能保证百姓的安分、安宁。所
以儒家认为在治理社会时应该礼乐刑政四者并行不悖,
同时坚持德主刑辅,明德慎罚。儒家是从整体上、从治国
之本上反对法家思想的,但是治理国家不可能没有刑
罚,不可能不公布法令,所以尽管孔子坚决反对法治,但

①《大戴礼记·盛德》。
②《荀子·成相》。

是后起的儒家思想还是不断地根据时代的发展补充了许多新鲜内容以适应时代的需要。对刑罚的承认实际上就是儒家一种时代性的体现，但是我们一定要注意的是儒家仅仅是承认刑罚的作用，对刑罚和法治并没有给予更多的关注，儒家之为儒家主要在于其鲜明的道德批判性，就是说儒家最鲜明的特色就是强调礼义教化的重要，这是儒者入仕从政的根本任务。

儒家认识到单纯依靠教化和单纯依靠庆赏刑罚都不足以治国。教化不是万能的："尧、舜者，天下之善教化者也，不能使嵬琐化。"[1]尧舜都是儒家所认为的圣人，但他们也有教化不了的人，所以应该采取其他方法来治理这些不能教化的人。儒家认为应该"以善至者待之以礼，以不善至者待之以刑。两者分别则贤不肖不杂，是非不乱。贤不肖不杂则英杰至，是非不乱则国家治。若是，名声日闻，天下愿，令行禁止，王者之事毕矣"[2]。对可以教化的人就用礼义来教化，不能教化的人就用刑罚来加以威慑禁止，这样就可以是非不乱进而使国家大治。所以儒家认为治理百姓应该：

> 明礼义以化之，起法正以治之，重刑罚以禁之，使天下皆出于治、合于善也。是圣王之治，而礼义之

---

[1]《荀子·正论》。
[2]《荀子·王制》。

化也。今当试去君上之埶，无礼义之化，去法正之
治，无刑罚之禁，倚而观天下民人之相与也，若是，则
夫强者害弱而夺之，众者暴寡而哗之，天下之悖乱
而相亡不待顷矣。①

荀子认为要以礼化、法治、刑禁的方式来共同治理天下，
这样治理天下万民，天下才能安定，才能符合善的目标。
相反的，没有礼义教化，没有法令制约，没有刑罚禁止，天
下之人就会无所约束，会任由人情人性的肆意发展而最
终弱肉强食，互相残杀，社会归于暴乱，天下很快就会
危亡。

汉代的董仲舒还利用阴阳学说论证了四者的必要
性。他认为"天有四时，王有四政，若四时，通类也，天人
所同有也。庆为春，赏为夏，罚为秋，刑为冬。庆赏罚刑
之不可不具也，如春夏秋冬不可不备也"②。庆赏刑罚是
圣人依据天的四时而制定的，它们如同春夏秋冬一样是
不可以缺少的。因此，儒家认为礼乐刑政都是治理社会
所必需的，礼乐刑政有各自不同的作用："礼以道其志，
乐以和其声，政以一其行，刑以防其奸。礼乐刑政，其极
一也，所以同民心而出治道也。"③礼表达人的道德理想

①《荀子·性恶》。
②《春秋繁露·四时之副》。
③《礼记·乐记》。

追求,乐以同感人心,政令以统一人的行为,刑罚防止奸邪的产生,礼乐刑政各有功用,但其目的是一样的,都是为了统一民心使天下安定和谐。

《礼记》中又说:

> 人生而静,天之性也;感于物而动,性之欲也。物至知知,然后好恶形焉。好恶无节于内,知诱于外,不能反躬,天理灭矣。夫物之感人无穷,而人之好恶无节,则是物至而人化物也。人化物也者,灭天理而穷人欲者也。于是有悖逆诈伪之心,有淫泆作乱之事。是故强者胁弱,众者暴寡,知者诈愚,勇者苦怯,疾病不养,老幼孤独不得其所。此大乱之道也。是故先王之制礼乐,人为之节。衰麻哭泣,所以节丧纪也。钟鼓干戚,所以和安乐也。昏姻冠笄,所以别男女也。射乡食飨,所以正交接也。礼节民心,乐和民声,政以行之,刑以防之。礼乐刑政,四达而不悖,则王道备矣。[1]

人有欲望,人性的欲望很容易受到外物的诱惑,这种诱惑引起的欲望如果不加以节制则会天下大乱。所以先王制礼作乐,礼用来节制引导民心,乐用来调和感化百

---

[1]《礼记·乐记》。

姓的情感,政令用来推行礼乐以统一百姓的行为,刑罚通过威慑和惩罚来防止恶的产生,从而使天下"礼义立,则贵贱等矣。乐文同,则上下和矣。好恶著,则贤不肖别矣。刑禁暴,爵举贤,则政均矣。仁以爱之,义以正之,如此,则民治行矣"①。礼乐刑政四者皆具,就可以实现王道:"礼乐刑政,四达而不悖,则王道备矣。"

董仲舒还从性三品观念中推出礼乐教化与刑罚共同存在的必要性。在董仲舒看来,人性有上、中、下三等,分别是圣人之性、中民之性和斗筲之性。圣人之性是天生的善性,这是很少的,大部分人是可以为善、可以为恶的中民之性,需要统治者的礼义教化去恶从善。斗筲之性是天生的恶,教化也无法使其转变为善,像尧的儿子丹朱、舜的儿子商均,身为圣王之子,却不可教化,这种人只能通过刑罚使其恐惧威服,不敢造反谋乱,只能服从管制。所以治理天下必须礼乐教化与法令刑罚并用以应对不同人性的人。

虽然礼乐刑政四者都不可缺少,但在儒家看来四者的地位并不是相同的。在他们看来法和刑都只是礼乐和德教的补充,"圣人治天下,必有刑罚何? 所以佐德助治,顺天之度也"②。在治理社会时还要以礼治、德化为主。儒家都反对不教而诛,强调教化的优先地位和重要

————————

① 《礼记·乐记》。
② 《白虎通·五刑》。

性,认为礼治、德化是主要的,主张德主刑辅。董仲舒以天人感应说为哲学基础,以阴阳五行说为理论根据,提出"刑者德之辅,阴者阳之助也,阳者岁之主也"①,"教,政之本也。狱,政之末也"②,由此确立了"德主刑辅"的治国模式。他说"天道之大者在阴阳。阳为德,阴为刑;刑主杀而德主生。是故阳常居大夏,而以生育养长为事;阴常居大冬,而积于空虚不用之处,以此见天之任德而不任刑也。天使阳出布施于上而主岁功,使阴入伏于下而时出佐阳;阳不得阴之助,亦不能独成岁。终阳以成岁为名,此天意也。王者承天意以从事,故任德教而不任刑。刑者不可任以治世,犹阴之不可任以成岁也。为政而任刑,不顺于天,故先王莫之肯为也"③。天道有阴阳,人道有德刑,阳没有阴的佐助不能成岁,阴阳德刑彼此缺一不可;阳为主,阴为辅,天任阳不任阴,人则应该好德不好刑,德为主刑为辅。根据天人感应学说,君主治理国家,须遵循天道而行事,以德治为主,辅以刑罚。

早期儒家通过历史的追溯进一步肯定了礼治德化的重要性:

汤武置天下于仁义礼乐,而德泽洽禽兽草木,

①《春秋繁露·天辨在人》。
②《春秋繁露·精华》。
③《汉书·董仲舒传》。

广育被蛮貊四夷,累子孙十余世,历年久五六百岁,
此天下之所共闻也。秦王置天下于法令刑罚,德泽
无一有,而怨毒盈世,民憎恶如仇雠,祸几及身,子孙
诛绝,此天下之所共见也。夫用仁义礼乐为天下者,
行五六百岁犹存,用法令为天下者,十余年即亡,是
非明效大验乎? ……今子或言礼义之不如法令,教
化之不如刑罚,人主胡不承殷周秦事以观之乎?①

通过对汤武秦王历史事实的总结及对礼与法、德与刑的
分析对比,儒家认为王道社会应该以礼义制度作为社会
的规范,并通过德教的方式进行道德感化,只有这样才
可以长治久安;而霸道一味地强调严刑酷法,外在的强
制约束并不能真正起到调节社会的作用,因此霸道不能
长久,不能得天下。

早期儒家通过对礼法德刑的分析,认为礼制和德教
具有法刑所不具备的优越性。礼制和德教可以让人从
内心知道什么可以做,什么应该做,什么又是不应该的,
这种认可不是由于外力的胁迫而被动地接受,而是通过
道德的教化使人从心里认同礼制,认为其具有合理性合
法性,从而自觉地积极主动地去遵守社会规范和制度。
只有如此,才能维持社会的稳定、天下的统一,才能实现

---

① 《大戴礼记·礼察》。

王道,才是王道应采用的。从现代政治哲学角度看,早期儒家对于礼法德刑的论辩,实际上就是对社会规范及社会制度的选择、安排和实施的思考和选择。社会政治制度规范是组织和安排政治行为及规范人们行为的规则和制度,它通过法律、规定、程序及习俗等约束个体肆意的行为,以避免冲突暴乱等社会无序状态,维护社会的稳定。早期儒家认为在政治制度方面,礼制以宗法、血缘、道德、风俗习惯等方式来组织安排和维持社会秩序,这些基础都源于人们自然的内在的情感,所以具有更好的作用和稳定性,才是王道应采用的制度。

早期儒家作为西周以来礼乐文明的传承者,认为理想的社会政治应该是像尧舜禹文武周公那样的先王之道一样,是以礼乐制度维持社会秩序、以仁政德教治国的王道社会。然而现实世界却是一个争城以战、杀人盈野、诸侯争霸的霸道社会,各诸侯国为了争霸天下,纷纷采取法家的主张进行变法以富国强兵,不断侵略掠夺以扩大自己的势力,霸道成了通行的政治原则。儒家以美好的王道理想比对混乱的霸道现实,围绕着圣王与霸主、德与力、义与利、礼与法、德与刑等政治主题展开王霸之辨,通过对这些问题的分析比较褒扬王道而贬抑霸道,从而一步步建构出以圣王之治为蓝本、以德治为主要手段、以道义为价值原则、以礼义制度为社会规范和以道德教化为治理社会方式的王道政治理想。

早期儒家王霸之辨的内容涵盖了早期儒家所关注的各个方面的政治问题。德服与力服讨论的是如何才具有真正的政治合法性的问题，求义与求利的分辨探寻的是政治价值意义的问题，礼制与法制的对比实质上是对政治制度的选择，德化与刑罚关注的是政治制度的保障及实施方式。在此基础上，早期儒家勾画出了理想的社会政治，即王道政治。由此可见，早期儒家通过王霸之辨已经非常深入及全面地思考了人类的社会政治生活，人类有组织的社会政治生活的意义究竟何在，目的是什么，采用何种方式才能更好地维持稳定的社会状态，虽然当下已时移世易，但早期儒家的这些思想对我们当下的政治生活依然具有很好的借鉴和启发意义。

第三章　早期儒家王霸之辨的
理论依据

　　早期儒家通过对王霸之辨中一系列具体主题的分析论辨,根据现实的需要,最终确立理想的政治形态即王道政治。然而,这仅仅是儒家王霸之辨的第一步,若想使王道政治被人接受,就必须进一步从理论上为其提供合法性及合理性依据。所以儒家接下来还必须对其王霸之辨所得出的结论进行论证和维护,也就是要为王道理想寻找合法性依据,进而建构一个完整的理论结构。在早期儒家看来,王道的合法性、合理性与可能性依据就源自于天道、历史和人性。早期儒家从天人之际的思考中为王道的合法性提供了形而上的终极价值依据,从古今之变的历史事实中总结经验为王道的合理性提供了思想资源和历史证明,从人性善恶的探讨中为王道实现的可能性提供了现实依据。

第一节　天人之际——早期儒家王霸之辨的形上依据

天人问题是中国思想史中的核心问题之一。在中国古代思想史中，历代思想家无不致力于"究天人之际"①，从哲学高度对天人关系问题进行积极的探索，从而产生了天命观、天道观、天理观等重要的哲学观念。中国古代思想家对天人之际的关注，一方面是为了探究客观自然规律，另一方面是为人间寻求一种终极价值依据。

在中国古代政治哲学中，"天"是一个含义复杂的概念，人们对天的认识也各有不同。朱熹对"天"也有一个界定："又僩问经传中天字。曰：'要人自看得分晓，也有说苍苍者，也有说主宰者，也有单训理时。'"②这是在说，天有三个义项，自然之天、主宰之天以及义理之天。冯友兰先生指出："在中国文字中，所谓天有五义：曰物质之天，即与地相对之天。曰主宰之天，即所谓皇天上帝，有人格的天、帝。曰命运之天，乃指人生中吾人所无可奈何者，如孟子所谓'若夫成功则天也'之天是也。曰自然之天，乃指自然之运行，如《荀子·天论》所说之天是也。曰义理之天，乃宇宙之最高原则，如《中庸》所说

①《汉书·司马迁传》。
②黎靖德编：《朱子语类》卷一，王星贤点校，中华书局，1994年，第5页。

'天命之谓性'之天是也。《诗》、《书》、《左传》、《国语》中所谓之天,除指物质之天外,似皆指主宰之天。《论语》中孔子所说之天,亦皆主宰之天也。"①庞朴先生对冯友兰先生的划分进行了一定的修改,将命运之天并入主宰之天,将义理之天归入自然之天,因而归纳成物质之天(天空、大自然)、精神之天(主宰、至上神),以及本然之天(本然意义上的物质,如牛马四足;被当成本然意义上的精神,如天理;以及本然意义上的气质,如天真),并称它们分别为形而下的、形而上的和形而中的②。传统社会中的天具有多重含义,不同的思想家对此有不同的理解,但一般来说,天在古代政治之中大概具有三方面的含义——自然之天、主宰之天与道德价值之天,在大多数儒家观念中,天是一个兼有多重含义的复合体,天是本源意义的存在,是最高的本体,是最高权威。

在古代社会,人们对自然的认识非常有限,在他们看来,自然界和人类社会的一切变化都有一种神秘的力量在支配,这种神秘的力量就是天,天决定着世间的一切。因此,人们对天始终怀有一种敬畏之情。正如梁启超所说:"中国古代思想,敬天畏天,其第一着也。……

①冯友兰:《中国哲学史》(上册),华东师范大学出版社,2000年,第35页。
②庞朴:《作为生存背景的天人合一论》,载于《康德与启蒙:纪念康德逝世二百周年》,刘小枫、陈少明主编,华夏出版社,2004年,第158—164页。

综观经传所述,以为天者,生人生物,万有之本原也;天者有全权有活力,临察下土者也;天者有自然之法则,以为人事之规范,道德之基本也。故人之于天也,敬而畏之,一切思想,皆以此为基焉。"①在自然科学不发达的时期,出于对未知世界的敬畏,人们把天当作是万物的本原,把天的运行法则看成是万物的法则,以此确立人间之道,天道是道德的本源。

　　早期儒家对天及天人关系的认识为现实社会生活的神圣性与王道政治的合法性提供了最终的依据。在他们看来,天地生养万物,万物都是天地中的一部分,因此,万物的运行都需遵循顺应天地的法则。人是万物中的一种,也必须顺应天道,按照天道来确立人间之法则即人道,人世间的一切只有符合天意才具有意义和合法性。在早期儒家看来,王道正是天道在人间的体现,是依天道设计运行的,所以王道才是具有正当性与合法性的社会组织存在形态。简单地说,合法性是指能够取得被统治者对统治的心理认同。合法性与正当性是有区别的,这一点会在后文有分析,这里暂不详细论述。合法性,被统治者的心理认同,实际上也就是儒家所谓的民心所向,这是一个政权、统治存在的根本,不管何种形式的政权组织形式,不管在任何年代,合法性都是统治者

---

① 梁启超撰,夏晓红导读:《论中国学术思想变迁之大势》,上海古籍出版社,2001 年,第 9 页。

必须要回答的问题,比如商朝的玄鸟、西周的天命靡常,都是其合法性的依据。所以,统治者为了维护自己的统治都要去寻求其统治合法性的理由与根据,以得到被统治者的认同。同样的,政治思想家在阐述自己的政治思想时也总要为其政治主张寻找最终的价值依据。终极的价值性的依据往往以超越性的神圣的存在形式出现。哈贝马斯曾指出:"(1)在早期文明中,统治家族乃是借助于原始神话证明自身的正当性。这样,法老们首先把自己说成是神——例如,作为赫鲁斯神(Horus),奥西瑞斯(Osiris)的儿子。在这个水平,只需有叙述性基础就足够了,这就是神话传说。(2)伴随着古代文明帝国的发展,对合法化的需要也在增长。现在,不仅统治者本人而且整个政治秩序(据此统治者方可以为所欲为)的正当性都需证明,这个目标的实现是由以宇宙论为基础的伦理学、高级宗教和哲学来完成的。这些东西回到了伟大的创始者那里:孔夫子、佛祖、苏格拉底、以色列先知,还有耶稣。这些理性化的世界观具有可教义化知识的形式,论证代替了叙述。这里确实有终极式基础、统一化原则。统一化原则把世界作为一个整体(自然和人类的世界)来解释。思维的本体论传统也建立在这个水平上。"①在哈贝马斯看来,随着对合法化的需要,古代中国

①[德]哈贝马斯:《交往与社会进化》,张博树译,重庆出版社,1989年,第189—190页。

是以以宇宙论为基础的伦理学来完成合法性的论证的。在中国传统政治哲学中,尤其是在儒家的思想学说中,天是最高的本体,天的命令和旨意,天的运行法则,就是某种政治思想和政治秩序最具权威性的合法性依据。因此,早期儒家对天人关系和天道运行法则进行了描述,试图为他们所提出的以王道理想为核心的政治学说寻求形而上的终极价值依据,他们以王道源于天命、合乎天道来论证王道的合法性。

一、早期儒家天人观

在原始社会,人们对天的认识经历了一个由敬畏到探索的过程。人们最初对天表现为一种敬畏意识,认为大自然包括人类的一切不可思议的变化都应由一种统一的神秘的力量来主宰,于是人们产生了对天的崇拜和敬畏。到了夏商时期又逐渐发展出天上的统治者是至上神的观念,这个至上神就是他们所谓的"帝""上帝",上帝是最高神,地位至高无上,具有绝对的权威,统管一切自然现象和人间的一切事物。在此基础上,夏商时期对天人关系的思考从敬畏发展出天命的观念,认为人世间的政权是由天或上帝授予的,此后,帝、上帝、天、天命即成为夏商周三代的政治合法性的根据。夏商时代政治统治的神圣权威就是天命,统治者之所以有资格统治天下就因为禀赋天命。那么天命内容为何? 是否及如何转移？彼时并没有理性的认识，更多的都是茫然的迷信。

西周在以小邦国取代负有天命的殷商后，为了解释其政治统治的合法性和人们对天命更换的疑虑，又提出了新的天命转移的观点。首先，周人提出"惟命不于常"①，也就是"天命靡常"②，这是说虽然天子之位是天赋予的，但是天命不是固定不变的，不是永恒的，天会变更人间的天子，所以汤武革命都是天命所允许的。天命如何变化也不是不可捉摸的。在周公看来，由于文王和武王兢兢业业，以德配天，商纣王荒淫无道，失去民心，上天眷顾百姓，所以转移天命。天子如果失德就可能失掉天命，国家就会灭亡。《尚书·召诰》也指出夏商的灭亡是由于"惟不敬厥德，乃早坠厥命"③，《尚书·康诰》又记载"惟乃丕显考文王，克明德慎罚"④，商由于不敬德失去了天命，文王尚德慎罚，天便命文王征伐殷商，革去殷的天命，取而代之治理国家和人民。因此，天命之得失在于敬德与否。但是，德性有哪些？不遵守德性到何种程度才会失掉天命？如何证明现实统治需要革命？这些问题都是当时人们所不能理解的，所以战战兢兢地敬畏天命，成为统治者保有天下的最重要的品德。统治者只有

---

① 《尚书·康诰》。
② 《诗经·大雅·文王》。
③ 《尚书·召诰》。
④ 《尚书·康诰》。

敬畏天命,兢兢业业,以民为本,才能维持国运的长久,所以周人告诫统治者不可不敬德,"王其疾敬德。王其德之用,祈天永命"①。只有敬德、以德配天才能永保天命。由此,古代思想史中的天便具有了人文道德的内涵,不再是茫然不可知的、高高在上的决定力量,天命被赋予了道德的内涵,成为了人间政治生活道德的根源,变得可以理解和把握。那么,天如何来判断王是否敬德呢?如何判断现实的社会统治是否合理呢?《康诰》中说:"天畏棐忱,民情大可见。"②在周人看来,是通过民情民心来实现的。如果统治者能够敬德,则可以得到民心的拥护,民众欢欣鼓舞,感谢上天选择了有德的天子爱护百姓,而失德的暴君则使得民众困苦不堪,必然向天呼吁,希望天命转移。所以,得了民心则表明做到了敬德,从而就符合了天意。天命难测,通过民心的向背可以把握天意,所以治理社会要注意"保民",这样就把民心和天意联系了起来。天的道德内涵的赋予和天意与民心的相通,都表明在西周时期中国古代天人之间的基本关系已经基本确立起来。

儒家对天人关系的理解,主要是继承了殷周的天命观,并在自己的思想理论中不断赋予天人关系新的含义和内容。经过三代的官方认定,天已经成为人们心中的

---

① 《尚书·召诰》。
② 《尚书·康诰》。

神秘本体,成为最高的价值权威。所以,其后的儒家便致力于对本体之天和天人关系的理解、论证,从儒家创始人孔子一直到明清儒者,无不以天人关系问题为其理论的重要组成部分。早期儒家直接承继殷周之际的天人观,随着认识的不断深入,都提出了各自对天人关系的认识。

孔子致力于西周礼乐文明的重建和社会秩序的恢复,因此,他在天人问题上比较注重人而对天不够重视,很少谈论天、天命和天人之间的关系问题。孔子将其主要的精力都放在恢复礼制的政治活动中,他的弟子子贡说:"夫子之文章,可得而闻也;夫子之言性与天道,不可得而闻也。"①然而孔子毕竟是因袭了西周时期的思想,特别是周公的思想,因此他对于天的认识也保留了西周时的特点。孔子认为天肯定是主宰人类社会和自然界的最高权威,保留了天的神秘性和对天、天命的信仰敬畏。孔子说:

> 获罪于天,无所祷也。②
> 天生德于予,恒魋其如予何?③
> 天丧予! 天丧予!④
> 君子有三畏:畏天命,畏大人,畏圣人言。⑤

---

①《论语·公冶长》。
②《论语·八佾》。
③《论语·述而》。
④《论语·先进》。
⑤《论语·季氏》。

吾谁欺？欺天乎？①

予所否者，天厌之！天厌之！②

从这些表述中我们可以看出，孔子所提到的天虽然不是直接的人格神意义上的天，但仍然是主宰一切的最高权威，同时他还认为自己的德性是天赋予的，是天命的。在孔子看来，天命又是可知的，他曾说五十而知天命，对天命的认识和把握往往是在道德活动中产生的。

相对于孔子对天较少的论述，孟子关于天人关系的思想显然要丰富许多。孟子继承了自商周流行下来的天人观，并把这种思想进行了进一步的扩展和深入，赋予了天更多的道德属性。在孟子那里，天具有多重的含义，既有"天油然作云，沛然下雨，则苗勃然兴之矣"③的自然之天，又有"尧荐舜于天而天受之"④的主宰之天，同时还有"诚者，天之道也"⑤的道德之天。在政治哲学领域，孟子的天主要就是指具有最高权威可以主宰一切又具有道德性的天。

孟子延续了自三代以来对天的崇敬，认为天是主宰一切的最高权威，是世间万物的最终根据。他说："莫之

①《论语·子罕》。
②《论语·雍也》。
③《孟子·梁惠王上》。
④《孟子·万章上》。
⑤《孟子·离娄上》。

为而为者,天也;莫之致而至者,命也。"①"非人之所能为也,天也。"②天和命都是超出人的认识能力的,都是人无法抗拒和改变的具有绝对性意义的存在。天是万物的本源和根据,天不仅生物、生民还生礼义道德。孟子说:"且天之生物也,使之一本。"③"天之生此民也,使先知觉后知,使先觉觉后觉也。"④孟子还引用说:"《诗》曰:'天生蒸民,有物有则。民之秉彝,好是懿德。'"⑤万物、民都是由天所生,礼仪道德也是圣人根据天意所创造的。人的理性思维能力也是天赋予的:"心之官则思,思则得之,不思则不得也。此天之所与我也。"⑥天不仅赋予了人思维,人的善性、道德心也是来源于天的。孟子认为人生来都具有"不忍人之心",这种不忍人之心是人天生共有的本性,孟子进而认为人的恻隐、羞恶、辞让、是非之心都是人生来就固有的天赋本性,由四心扩充而形成的仁义礼智等道德品质也是天生具有的,而非由外面强加给人的:"仁义礼智,非由外铄我也,我固有之也,弗思耳矣。"⑦天的主宰还表现为在政治上天下乃天与之。孟子

---

① 《孟子·万章上》。
② 《孟子·万章上》。
③ 《孟子·滕文公上》。
④ 《孟子·万章上》。
⑤ 《孟子·告子上》。
⑥ 《孟子·告子上》。
⑦ 《孟子·告子上》。

认为天爵、天位、天职、天禄都是天授予贤人的。在《孟子·万章上》中有这样一段对话:"万章曰:'尧以天下与舜,有诸?'孟子曰:'否;天子不能以天下与人。''然则舜有天下也,孰与之?'曰:'天与之。''天与之者,谆谆然命之乎?'曰:'否;天不言,以行与事示之而已矣。'"天下是天授予人间的王的,而非人间的天子传递交付的,天授天下是以道德水平和民意为依据的。孟子引用说:"《太誓》曰:'天视自我民视,天听自我民听。'此之谓也。"①天从民意中来选择天子,"昔者,尧荐舜于天,而天受之,暴之于民,而民受之"②。"使之主事,而事治,百姓安之,是民受之也"③。让推荐的人来处理事务,如果得到百姓的认可,那么天就可以把天下授予他了,所以说人间天子的地位首先是天命的选择,然后才能由现实的天子通过禅让等形式来落实。

　　孟子对天人关系的认识比三代及孔子更进一步,他对天的本质进行了道德意义上的解读,把天道德化,并将天道与人道结合起来,提出天人合德的观点。孟子提出"是故诚者天之道也,思诚者人之道也"④,人的道德是天赋的,而且天的基本性质和根本法则就是道德性的

----

①《孟子·万章上》。
②《孟子·万章上》。
③《孟子·万章上》。
④《孟子·离娄上》。

"诚",诚的基本内涵是"善",这样孟子就将道德意识归附于具有最高权威的主宰之天,从而使道德具有了本源意义和绝对性,天成为人间道德价值的终极依据。人应该用天赋的道德之思的能力去体悟天道,去明善,这就是"思诚"。人如何去思诚呢?在孟子看来,天道是人性的根源,人性是天道的体现,若要体悟天道,就要从本心本性出发。《孟子·尽心上》说:"尽其心者,知其性也。知其性,则知天矣。存其心,养其性,所以事天也,夭寿不二,修身以俟之,所以立命也。"以人心之诚来尽自己的善心,这样就可以认识自己的本性,而人的本性是与天性的本质相统一的,这样就可以把握和顺应天道。所以尽心就是知性,知性就能知天。在孟子这里,人能知天,这就比孔子的思想更进一步了。

儒家另一个代表人物荀子提出了截然不同的天人相分的天人观。他改变了以往对天、天命的认识,认为天不是神秘的令人敬畏的万能的主宰之天,而是"列星随旋,日月递炤,四时代御,阴阳大化,风雨博施,万物各得其和以生,各得其养以成"①的自然之天,天不具有超越性和道德性,只是一种自然现象和规律。虽然荀子也认为天生烝民,但这仅仅是一个自然的生物过程,没有把人类的道德意义赋予天,他认为人类社会的道德与天不

①《荀子·天论》。

具有统一性,各有特点。

荀子在《天论》篇开始便提出:

> 天行有常,不为尧存,不为桀亡。应之以治则吉,应之以乱则凶。强本而节用,则天不能贫;养备而动时,则天不能病;修道而不贰,则天不能祸。故水旱不能使之饥,寒暑不能使之疾,祅怪不能使之凶。本荒而用侈,天不能使之富;养略而动罕,则天不能使之全;倍道而妄行,则天不能使之吉。故水旱未至而饥,寒暑未薄而疾,祅怪未至而凶。受时与治世同,而殃祸与治世异,不可以怨天,其道然也……治乱天邪? 曰:日月、星辰、瑞历,是禹、桀之所同也,禹以治,桀以乱,治乱非天也……故明于天人之分,则可谓至人矣。

人类社会的好坏都是人自身行为的结果,而非天的安排,自然之天的运行有其自身的规律,人世间社会的运行也有自己的方式,天不能主宰人类社会,也不会因为人类社会而有所变化。天和人各有特点,互相之间不具有决定意义。

在荀子看来,天人各有其分、各有其职,相互之间不可争职。他说:"列星随旋,日月递炤,四时代御,阴阳大化,风雨博施,万物各得其和以生,各得其养以成,不见其事而见其功,夫是之谓神。皆知其所以成,莫知其无形,夫是之谓天。"①自然的生成变化是非常神妙的。"不为而成,不求而得,夫是之谓天职。如是者,虽深,其人不加虑焉;虽大,不加能焉;虽精,不加察焉:夫是之谓不与天争职。天有其时,地有其财,人有其治,夫是之谓能参"②。自然之天按照其固有规律自然而然地生成万物,运行变化,无需人为的影响,人们也没有必要探究天,天之职在生化万物,人之职在修为人事,天不干预人事,人不能放弃自己的职分与天争职。因此,荀子说:"唯圣人为不求知天。"③既然天道难测,并按自己的规律自然而然地运行,人无法去改变什么,圣人"则知其所为,知其所不为矣"④,不去思考超出自己职分的不可知不必知的自然规律,而只做好自己的职分。

然而人们往往陷入一种误区,即"舍其所以参而愿其所参"⑤,人能"参天地"即制天时地财而用之,然而人却又往往舍人事而欲知天意、靠天意,把希望寄托于天而放弃自身的作为,这在荀子看来是错误的。荀子认为:"大天而思之,孰与物畜而制之?从天而颂之,孰与制天命而用之?望时而待之,孰与应时而使之?因物而多之,

①《荀子·天论》。
②《荀子·天论》。
③《荀子·天论》。
④《荀子·天论》。
⑤《荀子·天论》。

孰与骋能而化之？思物而物之,孰与理物而勿失之也？愿于物之所以生,孰与有物之所以成？故错人而思天,则失万物之情。"①对于自然之天人们不应该去思慕颂扬它的伟大,不应该依靠它,而应该"制天命而用之",掌握天的自然规律来利用它,人不应该放弃人事而去思考不可改变的自然规律,放弃人为的努力而等待天,就会丧失万物的本性,从而也就不能获得万物的真情。

　　在荀子看来人的有为不在于做超出自己职分范围的事,不在于寻觅探究神秘的或者不可改变的自然规律,而在于为自己所当为,即做自己应该做的事情。"天有其时,地有其财,人有其治"②,人所当为即为治社会修人事,也就是修礼义。他说:"在天者莫明于日月,在地者莫明于水火,在物者莫明于珠玉,在人者莫明于礼义。故日月不高,则光明不赫;水火不积,则晖润不博;珠玉不睹乎外,则王公不以为宝;礼义不加于国家,则功名不白。故人之命在天,国之命在礼。"③礼是人道的依据,是人事中如天之日月一样至关重要的东西,在治理社会中具有重要的作用,如同水里表示水的深度的标志一样,礼制就是治理社会的标准,是政治的原则。荀子对天及天人关系的大篇幅论述,根本目的就在此,即为以礼为核心

---

① 《荀子·天论》。
② 《荀子·天论》。
③ 《荀子·天论》。

的政治哲学思想提供另一种终极根据。天人相分各有其职，人之职就在于治理社会，由于道德非自然之天赋予生而具有，因此必须以人事的方式来使人具有道德，这种方式就是制定礼义制度并以此来教化约束人。

荀子对传统天命的否定和批判主要是反对当时的统治者和社会流行的迷信天命的做法，他的目的不是为了摧毁儒家王道理想的合法性。在荀子看来，人类社会自有自己的必然之道，这就是圣王所创立的礼义制度，这是从人性出发而推出的必然，是由历史所证明的正确的政治理想。所以，荀子的自然天道观，并没有否定儒家的伦理道德观，他只是没有依据传统的思路对儒学思想进行论证而已。

在早期儒家中，对天人关系论证得最成熟最充分的是汉代的董仲舒。董仲舒继承了西周以来关于天人问题的观点，并吸收了春秋战国以来的阴阳五行思想，以阴阳五行为依托，以天人感应为中心，以天道人道的沟通为目的，为儒家构建了严整的天人关系体系，为儒家的王道理想和政治伦理观提供了坚定的理论基础和权威论证。董仲舒还通过"罢黜百家，独尊儒术"使之成为官方的意识形态，确立了儒家思想的统治地位。

董仲舒对天的理解较之以前儒家来说更加宽泛，对天与人间社会政治的关系论证得也更充分。在早期儒家那里，自然之天、主宰之天和道德之天通常是混合杂糅在一起的,就是对人所生活的上下四方宇宙的一个整体的解释。早期儒家的这个特点在董仲舒身上也得到体现。董仲舒在论天的时候,没有明确界定天的含义,天具有多重含义,天是自然之天,更是道德之天,是创生万物和演化人间秩序的主宰之天。

在董仲舒看来,天是宇宙本体,是万物的始祖和本原,生化了万物。他说"天者,万物之祖,万物非天不生"①,"天者,群物之祖也"②。这里的万物不仅仅指人类和动物植物等生命体,也指由自然秩序演化而成的人间的秩序,或者可以说是由天道而演化出的人道。首先作为万物中的人是本于天的,董仲舒认为人是天创造出来的,他说:"为生不能为人,为人者天也。人之人本于天,天亦人之曾祖父也,此人之所以乃上类天也。"③人又是天所创生的万物中最具灵性的,正如"莫精于气,莫富于地,莫神于天"④一样,万物之中"莫贵于人"⑤,对这一点,董仲舒提出著名的"人副天数"的看法。他说:"人之形体,化天数而成,人之血气,化天志而仁;人之德行,化天理而义;人之好恶,化天之暖清;人之喜怒,化天之寒

---

①《春秋繁露·顺命》。
②《汉书·董仲舒传》。
③《春秋繁露·为人者天》。
④《春秋繁露·人副天数》。
⑤《春秋繁露·人副天数》。

暑。"①认为人在形体、德行、性情等方面都是比附于天的结果。在《人副天数》《为人者天》等篇中，董仲舒列举了大量的类比来说明人与天是如何一一对应的，比如天有四时人有四肢、天有五行人有五脏等，天人在各方面皆有相同或相似的地方，因此他认为人是天的副本。紧接着，董仲舒又说："天道各以其类动。"②"同者相益，异者相损。"③同类之物是可以彼此感应沟通相互增益的。他还举了大量例子来说明："今平地注水，去燥就湿，均薪施火，去湿就燥。百物去其所与异，而从其所与同，故气同则会，声比则应，其验皦然也。试调琴瑟而错之，鼓其宫则他宫应之，鼓其商而他商应之，五音比而自鸣，非有神，其数然也。美事召美类，恶事召恶类，类之相应而起也。如马鸣则马应之，牛鸣则牛应之。"④他通过这些自然现象说明同类事物之间是可以相互感应的，所以由于人副天数、天人同类，那么天人之间就是可以互相感应的。

那么天人之间感应的是什么？又是如何感应的？董仲舒认为天人之间的感应主要就体现在天道与人道的沟通上。他认为天不仅创生万物等生命，还以天道为基

---

① 《春秋繁露·为人者天》。
② 《春秋繁露·三代改制质文》。
③ 《春秋繁露·天地阴阳》。
④ 《春秋繁露·同类相动》。

础创造了人间的秩序即人道。而人不仅生于天,还从天道中认识到了人道,"人生于天,而取化于天"①。天道是什么? 他认为天道的具体内容是"天地之气,合而为一,分为阴阳,判为四时,列为五行"②,其中阴阳五行又各自具有不同的地位和作用,"阴者,阳之助也,阳者,岁之主也"③,阳尊阴卑,五行循环运行生生不息。董仲舒的目的不仅是为了解释天道,更是为了说明人道的合理性,所以他接着就把天道与人类社会联系起来,以人间的秩序和统治方式来与阴阳五行相配。他说:"阳为德,阴为刑;刑主杀而德主生。"④而"天之亲阳而疏阴,任德而不任刑也。是故仁义制度之数,尽取之天"⑤。另外,人间社会的伦常秩序也来源于天,"君臣、父子、夫妇之义,皆取诸阴阳之道。君为阳,臣为阴;父为阳,子为阴;夫为阳,妻为阴"⑥。"故五行者,乃孝子忠臣之行也"⑦。所以,在儒家伦理道德中最重要的君臣、父子、夫妇关系中,君、父、夫是处于支配地位的,因此人们要遵守这种关系地位,也就是遵守这种人间的社会秩序。董仲舒以大量

---

①《春秋繁露·王道通三》。
②《春秋繁露·五行相生》。
③《春秋繁露·天辨在人》。
④《汉书·董仲舒传》。
⑤《春秋繁露·基义》。
⑥《春秋繁露·基义》。
⑦《春秋繁露·五行之义》。

的社会问题来比附阴阳五行,以此来沟通天道人道,并为人道确立了天道根据,同时由于天道的支撑,人道是永恒不变的,"道之大原出于天,天不变,道亦不变"①。

董仲舒认为能够代表人类与天沟通的人只有君王。他说:"古之造文者,三画而连其中谓之王。三画者,天地与人也,而连其中者,通其道也。取天地与人之中以为贯而参通之,非王者孰能当是? 是故王者唯天之施,施其时而成之,法其命而循之诸人。"②又说:"唯天子受命于天,天下受命于天子。"③只有君王是受命于天的,他受命于天是为了沟通天地人,"天之生民,非为王也;而天立王,以为民也"④。王代天治理天下,以做到"以人随君,以君随天"⑤。所以,既然王者天之所予,那么王者必须承天意以从事,君王必须服从天意,遵守天道,执行人道。君王要诚心事天,"受命之君,天意之所予也。故号为天子者,宜视天如父,事天以孝道也"⑥。君主在政治实践活动中,必须知天、尊天、法天。否则,天就会有所感应,"国家将有失道之败,而天乃先出灾害以谴告之,不知自省,又出怪异以警惧之,尚不知变,而伤败乃至。

①《汉书·董仲舒传》。
②《春秋繁露·王道通三》。
③《春秋繁露·为人者天》。
④《春秋繁露·尧舜不擅移、汤武不专杀》。
⑤《春秋繁露·玉杯》。
⑥《春秋繁露·深察名号》。

以此见天心之仁爱人君而欲止其乱也"①。先降灾异加以警示,如果君主没有改正,天就会革去君主之天命,重新选择他人来做君主。如果君主治理有方,政治修明,同样也能感动上天,上天便会降祥瑞以示嘉奖,如《春秋繁露·王道》所说:"王正则元气和顺、风雨时、景星见、黄龙下。"

从以上各思想家对天人关系的论述中,我们可以看出,无论他们对天人关系作出怎样的理解说明,他们的目的都不仅仅是为了认识探究自然的奥秘和人与自然的关系,他们的关注重点不是自然之天,而是主宰之天和道德之天,而这两种意义上的天正是儒家所找寻的道德本体。对这个本体之天的诉求在政治哲学上的目的则是为了把握和说明形而上的道德价值依据和形而下的现实政治生活秩序,从而论证王道政治的合法性,为王道政治提供终极价值依据。所以尽管我们很早的时候就观察总结了天地运行的规律,但并没有从天文学、科学方面作进一步的探索,仅停留在作为最终道德价值依据的层面。

陈来在《古代宗教与伦理》中指出:"西周时代的天命论,总体上说,仍然是一种神意论,而不是后来发展的自然命定论和宇宙命定论,仍然披着皇天上帝的神性外

①《汉书·董仲舒传》。

衣。但也不可否认,其中已缓慢地向一种秩序和命运的思想发展。秩序的观念逐步凝结为'天道'的观念,而命运的观念仍旧依存于'天命'的观念之下来发展。"①最初的天命思想逐渐演变出天道思想,无论是天命还是天道,其中都是以政治与道德问题为主题和目的的。在儒家思想中,政治与道德是合而为一的,即王道,儒家关于天命和天道的思想也都是紧紧围绕着王道这个核心而延伸的。天命论一般指主宰之天,为王道的合法性提供权威依据,要解决的主要是王道存在的合法性问题;天道观意在以天道定人道,建立人间社会政治的道德伦理原则和政治秩序,主要是解决王道秩序的合法性问题。

二、天命与王权

天在中国古代哲学中具有多种含义,而在天命一词中,天主要是指主宰意义上的天,具体来说,天命有两个层面的意思,一是天的命令,一是天的赋予。作为天意、天的命令意义上的天命,是主宰一切的最高权威,它有绝对的权力去命令一切,安排一切。作为天的赋予意义上的天命,正如朱熹所说:"天命,即天道之流行而赋于物者。"②天命是天道赋予万物的,是天道体现在事物之

---

①陈来:《古代宗教与伦理——儒家思想的根源》,生活·读书·新知三联书店,1996 年,第 212 页。
②《四书章句集注·论语集注》。

中的各种特定的权利和属性。天是万物之祖,世间的一切包括人在内,都是天所生,天生万物不仅给予万物生命,更把天道内含在万物之中。因此天命乃是万事万物的本质属性,所以只要我们把握了天命天道,就能认识世界。从人和万物的角度来说,人和万物都禀赋了天命,本性相通,所以人与天、人与人、人与物才能沟通理解,相融无碍,天人才能合一。

"天命"一词产生于殷末周初,但它所蕴含的意义却来自于西周以前人们对于"帝"或"上帝"这一具有最高权威的至上神的信仰和膜拜。殷代称其至上神为"帝"或"上帝",这是一个具有宗教色彩的神化概念,上帝主宰着人间的一切,人们对它只能是无条件地顺从。殷周之际,周人以"天"来替代此前的"帝"或"上帝",相应地,上帝的旨意也演化为天命,用来表示天作为有意志的人格神,也是至上神,对人间的一切的主宰和控制。而与以前不同的是,西周提出天命转移,以德配天,天被赋予了更多的道德内涵,人们对于天的认识由宗教式的崇拜转向理性的认识和判断。孔子继承了西周的天命思想,其后的儒家思想更是以天命为其思想的核心命题,天命可以说是儒家一切理论的逻辑前提和最终价值依据。

中国古代的天命是和政治紧密结合在一起的,天命的价值和意义也主要体现在政治领域。人们在阐述一种政治思想或解释一种政治现象的时候,总要为其寻找最终的价值依据,也就是需要一个本体性的东西,需要一个终极性的、神圣性的、超越性的存在为现实的价值、规范、权力等提供合法性的证明。在中国传统政治哲学中,天就是这个最高的本体,天的命令和旨意就是某种政治思想和政治现实最具权威性的合法性依据。所以,天命在古代通常被用来证明政治及权力的合法性。

殷商时期,天命具有较强的神学色彩,天作为至上神赋予人间的统治者政权,天命被用来解释统治者所拥有的权力的合法性和权威性。《诗经·商颂·玄鸟》中有言:"天命玄鸟,降而生商。"商人的祖先契是其母简狄吞燕卵而生,因此契是禀天命而生,其权力是上天所赋予的,商人以此来解释其统治的合法性。商朝灭亡以后,天命被周人用来为政权的更迭作合理的解释。为解释其合法性,周人提出了天命靡常、以德配天的思想,天命并非恒久不变的,如果不能很好地代天治理天下,没有很好的德性,得不到民众的支持,上天是会变革天命的。西周在天命的基础上增加了道德的因素,天命逐渐由至上神决定论转变为道德民心决定论。此时,天命不再仅仅是为政权的合法性作权威性的辩护,更增添了道德价值终极依据的深层含义。春秋战国时期,诸侯争霸,社会混乱,现实社会中的诸侯争霸带来了思想上的争鸣,各思想家纷纷提出自己的社会政治思想以救世,各家各派都以天为终极依据来论证自己理论的正确性。特别是由孔子创立的儒家,更是把天命与人间的政治生活密切联系起来,以天命来为政治生活的各个方面作诠释。汉代,政治形态已经基本成熟稳定,为了维护统一安定和建立有序的政治秩序,儒家把王权和政治原则的来源都归依到天命。此后,儒家基本都是沿着这个思路来思考社会政治问题的。儒家的政治理想是王道,所以,他们对天命的解释也都是为了说明王道的合法性而展开的。

儒家的王道理想是一种以仁爱之心施行仁政德治的政治,在王道政治中,首先必须要有具有良好道德品质的王者,然后王者以自己的道德来感召和教化百姓。所以,实现王道的必要前提条件就是道德、圣王和百姓的可教化性。接下来要解决的问题就是为什么需要良好的道德水平的人来治理天下? 如何来决定谁是道德品质较高的王者? 王者的道德教化和感召是否可行或者说百姓是否是可教化的? 儒家以天为最终依据和最高本体,把这些问题都归结到天命的先验性规定,以此为王道的实现提供了终极依据、必要条件和基本要素。前面我们提到了,天命是天道的体现,是天赋予事物的各种特定的权利和属性。在儒家看来,天赋予的特定权利就是选定圣王来代天治理天下,天以道德为标准来选择王者,赋予道德高尚的圣王以治理天下的权利;赋予事物的属性是人天生具有的善性和道德品质,而具有善性的人就是可教化的。正是在这两个前提下,儒家以天命从终极意义上来维护王道的合理性合法性,为王道的合法性进行了辩护。天依据道德选择天子,所以天子必然禀赋天命,必然是道德完备的圣王,因而必然得到全体百姓的拥戴,这就是儒家理想化的政治逻辑。但是我们知道,现实中的帝王天子不可能都是道德高尚的人,社会发展必然出现混乱,统治的革命必然发生,于是为了维护王道理想的存在,为了保持现实天命的长久统治,就必须要修德、实行德治和以民为本,以赢得天命的祐护。这就是儒家天命观对政治观的理论支撑。具体来看,天命的两层含义与王道的关系分别表现在以下几个方面。

（一）王权天授

天命对王道政治的合法性的论证首先就表现为王权天授,即"天子受命于天",王权的合法性来自于天命。

这里的天命是天的意志和命令。天不仅主宰着自然界万物的生灭和阴阳四时的变化,还是人世间最高的主宰,天对人世间的主宰首先就表现为为民立君。在儒家看来,人是天创生的,天为了更好地关爱人类,设立君位,选择合适的人来掌握人世间的权力,协助天治理天下,也就是天子代天牧民。《孟子·梁惠王下》中引《尚书·泰誓》:"天降下民,作之君,作之师,惟曰其助上帝宠之。"《荀子·大略》:"天之生民,非为君也。天之立

君,以为民也。"董仲舒说:"天之生民,非为王也,而天立
王以为民也。"①历代儒家都认为是天为民作君师,君师
助天治民,代天牧民。所以王位的设立和王权的存在是
天的命令和旨意,天是王权的本源和神圣性依据,拥有
王权的君主是天的代表。

　　王位和王权都是天命的。那么什么人能获得天命,
能被选择拥有王位执掌王权? 或者天选择王者的依据
是什么? 在最早的时候,人们认为天子都是通过神秘的
感生而出现的,与众生不同,这种奇特的出生经历回答
了统治者如何禀赋天命的难题。上古时代人们通常以
一些神话传说来说明王者是天之子,以此来论证其统治
地位和权力的合法性,比如前文提过的"天命玄鸟,降而
生商"②,殷商的人认为自己的祖先是天之子,所以自己
也是天之子孙,天让自己的子孙来掌握王权。然而享有
天命的殷商却被西周灭亡,为了合理解释天命及西周的
合法性,西周提出了天命转移、以德择君的思想,用德充
实了天命的内涵,认为王位、王权及王者仍是天命的,但
天命并不是不变的,而是会根据王者的道德来进行裁
定,对其或佑或黜,"皇天无亲,惟德是辅"③。由此,道德
成为天命君权的唯一标准。王者必须具备较好的道德

---

① 《春秋繁露·尧舜不擅移、汤武不专杀》。
② 《诗经·商颂·玄鸟》。
③ 《尚书·蔡仲之命》。

品质，只有"以德配天"才能被天选中来掌握王权代天治天下。儒家继承了周代的这种认识，对道德尤其强调，将天命的得失与道德的高低联系起来，认为只有具有德行的王者才有资格协助天治理天下。董仲舒说："故其德足以安乐民者，天予之；其恶足以贼害民者，天夺之。"①德性高尚，在代天治理时能够使百姓安乐，天就选择他做王者，赋予其王位王权；如果王者在治理天下时德行不够，而其恶行使百姓深受其害，天就要夺回其王者之位，收回王权。在之后的中国传统社会，这两种解释模式都普遍存在，只是在儒家思想中，一般只承认以德配天的观念。

在儒家看来，王道政治中王权是受命于天的，王者是天所选择的道德高尚的人，是享有天命的、合法的，孟子在与万章谈及尧舜之所以有天下时说：

> 万章曰："尧以天下与舜，有诸？"孟子曰："否。天子不能以天下与人。""然则舜有天下也，孰与之？"曰："天与之。"②

舜之所以有天下是"天与之"，非人之所能为也。尧舜的天子之位是天给予的，他们享有的天子之位不可以私自

---

①《春秋繁露·尧舜不擅移、汤武不专杀》。
②《孟子·万章上》。

传给别人，而仍然是由天决定。汉代的董仲舒也认为"王者必受命而后王"，"天以天下予尧舜，尧舜受命于天而王天下"①。王者只有接受了天命才能拥有王权，尧和舜都是受命于天。

　　既然王者受命于天，代天治理，那么王者就要遵守天命，一方面保有自己的德行，以保天命不失；另一方面，因为人间的王承担的是协助天的一个角色，所以要按照天的旨意去治理天下，也就是"王者承天意以从事"②，天意是什么？如何明了天意？儒家认为天意一方面通过民情表现出来，即"天视自我民视，天听自我民听"③。"舜相尧二十有八载，非人之所能为也，天也。尧崩，三年之丧毕，舜避尧之子于南河之南，天下诸侯朝觐者，不之尧之子而之舜；讼狱者，不之尧之子而之舜；讴歌者，不讴歌尧之子而讴歌舜，故曰，天也。夫然后之中国，践天子位焉。而居尧之宫，逼尧之子，是篡也，非天与也。《太誓》曰：'天视自我民视，天听自我民听。'此之谓也"④。另一方面，"天不言，以行与事示之而已矣"。"使之主祭，而百神享之，是天受之；使之主事，而事治，百姓安之，是民受之也。天与之，人与之，故曰，天子不能以天下与

----

① 《春秋繁露·尧舜不擅移、汤武不专杀》。
② 《汉书·董仲舒传》。
③ 《尚书·泰誓》。
④ 《孟子·万章上》。

人"①。天行事以表天意,或通过大自然的灾异和祥瑞来表现对现实政治统治好坏的评价。这样,儒家就把王位、王权、王者解释为:天生万物,设立王位、赋予王权、选派王者来治理人间。由于王者具有较高的道德品质,因而被最高主宰之天选择来协助治理天下,天赋予其王权,因此,王位、王者、王权皆源于天命,是主宰之天的命令,具有合法性和权威性,其他人必须服从,"唯天子受命于天,天下受命于天子"②。

(二)善性天赋

在这里,天命主要是指赋予万物之中的天道,也即万物天赋的天道。主宰之天除了为民立君,决定人间的王权王者外,还赋予人以善性,以及认识善、实践善的能力。儒家性善论一派认为天命之谓性,天赋与人性以仁爱善性,正是因为人具有天赋的善,所以人是可以达到善的,所以王道的道德教化是有天命依据的,以此来证明王道政治德治的合法性。

人是天生的,天不仅创生了人的血肉之躯,更赋予了人之所以为人的"根据",这个"根据"就是来自于天命的"性"。《中庸》开宗明义写道:"天命之谓性,率性之谓道,修道之谓教。"朱熹解释说:"天命之谓性,言天之所

---

① 《孟子·万章上》。
② 《春秋繁露·为人者天》。

以命乎人者,是则人之所以为性也。"①这也就是说天所赋予人的即是"性",也就是徐复观先生认为的"天命于人的,即是人之所以为人之性"②。人性是天赋天命的,是天命的体现。

在儒家看来,天命赋予人的东西,表现为使人为人的性,其实质是善,是道德性的赋予,人的生而具有的本善之性就是人所具有的天命,这也是人之为人的本体依据。张岱年说:"天人相通的学说,认为天之根本性德,即含于人之心性之中:天道与人道,实一以贯之。宇宙本根,乃人伦道德之根源;人伦道德,乃宇宙本根之流行发现。本根有道德的意义,而道德亦有宇宙的意义。人之所以异于禽兽,即在人之心性与天相通。人是禀受天之性德以为其根本性德的。"③这样,儒家就开启了性命天道相贯通的大门,将天命植入人性,把道德化为人的先天道德本体,天命成为人内在仁德的至上依据,这也是儒家论述天命之性的目的所在。孔子在被困时曾说:"天生德于予,桓魋其如予何!"④孔子认为他所具有的德性是天赋予他的。刘宝楠在《论语正义》中把"德"解释为圣性,他说:"性成自然也。夫子圣性,是天所授。"⑤这

①《四书章句集注·中庸集注》。
②徐复观:《中国人性论史》(先秦篇),上海三联书店,2001年,第72页。
③张岱年:《中国哲学大纲》,江苏教育出版社,2005年,第177页。
④《论语·述而》。
⑤刘宝楠撰,高流水点校:《论语正义》,中华书局,1990年,第273页。

里的"德"实际上是善的体现,是孔子所认为的天赋予他让他救济天下恢复礼治的德行。孟子更是把天命视为人性道德的本体依据,以人之"本心""四端"来落实并具体彰显人的天命之性。他说:"乃若其情,则可以为善矣,乃所谓善也。若夫为不善,非才之罪也。恻隐之心,人皆有之;羞恶之心,人皆有之;恭敬之心,人皆有之;是非之心,人皆有之。恻隐之心,仁也;羞恶之心,义也;恭敬之心,礼也;是非之心,智也。仁义礼智,非由外铄我也,我固有之也,弗思耳矣。故曰:'求则得之,舍则失之。'或相倍蓰而无算者,不能尽其才者也。《诗》曰:'天生蒸民,有物有则。民之秉彝,好是懿德。'孔子曰:'为此诗者,其知道乎! 故有物必有则,民之秉彝也,故好是懿德。'"①孟子认为作为人之善端的四心是人人与生俱来的,仁义礼智不是外在于人的,而是本来就存在于人自身的,这种本来存在指的就是天命天赋,所以,孟子认为人性之善是天命下落内在于人的具体表现。

早期儒家性善论并没有得到儒家的普遍赞同,因为孔子并没有明确主张性善论,性善论只是在宋代被理学家们所接受,成为宋明理学和心学所坚持的基本理念。在先秦时代,人性论的主要思路是认为"生之谓性",主张人初生时所具有的本能属性为人的本性,荀子和董仲

---

① 《孟子·告子上》。

舒的人性论大体上都是坚持这样的思路而提出的。生之谓性的人性论虽然没有直接将人性与道德天命挂钩，但是作为儒家，他们都坚持道德礼义的重要，都坚持统治者实行道德教化的重要，因而尽管他们分别主张性恶，或者性三品，但是推出的结论还是有两点：一是圣贤拥有与生俱来的德性和道德自觉，所以圣贤可以制礼作乐以教化百姓；二是人有接受教化的能力和需求。所以，这些儒者整体上还是以天命观来论证王道理想。

三、天道与王道

早期儒家以天命来解释政治统治的神圣性与合法性，为王道提供了必要的理论前提和准备。随着儒家思想的理性化，天命又进一步被理解为天道，天命不再是茫然的、被崇拜的绝对主宰力量，而是可以理解的、可以把握的宇宙运行的规律和必然性，是人道实践所依据的形上根据。在儒家看来，天不仅赋予人以道德的属性和体悟道德的能力，同时还以天道生生的形式向人垂示其运行的规律规则，人运用天体悟天道的能力根据天道制定人间应遵循的法则即人道，并由此构建出社会政治的应然形态即王道社会。王道政治的政治原则、治理模式和社会秩序，都是根据天道制定和设计的。儒家以天道释王道，进一步论证了王道政治的合法性。

（一）天道与人道

西周以来，人们已经把天作为主宰一切的最高权威，主宰之天决定着人及人类社会的一切。然而天命又不是不可知的，天通过其自身的特点和运行的规律来表达意志，人们可以通过天赋的能力认识到天的意志和天地运行的规律，进而把天的意志在人世间加以实践，根据天地运行的法则来制定人间应有的和应该遵循的法则。由此，天命又演化出天道的概念。

人们对天道的认识是随着对自然之天运行规律的认识的发展而发展的。随着对自然之天的认识的深入，人们总结出了天的生化、星辰运行及自然界变化的规律，认为天的运行和变化有其自身不可更改的规律规则。例如："范蠡曰：'臣闻古之善用兵者，赢缩以为常，四时以为纪，无过天极，究数而止。天道皇皇，日月以为常，明者以为法，微者则是行。'"①"盈而荡，天之道也。"②"在《易》卦，雷乘乾曰大壮，天之道也。"③"盈必毁，天之道也。"④在这里，"天道"或"天之道"都具有规律、法则之意。张岱年先生曾提出："所谓天道，即是有天象变化的具有规律的过程。"⑤张立文认为："天道是指

---

① 《国语·越语下》。
② 《左传·庄公四年》。
③ 《左传·昭公三十二年》。
④ 《左传·哀公十一年》。
⑤ 张岱年：《中国哲学发微》，山西人民出版社，1981年，第22页。

世界的存在及其存在形式。"①任继愈等人则指出:"天道指的是天体运行和时序变化的规律。"②所以天道最基本的含义就是指天的生化、运行之道,是天体运行和时序变化的规律。然而人们绝不是仅局限于对自然规律的认识,更为重要的是要探究如何能顺天道的运行和天的意志,从而进一步把自然规律引申为人所应遵循的法则即人道,讲天道是为了运用所认知的天道论证和构建人道,这才是大多数古代思想家探究天道的最终目的。

天道观念的提出是人类认识的一大进步。天命是茫然的、神秘的,除了论证统治的神圣性外,无法为现实政治实践提供具体的指导。而天道观念则进一步将天命理解为有规律、有道德、可认知的绝对性存在,这便对现实的社会政治具有了直接的指导性作用。当然,先秦诸子各家对于天道的内涵和本质有不同的理解,因而其所提出的治国原则也有所不同。儒家认为王道理想所主张的伦理道德和人伦秩序是天道的体现,所以在儒者心中王道理想就成为内在的信仰,在实践中则落实为具体的政治教化举措。

不同的思想家对天道的具体内容有不同的认识,然

①张立文:《中国哲学范畴发展史·天道篇》,中国人民大学出版社,1988年,第4页。
②任继愈主编:《中国哲学发展史·先秦篇》,人民出版社,1983年,第127页。

而他们也大都认为天道与人道是有着密切联系的。如
果说天道是天运行的规律,那么人道便是在遵循和效法
天道的基础上确立的人类社会所应遵循的法则,是天道
在人类社会生活中的具体体现。人道的内容主要包括
人间的道德观念、社会秩序和社会法则。在《易传》中有
许多相关的表述认为天道是人道的根据。《周易·彖传
下》:"天地感,而万物化生。圣人感人心,而天下和平。
观其所感,而天地万物之情可见矣。"①《周易·系辞上》:
"天尊地卑,乾坤定矣。卑高以陈,贵贱位矣。"②《周易·
乾·彖》:"大哉乾元! 万物资始,乃统天。云行雨施,品
物流行……乾道变化,各正性命。"③《周易·乾·文言》:
"夫大人者,与天地合其德,与日月合其明,与四时合其
序。"④《周易·说卦》:"立天之道曰阴与阳,立地之道曰
柔与刚,立人之道曰仁与义。"⑤董仲舒也指出天道是人
道的根据:"臣闻天者群物之祖也,故遍覆包函而无所
殊,建日月风雨以和之,经阴阳寒暑以成之。故圣人法天
而立道,亦溥爱而亡私,布德施仁以厚之,设义立礼以导
之。……由此言之,天人之征,古今之道也。"⑥圣人根据

---

① 《周易·彖传下》。
② 《周易·系辞上》。
③ 《周易·乾·彖》。
④ 《周易·乾·文言》。
⑤ 《周易·说卦》。
⑥ 《汉书·董仲舒传》。

天道运行变化设立人道,古往今来都是效法天道而制定人道的。他又说:"仁之美者在于天。天,仁也。天覆育万物,既化而生之,有养而成之,事功无已,终而复始,凡举归之以奉人。察于天之意,无穷极之仁也。人之受命于天也,取仁于天而仁也。"①人受命于天,根据天道之仁而追求人道之仁,人道之仁不过是人对天道生人之德的效法。效法于天道的人道在政治层面就表现为王道。早期儒家认为王道是最理想的政治形态,之所以如此,是因为他们认为王道的政治核心理念、政治原则及政治秩序都是圣人依据天道而设立的,是天道的体现。

在儒家看来,他们理想的王道政治实质就是圣王在治理天下的政治活动中将天道现实化的过程。这是因为在儒家那里只有圣王或者圣人才能体认天道,进而将天道化为人道,并运用于社会政治中,圣王或圣人所提倡的政治形态即圣王之治就是王道,因此王道是源于天道,效法天道的。在前面我们曾提到,圣王或圣人是天命的,是上天选出来协助天治理天下的,既然如此,那么圣王或圣人如何才能发挥好自己的职责完成天赋予的使命呢? 首先,天赋予这类人以体认天道的能力,赋予他们先天的道德品质和道德自觉能力使他们有能力和条件

①《春秋繁露·王道通三》。

去把握天道。董仲舒解释"王"说:"三画者,天地与人也,而连中者,通其道也。取天地与人之中以为贯而参通之,非王者孰能当是?"①王者是唯一能够参通天地人的人。其后,他们就要把所认识到的天道运用于治理天下的过程中,这样才能体现天的意志,随顺天道,王者必法天,"圣人法天而立道"②,"圣人参于天地,并于鬼神,以治政也"③,这些都是说圣人根据自己参悟到的天道来设立人道治理社会。圣王圣人法天而立治理之道,此治理之道即是王道。王道是圣王或圣人根据把握到的天道而采取的政治形态,它从仁爱道德的政治核心理念到德治的政治原则再到君臣父子的社会等级秩序和礼乐制度都是效法天道而确立的。"故四时之行,父子之道也;天地之志,君臣之义也;阴阳之理,圣人之法也。阴,刑气也;阳,德气也"④。君臣之义、父子之道等礼义道德都是依据天道而设定的,正是因为如此,王道的合法性才获得一种超越的本体依据。

(二)天道与王政

天不仅赋予人道德和道德自觉的能力,还以自身的生生之德向人间昭示着仁爱的精神,使人能够运用自身

---

① 《春秋繁露·王道通三》。
② 《汉书·董仲舒传》。
③ 《礼记·礼运》。
④ 《春秋繁露·王道通三》。

的道德能力去体悟天的仁德,并在政治生活中加以效法和贯彻,依据天道实施王者之政。早期儒家对天道与王道政治的关系都进行了或多或少的论述,但只有在汉代董仲舒那里才真正具体而全面地把天道与王道政治进行结合。所以,早期儒家对于这个问题的认识我们可以从董仲舒那里进行分析概括。

　　在早期儒家那里,天道是有善恶属性的,它不是一个客观的、价值中立的存在,而是以道德之善为根本标准和目的的。天道的道德就表现为天生养万物的生生之仁德。《易传》讲"天地之大德曰生"①,明确地以生生之仁解释天道的道德属性。"一阴一阳之谓道,继之者善也,成之者性也"②。一阴一阳的运行变化称之为道,人从天道变化中得到了善,人性使天道赋予人的这种善得到完成和显现。作为早期儒家中对天道问题的认识最具体和全面的思想家,董仲舒认为人之仁是本于天之仁的,他说:"仁之美者在于天。天,仁也。天覆育万物,既化而生之,有养而成之,事功无已,终而复始,凡举归之以奉人。察于天之意,无穷极之仁也。人之受命于天也,取仁于天而仁也。"③天不仅生化万物,还生养万物,天的这种生生之德就是仁的精神,人受命于天,服从于天道,

①《易传·系辞下》。
②《易传·系辞上》。
③《春秋繁露·王道通三》。

因此他们效法天道生生之仁爱精神,并把它化为人道之仁爱。在《春秋繁露·离合根》中,董仲舒又说:"天高其位而下其施,藏其形而见其光。高其位,所以为尊也;下其施,所以为仁也;藏其形,所以为神;见其光,所以为明。故位尊而施仁,藏神而见光者,天之行也。故为人主者,法天之行。""天高其位而下其施",天高高在上具有最高的地位,然而天却向下生养万物,这就是其仁德的表现,人间的君主必须要效法这样的天道来施行仁道。天道是仁爱,是道德之善,效法于它的王道也必须体现仁爱精神和实现道德的善,从而实现天命天道,完成王者自身的职责。从这个意义上来讲,王道就是由受命于天的王者,以天道的生生之德为效法对象,从而在政治中施行仁爱的政治形态,王道之仁爱精神正是对天道的生生之德的取法和体现。

王道效法天道生生之德,以仁爱的道德精神为政治的核心理念,并在政治行为中将此仁爱的道德心推广落实,以仁义为本,任德而不任刑,为政以德,以德治为政治的基本原则。在先秦时期,早期儒家对德治的理解主要是天赋道德仁心的修养和发扬,强调德治对于教化人心和社会政治的重要作用,此时的德治仅仅是天赋道德的延伸与运用,而对于德治与天道的具体关系并没有主要的相关论述。直至汉代的董仲舒建构起完整的天道观,德治与天道才有了密切而具体的联系。

　　董仲舒认为："然则王者欲有所为,宜求其端于天。"①王者如果要完成天命,就必须要效法于天道。那么天道究竟是什么呢?《周易·系辞上》中说:"一阴一阳之谓道,继之者善也,成之者性也。"②董仲舒继承了这种思想,认为天道就是阴阳之道,人们可以从阴阳之道中体会到天道。他说:"天意难见也,其道难理。是故明阳阴、入出、实虚之处,所以观天之志。"③而阴阳又是各具特性的,"阳气暖而阴气寒,阳气予而阴气夺,阳气仁而阴气戾,阳气宽而阴气急,阳气爱而阴气恶,阳气生而阴气杀"④,阳气温暖,有生育万物之功;阴气寒冷,有杀戮万物之用。阴阳二气具有不同的特点,具体推比到人间德性则为善恶,"恶之属尽为阴,善之属尽为阳。阳为德,阴为刑"⑤。所以,董仲舒认为:"天道之大者在阴阳。阳为德,阴为刑;刑主杀而德主生。是故阳常居大夏,而以生育养长为事;阴常居大冬,而积于空虚不用之处。以此见天之任德不任刑也。天使阳出布施于上而主岁功,使阴入伏于下而时出佐阳;阳不得阴之助,亦不能独成岁。终阳以成岁为名,此天意也。王者承天意以从事,故

---

①《汉书·董仲舒传》。
②《周易·系辞上》。
③《春秋繁露·天地阴阳》。
④《春秋繁露·阳尊阴卑》。
⑤《春秋繁露·阳尊阴卑》。

任德教而不任刑。"①天道贵阳而贱阴,任阳不任阴,王者
承继天意依据天道治理社会,相应地政治中就应任德不
任刑,以德为主,而如果以刑罚治国,则是违背天意,不是
王道。"是故天数右阳而不右阴,务德而不务刑。刑之
不可任以成世也,犹阴之不可任以成岁也。为政而任刑,
谓之逆天,非王道也"②。这样就为德治确立了神圣的天
道的根据,证明了德治的合法性。

在此基础上,董仲舒又提出"天有四时,王有四政,
四政若四时,通类也,天人所同有也"③,认为王之四政是
效法天之四时的。《春秋繁露·四时之副》曰:"天之道,
春暖以生,夏暑以养,秋清以杀,冬寒以藏。暖暑清寒,异
气而同功,皆天之所以成岁也。圣人副天之所行以为政,
故以庆副暖而当春,以赏副暑而当夏,以罚副清而当秋,
以刑副寒而当冬。庆赏罚刑,异事而同功,皆王者之所以
成德也。庆赏罚刑与春夏秋冬,以类相应也,如合符。故
曰王者配天,谓其道。"④王政之庆赏罚刑,是以春生夏养
秋杀冬藏的天道为根据。春夏,万物生成长养,王行庆赏
之政;秋冬,万物衰败凋零,王行罚刑之政。王道的具体
政治措施也是有天道依据的。

---

① 《汉书·董仲舒传》。
② 《春秋繁露·阳尊阴卑》。
③ 《春秋繁露·四时之副》。
④ 《春秋繁露·四时之副》。

在儒家的王道政治体系中,礼具有非常重要的地位,是王道政治的具体社会政治制度和行为规范。早期儒家在总结上古三代政治的基础上,认为上古三代政治文明的核心之一就是礼治,而其后的社会动乱的根本原因则在于礼的破坏,所以作为三代文明的传承者的儒家便把恢复、维护和实现礼作为其政治的目标和理想。

早期思想家常以天道来论证礼的合法性和重要性,认为天道是礼的基础和依据,是圣人或圣王根据天道制定的。如在《左传·昭公二十五年》中提到:"夫礼,天之经也,地之义也,民之行也。天地之经,而民实则之……礼,上下之纪,天地之经纬也,民之所以生也,是以先王尚之。"礼是先王根据天地之经纬制定并让人们遵守的行为规范。又如《礼记·礼器》曰:"礼也者,合于天时,设于地财,顺于鬼神,合于人心,理万物者也。"《礼记·丧服四制》中说:"凡礼之大体,体天地,法四时,则阴阳,顺人情,故谓之礼。""夫礼,先王以承天之道,以治人之情,故失之者死,得之者生。《诗》曰:'相鼠有体,人而无礼,人而无礼,胡不遄死!'是故夫礼必本于天,殽于地,列于鬼神,达于丧、祭、射、御、冠、昏朝、聘。故圣人以礼示之,故天下国家可得而正也。"①在早期儒家看来,礼是本于天的,是圣人圣王作的用以治人情正国家的制度规范。

---

① 《礼记·礼运》。

礼作为王道的社会政治制度,最重要的作用就是区分各种上下等级关系。儒家认为王道社会是一个君君臣臣的等级分明的,人人各安其位、各尽其职的秩序社会。孔子曾在齐景公问政时说:"君君,臣臣,父父,子子。"①孔子认为好的政治就是君臣父子关系分明,君臣父子各有自己的职分,并都能够履行,否则就会造成"君不君,臣不臣,父不父,子不子"②的混乱状态。这种君臣父子的关系是通过礼来确定和维系的,因为"礼者,贵贱有等,长幼有序,贫富轻重皆有称者也"③。礼的功能就在于"分",分的就是等级秩序。然而这种等级秩序的区分并非毫无根据的,而是根据天道来实行的。"有天地然后有万物,有万物然后有男女,有男女然后有夫妇,有夫妇然后有父子,有父子然后有君臣,有君臣然后有上下,有上下然后礼义有所错"④。男女、夫妇、父子、君臣上下的等级关系和由此而产生的礼义都是由天生万物演化而来的,是根据天道而确定的:"天尊地卑,君臣定矣。卑高已陈,贵贱位矣。动静有常,小大殊矣。方以类聚,物以群分,则性命不同矣。在天成象,在地成形,如此,则礼者天地之别也。"⑤《郭店楚墓竹简·成之闻之》

①《论语·颜渊》。
②《论语·颜渊》。
③《荀子·富国》。
④《周易·序卦》。
⑤《礼记·乐记》。

曰:"天降大常,以理人伦。制为君臣之义,着为父子之亲,分为夫妇之辨。是故小人乱天常以逆大道,君子治人伦以顺天德。"①根据天道制定的礼制是提高人的道德修养、使社会和谐安定有序的有力保证。"礼之可以为国也久矣。与天地并。君令臣共,父慈子孝,兄爱弟敬,夫和妻柔,姑慈妇听,礼也。君令而不违,臣共而不贰,父慈而教,子孝而箴;兄爱而友,弟敬而顺;夫和而义,妻柔而正;姑慈而从,妇听而婉:礼之善物也"②。而这一切则都是圣王圣人为了治理万民效法天道而创制出来的:"先王所禀于天地,以为其民也。"③

董仲舒更进一步认为王道的礼义制度是根据天道的阴阳尊卑而制定的。《基义》曰:"君臣、父子、夫妇之义,皆取诸阴阳之道。君为阳,臣为阴;父为阳,子为阴;夫为阳,妻为阴。""是故仁义制度之数,尽取之天。天为君而覆露之,地为臣而持载之;阳为夫而生之,阴为妇而助之;春为父而生之,夏为子而养之;秋为死而棺之,冬为痛而丧之。王道之三纲,可求于天。"④他以天道阳尊阴卑的特点来解释王道社会的伦理纲常,认为君、夫、父为阳,臣、子、妇为阴,因此君夫父为尊,臣子妻为卑,卑者要

①《郭店楚墓竹简·成之闻之》。
②《左传·昭公二十六年》。
③《郭店楚墓竹简·成之闻之》。
④《春秋繁露·基义》。

服从尊者,以尊者为主,以卑者为从,这样就确立了君臣父子夫妇之间的高低贵贱尊卑的等级关系。

早期儒家通过天命天道论证了王道及王道政治的合法性。在现代政治哲学中,政治的合法性问题在运用过程中经常会有概念不清的问题,这是因为我们往往把政治的合法性和正当性混淆。在现代社会中,政治的合法性问题随着法治观念的发展更多的是指合法律性,这里的法律是指我们人类社会制定的法律。而一般意义上的合法性的含义是一个宽泛的概念,通常包含正当性与合法律法则的双重含义。我们这一节里使用的合法性,正是基于这一双重含义上的内容之上的。

早期儒家不过多地去思考自然世界的化生,而是主要关注人间社会,人间社会的主要问题自然是如何组织和安排群体生活,也就是社会的治理方式、组织形式、制度安排等问题。早期儒家认为人类社会应如天地一样统一于一,在这个一体的世界中,天下应大一统于天子,天子是上天安排来协助天治理人间的,天子可以体察天意,了悟天道,进而根据天道精神以德为政,根据天道法则制定制度来安排人间的秩序,这就是王道。王道本于天道,王制源于天地运行的法则,王权来自天命,而天是至高无上的本源意义上的存在,所以王道即是正当的又是合天地之法则的,具有双重意义上的合法性。

第二节　古今之变——早期儒家王霸之辨的历史依据

中国古代思想中始终与天人紧密相连的是历史即古今,我们经常可以看到诸如"春秋之道,奉天而法古""究天人之际,通古今之变"之类的表述,对天人关系和历史的研究一直是中国传统文化的一个基本思想模式。如果说对天人关系的探究是在寻求终极价值依据,那么对历史的解读就是在寻求现实的合理性依据。这正如葛兆光所说的,"追溯历史有两种情况,一种是借助可以考察的今世经验和历史来证明自己思想是合理的延续,一种是挪借难以考见的上古传说与神话来说明自己的思想渊源久远。前者是法后王,后者是法先王,前者是经验和知识的守成和传承,后者是思想与方法的更新与变革"①,不管是法先王还是法后王,在儒家那里都是在为其不变的王道理想做合理性的论证。

早期儒家以天命、天道为王道政治提供了权威性的终极价值依据,认为天不仅是王道仁爱的核心理念和道德原则的来源,而且还以天道的方式向人垂示着社会政治应运行的规律。那么人是否能并且如何能把握天道

————————
① 葛兆光:《七世纪前中国的知识、思想与信仰世界》,复旦大学出版社,1998年,第194页。

达到天人合一? 在早期儒家看来,人是可以体悟得到天道的,然而并非人人都可以轻而易举地或者直接地认识到,只有圣人圣王才具有这种能力。历史中的圣王、圣人是天命的,是天选出来辅助天治理天下的,众人需要圣人、圣王的示范和教化才能顺从天的意志,圣王由于其所具有的天命而成为天意天道在人间的化身。因此,在政治领域,早期儒家就把目光投向历史中的圣王,孔子"祖述尧舜,宪章文武"①,自称"好古,敏以求之者"②,孟子"道性善,言必称尧舜"③,力图通过对历史中圣王之治的探究和对混乱的现实的反省总结出合理合法的政治形态。他们主张效法圣王之治并以此为蓝本构建出王道政治,从历史经验中为王道寻找合理性依据。同时,儒家也通过描绘圣王之治,使人们相信王道曾经在历史过程中真实地存在过,是可以实现的,从而为王道理想的现实性提供历史证明。儒家对上古三代文明历史的解读,维护了儒家自身所坚信的王道理想,王道理想既是这种历史解读的结果,又通过这种历史解读自身论证了王道理想的存在。自此之后,传统儒者心中便有了坚定的信仰,造次颠沛之际,都无法改变。

---

①《中庸》。
②《论语·述而》。
③《孟子·滕文公上》。

一、先王之道即圣王之道

在儒家思想中,先王一般指的是尧舜禹文武周公,其中尧舜禹是否存在及具体情况如何,由于资料的匮乏和年代的久远至今仍无法形成共识。然而,在中国传统政治哲学领域内,历史的存在是带有较强的主观性的,人们对于历史的解读大都带着自身的思想烙印,他们并非要科学地考证历史存在,而是要把历史解说为自己思想理论的证据和支撑,这也正是古代"史"存在的价值所在。早期儒家正是借助于尧舜禹汤文武周公这些传说中或现实中的人物来论证王道的合理性的。早期儒家把他们塑造为天命的道德完满之人,称他们为圣人或圣王,并认为他们法天而行,采取的治国之道是合天意的理想政治之道,也就是儒家经常提及的圣王之治和先王之道。圣王之治或者说先王之道以仁义道德和礼乐制度为基本内容,是儒家王道理想的思想资源和寄托,王道是对先王之道的总结和效法。儒家的这种历史观后来被司马迁所继承,也被传统社会所接受,深深地影响了传统文化的发展与演变。

早期儒家首先解释了为什么圣王之道是合法合理的,是应该被效法的。

首先,圣王受命于天,法天而治。圣王是上天在人间的代表,是受命于天的。"天以天下予尧舜,尧舜受命于天而王天下"①,尧舜之所以能够王天下,是由于天的赐予,王者只有受命于天,才可以为王。天赋予圣王以王位,是为了让他们协助天治理天下,因此,他们必须要遵从天的意志,遵循天道,以履行自己的天命。孔子曾说尧"唯天为大,唯尧则之"②。尧"则天"即是遵循天道运行的基本规律,以此来治理天下。"三代圣人不则天地,不能至王"③,只有法天而行,古代的圣王才可以王天下,实现王道。"古之造文者,三画而连其中,谓之王。三画者,天地与人也,而连其中者,通其道也。取天地与人之中以为贯而参通之,非王者孰能当是?是故王者唯天之施,施其时而成之,法其命而循之诸人,法其数而以起事,治其道而以出法,治其志而归之于仁"④。董仲舒认为王的存在就是为了通天地,也只有王才可以做到法天命并施诸人,法天道而治于世。圣王受命于天并法天而行,听从天意遵从天道,圣王之治正是天意天道在社会政治领域得以展现的载体,所以圣王之道是具有终极意义上的合法性和合理性的,是人间社会应有之道。

其次,圣王之道是圣王所具有的先验道德的扩展。先秦各家都曾提及过尧舜禹等,但对他们的认识并不相

---

① 《春秋繁露·尧舜不擅移、汤武不专杀》。
② 《论语·泰伯》。
③ 《春秋繁露·奉本》。
④ 《春秋繁露·王道通三》。

同,各家都把这些历史人物塑造成自己思想理论的理想人格,以借助他们论证自己的理论。儒家一直提倡德治,因此在他们眼里,圣王就是完满道德的化身,具有仁爱天下之心和高尚的道德品质。或者圣王的道德来源于天,或者由于自身的道德而被天选中。不管如何,在儒家思想中,圣王是天生具有先验的优良道德的人,"儒者以汤武为至圣大贤也,以为全道究义尽美者,故列之尧舜,谓之圣王,如法则之"①,孟子曰:"人之所以异于禽兽者几希,庶民去之,君子存之。舜明于庶物,察于人伦,由仁义行,非行仁义也。"②在孟子看来,人与禽兽的差别是微小的,普通人并没有真正认识到和发展起来这点人之为人的良知,圣人君子保有并培养了起来,舜就明了这种人伦日用之道,顺应仁义而行。圣王是儒家眼中尽善尽美的道德楷模,正是因为他们具有先验的道德,所以成为了人间道德的来源和标准。圣王具有仁爱之心,他将此心扩展到天下万物,不仅仁爱万物,还通过自身的道德感召和道德教化来提高整个社会的道德修养、维护社会秩序。儒家认为理想的社会应该是仁爱的、整体道德水平都较高的社会,而这种社会的实现,必须要依靠先天具有完美道德的圣王的引导。历史上的圣王正是这样做的,实现了王道。所以,圣王之道是不可不效法的。

----

① 《春秋繁露·尧舜不擅移、汤武不专杀》。
② 《孟子·离娄下》。

早期儒家对圣王的崇拜与对王道理想的信仰是一体而不可分的。

最后,以圣王之道治理的天下是道德完善、社会有序、百姓安乐的王道社会。儒家的王道社会总的说来主要包括道德和秩序两个方面,王道社会是有道德的社会和有秩序的社会,而这两个方面的实现,都要依靠于圣王。一方面,圣王是至善道德的化身,他以道德为目标和途径来治理天下,他以自身的优良道德来仁爱万物和感召教化万民,力图提升天下百姓的道德修养。另一方面,圣王又效法天道制礼作乐,以此来治人情,序社会。"夫礼,先王以承天之道,以治人之情……故圣人以礼示之,故天下国家可得而正也"①。"是以圣人作,为礼以教人,使人以有礼,知自别于禽兽"②。礼乐制度是圣王根据天道创制的,通过礼乐将天道化为人道,并作为一种制度和规范来使人成为真正的有别于禽兽的人,使国家社会井然有序。圣王一方面通过"礼节民心,乐和民声"③来"将以教民平好恶而反人道之正也"④,以礼乐来收拾人心;另一方面又通过礼乐将社会分成若干等级,以此来治理社会,从而维持社会的稳定和有序发展。圣王以其

---

① 《礼记·礼运》。
② 《礼记·曲礼上》。
③ 《礼记·乐记》。
④ 《礼记·乐记》。

道治理的天下在儒家看来是最为理想和令人向往的,如对"大同"和"小康"的描述正是儒家最好的证明:

> 大道之行也,与三代之英,丘未之逮也,而有志焉。大道之行也,天下为公,选贤与能,讲信修睦。故人不独亲其亲,不独子其子,使老有所终,壮有所用,幼有所长,矜寡孤独废疾者皆有所养。男有分,女有归。货恶其弃于地也,不必藏于己;力恶其不出于身也,不必为己。是故谋闭而不兴,盗窃乱贼而不作,故外户而不闭。是谓大同。今大道既隐,天下为家,各亲其亲,各子其子,货力为己,大人世及以为礼,城郭沟池以为固,礼义以为纪;以正君臣,以笃父子,以睦兄弟,以和夫妇,以设制度,以立田里,以贤勇知,以功为己。故谋用是作,而兵由此起。禹、汤、文、武、成王、周公,由此其选也。此六君子者,未有不谨于礼者也。以著其义,以考其信,著有过,刑仁讲让,示民有常。如有不由此者,在埶者去,众以为殃。是谓小康。[1]

不管是大同还是小康,都是儒家的理想社会政治。大同小康都是在圣王的治理之下实现的,圣王治理的社会取

---

[1]《礼记·礼运》。

得了理想的结果,也是完美的政治形态,因此,圣王之世和圣王之道都应该被后世追求和效法。

圣王之道是符合天意天道的,是最理想的治理天下的方式,经过历史的证明,圣王之世也是最美好的时代。因此若要拯救当时的乱世,实现长治久安,实现儒家的王道理想,就必须要效法圣王之道。

二、法先王与法后王

儒家具有圣王崇拜的情怀,认为历史上的圣王之治也即先王之道是最美好的最理想的,是天意天道的体现,因此后世君主为政必须要效法圣王之治、先王之道,只有这样才能实现理想的王道。孔子曾提到"周监于二代,郁郁乎文哉!吾从周"①,试图恢复西周的礼乐文明;孟子说"遵先王之法而过者,未之有也……为政不因先王之道,可谓智乎"②;荀子也提出"圣也者,尽伦者也;王也者,尽制者也。两尽者,足以为天下极矣。故学者,以圣王为师,案以圣王之制为法,法其法,以求其统类,以务象效其人"③;董仲舒认为:"《春秋》之道,奉天而法古。是故虽有巧手,弗修规矩,不能正方员。虽有察耳,不吹六律,不能定五音。虽有知心,不览先王,不能平天下。

①《论语·八佾》。
②《孟子·离娄上》。
③《荀子·解蔽》。

亦天下之规矩六律已。故圣者法天,贤者法圣,此其大数也。得大数而治,失大数而乱,此治乱之分也。"①

　　然而,由于对圣王之道的理解不同,在效法圣王之道的思想倾向相同的情况下,早期儒家提出了不同的效法圣王的方法,主要表现为孟子的法先王与荀子的法后王,这导致了儒家内部一定的思想混乱和纷争。

　　儒家本身就是西周礼乐文明的继承者,因此他们对历史上的圣王是非常倾慕的。孔子"信而好古"②,是"好古,敏以求之者"③,他对尧舜禹汤文武周公等圣王大加赞誉:"大哉尧之为君也! 巍巍乎唯天为大,唯尧则之。荡荡乎,民无能名焉。巍巍乎其有成功也。焕乎其有文章。"④"禹,吾无间然矣。菲饮食而致孝乎鬼神,恶衣服而致美乎黻冕,卑宫室而尽力乎沟洫。"⑤他对西周之礼更是十分向往,不仅把现实社会的混乱归因于礼的丧失,更试图恢复西周的礼制,他曾提到:"周监于二代,郁郁乎文哉! 吾从周。"⑥在对待历史上圣王之治的问题上,孔子主要是对上古三代的向往和主张要恢复西周的礼乐文明。

---

①《春秋繁露·楚庄王》。
②《论语·述而》。
③《论语·述而》。
④《论语·泰伯》。
⑤《论语·泰伯》。
⑥《论语·八佾》。

孔子之后,儒家都继承了效法圣王的致思路向,但对圣王的界定和圣王之道的理解却有不同。虽然如此,其核心并无差别,都是围绕着儒家的王道政治来作论证的。

与孔子相同,孟子所理解的圣王或者按他们的说法称为"先王"的,是尧舜禹汤文武周公。孟子极力提倡"法先王",他言必称尧舜,把圣王之治作为典范。在《孟子》一书中,我们可以看到多处孟子对此的表述:

> 《诗》云:"不愆不忘,率由旧章。"遵先王之法而过者,未之有也。
>
> 为政不因先王之道,可谓智乎?
>
> 今有仁心仁闻而民不被其泽、不可法于后世者,不行先王之道也。
>
> 事君无义,进退无礼,言则非先王之道者,犹沓沓也。
>
> 规矩,方圆之至也;圣人,人伦之至也。欲为君,尽君道;欲为臣,尽臣道。二者皆法尧舜而已矣。
>
> 莫若师文王。师文王,大国五年,小国七年,必为政于天下矣。[①]

孟子认为尧舜文王等圣人是人伦之至,就如规矩之于方

---

① 以上引文皆出自《孟子·离娄上》。

圆,为人间秩序制定法则使天下安乐。为政必须要遵循
先王之道,这才是君主明智的选择。那么究竟先王之道
是什么呢? 或者说应该效法先王的什么呢? 孟子的政治
理想是王道,王道具体表现为仁政,所以在孟子看来,先
王之道就是仁义之道,法先王就是效法先王以仁政平治
天下的方法和经验。他说:"舜生于诸冯,迁于负夏,卒
于鸣条,东夷之人也。文王生于岐周,卒于毕郢,西夷之
人也。地之相去也,千有余里;世之相后也,千有余岁。
得志行乎中国,若合符节,先圣后圣,其揆一也。"①舜生
在诸冯,迁居到负夏,死在鸣条,是东方边远地区的人。
文王生在岐周,死在毕郢,是西方边远地区的人。两地相
距一千多里,时代相距一千多年,但他们在中国所推行
的,像符节一样吻合,先出的圣人和后出的圣人,他们所
遵循的法度是一样的。他们所遵循的就是仁政,孟子说
"尧舜之道,不以仁政,不能平治天下"②,圣王"既竭心思
焉,继之以不忍人之政,而仁覆天下矣"。"三代之得天
下也以仁,其失天下也以不仁"③。尧舜以仁政才能平治
天下,三代也是以仁政得天下,遵先王之法,就是要效法
先王实行仁政。人都有"不忍人之心",将此心推展开去
就是"不忍人"之仁政,实行仁政,就可以统一天下,实现

①《孟子·离娄下》。
②《孟子·离娄上》。
③《孟子·离娄上》。

理想的王道政治。

荀子与孔子、孟子一样,常常提到尧舜禹汤文武周公,主张效法圣王之道,但与孟子不同的是,荀子提出了"法后王"的思想。这与荀子对王道的理解有着密切的关系。在具有现实精神的荀子看来,王道不仅是需要有仁爱的精神和原则,更需要具体的制度,这个具体制度就是他所认为的"礼",王道即是实行礼义制度的社会政治。他说:"故人之所以为人者,非特以其二足而无毛也,以其有辨也。夫禽兽有父子而无父子之亲,有牝牡而无男女之别,故人道莫不有辨。辨莫大于分,分莫大于礼,礼莫大于圣王。"①"先王之道,仁之隆也,比中而行之。曷谓中?曰:礼义是也。"②《荀子·君子》曰:"故尚贤使能,等贵贱,分亲疏,序长幼,此先王之道也。"人之所以为人,在于有礼义分别,先王以礼义治理社会,使社会贵贱有等,长幼有序,亲疏有别,这就是先王之道。荀子以礼义来解释"先王之道",而礼义制度又是经过不断积累逐渐完善的,所以他认为完善的礼义就存在于最近的圣王身上。同时,由于年代久远,更早的圣王之法已经无法准确地认识了,所以,他提出要效法后王。他说:

　　圣王有百,吾孰法焉?故曰:文久而息,节族久

①《荀子·非相》。
②《荀子·儒效》。

而绝,守法数之有司极礼而褫。故曰:欲观圣王之迹,则于其粲然者矣,后王是也。彼后王者,天下之君也,舍后王而道上古,譬之是犹舍己之君而事人之君也。故曰:欲观千岁则数今日,欲知亿万则审一二,欲知上世则审周道,欲知周道则审其人所贵君子。故曰:以近知远,以一知万,以微知明。此之谓也。①

圣人何以不可欺? 曰:圣人者,以己度者也。故以人度人,以情度情,以类度类,以说度功,以道观尽,古今一度也。类不悖,虽久同理,故乡乎邪曲而不迷,观乎杂物而不惑,以此度之。五帝之外无传人,非无贤人也,久故也。五帝之中无传政,非无善政,久故也。禹、汤有传政而不若周之察也,非无善政也,久故也。传者久则论略,近则论详;略则举大,详则举小。愚者闻其略而不知其详,闻其详而不知其大也,是以文久而灭,节族久而绝。②

天地始者,今日是也;百王之道,后王是也。君子审后王之道而论于百王之前,若端拜而议。推礼义之统,分是非之分,总天下之要,治海内之众,若使一人,故操弥约而事弥大。五寸之矩,尽天下之方也。故

---

① 《荀子·非相》。
② 《荀子·非相》。

君子不下室堂而海内之情举积此者,则操术然也。①

　王者之制:道不过三代,法不二后王。道过三代谓之荡,法二后王谓之不雅。②

历史上的圣王有很多,现实中的统治者要效法于谁呢?圣王虽多,并且古今有别,但他们同心同理,以人度人,以道观尽,差别不大。历史上圣王之法是相通的,"百王之无变,足以为道贯。一废一起,应之以贯,理贯不乱。不知贯,不知应变,贯之大体未尝亡也。乱生其差,治尽其详"③,"以道观尽,古今一度也。类不悖,虽久同理"④。古代圣王之道是相通的,又是随着历史的发展因循损益的,所以更早的先王之道都在后王身上得到综合和体现,由后王之道可以推见先王之道,"欲观圣王之迹,则于其粲然者矣,后王是也"⑤。到后王这里,可以说是先王之道的集大成,所以我们效法圣王之道,就应该法后王。荀子所理解的圣王指的是禹汤文武周公,夏、商、周三代都是"隆礼而王"和"义立而王"的楷模,效法圣王之道就是要"隆礼义",推崇礼义。礼义制度在这些圣王治

①《荀子·不苟》。
②《荀子·王制》。
③《荀子·天论》。
④《荀子·非相》。
⑤《荀子·非相》。

理天下时是最为完备的,而尧舜等圣王距离他的时代太过遥远,难以知详。

孟子和荀子分别提出法先王、法后王的口号,现存的资料很难明确地区分何者为先王、何者为后王,这在当时不仅受到了社会和诸子学派的批评,也导致了儒学内部的思想混乱。其实,作为儒者,他们所共同崇奉的圣王都是一样的。只是法先王过于强调自己思想学说的久远和伟大,但却忽略了久远的传奇大多流于空洞飘渺,使人眩晕迷惑,不知所云,这反而降低了儒家学说在现实中的实际作用和效果。而法后王的观点对于现实社会而言则非常明确具体,在论战中更具有可信性和可操作性,但如果过分局限于后王,又会降低儒家学说的神圣和伟大。

除此之外,法先王或法后王还源于儒者对王道认识的区别。法先王者认为王道就是仁义道德,是仁政德治,这种王道当然是越久远越多实现越具有合理性和神圣性;法后王者认为王道是具体的礼义制度,制度本身就应该是随着社会的发展变化和人类认识的深入不断完善和变革的,当然是距离现实社会越近越完备和完善,越适合当时社会的实际情况。法先王还是法后王,二者一个立足于社会政治的价值性原则,一个立足于社会政治的制度层面,但不管是先王还是后王,都是为了给王道提供一个合理性和可行性的历史依据。

三、天不变道亦不变

先秦儒家对先王之道推崇不已,提出要效法圣王之道,他们已经认识到各时代有各自鲜明的特点,同时也有一贯相承下来的东西。如孔子提出的"损益"之说,他说:"殷因于夏礼,所损益,可知也;周因于殷礼,所损益,可知也;其或继周者,虽百世,可知也"①,"周监于二代,郁郁乎文哉!吾从周"②。殷因循夏代的礼制,其后周代又在夏商两代的基础上进行损益,建构了周代比较完备的礼制。从中我们也可以看出,三代的制度既有继承下来的东西,又是各自不同的,因为都对上代的礼制有所损益。孟子、荀子同样也认为每个圣王治理社会的方式不同,但其中又有一些固定不变的原则或规律。如孟子提到:"得志行乎中国,若合符节,先圣后圣,其揆一也。"③荀子也提到:"以道观尽,古今一度也。类不悖,虽久同理。"④这些对具体政治举措规律性的总结,体现了早期儒家对治国之道的理性思考,他们试图在圣王之治的基础上发掘出王道内涵中的不变之理,认为:"所闻天下无二道,故圣人异治同理也。"⑤但在先秦时期对此理

---

① 《论语·为政》。
② 《论语·八佾》。
③ 《孟子·离娄下》。
④ 《荀子·非相》。
⑤ 《春秋繁露·楚庄王》。

并没有形成共识,每个人都有自己的理解,如孟子认为是仁义、荀子认为是礼制才是实现王道的当务之急。在现实历史中,政治运行本身千变万化,同样是圣王,其具体的治理原则和方式也确有不同。那么这就容易给人带来迷惑,到底后人应该如何认识这些不同?应该仿效何者才是正确的?如何把握真正的先王之道?对此,董仲舒做了很好的解释和提升,从理论上解决了这个现实难题。

董仲舒首先也认为三代之治各有特点,"夏上忠,殷上敬,周上文"①,他对这个问题的解释是历史的发展是循环的,是三统三正的循环往复。所谓三统就是黑白赤,三正就是夏以寅月为正月、商以丑月为正月、周以子月为正月。寅月以黑色为上色,因此夏为黑统,丑月以白色为上色,因此,商为白统,子月以赤色为上色,因此周为赤统。历史的变化就是三统的周而复始。然而这三统三正的循环与交替仅仅是外在形式的变化,而其中最核心最根本的东西即政治原则是不变的。董仲舒把这个不变的原则称为"道",他说:"道者,所由适于治之路也,仁义礼乐皆其具也。故圣王已没,而子孙长久安宁数百岁,此皆礼乐教化之功也。"②道是以仁义礼乐为内容的合理的治国之道,是天道的体现,是永恒的,即使圣王不在了,这个道依然发挥着作用。这个道来源于天,天不变,道也不变,

①《汉书·董仲舒传》。
②《汉书·董仲舒传》。

"道之大原出于天,天不变,道亦不变,是以禹继舜,舜继
尧,三圣相受而守一道"①,尧舜禹也是依照这个道来行
事的。由于政治昌明,尧舜禹时代的政治是连贯一致的,
是没有什么变化的,但是继起的夏商周则不同,需要维
新革命,需要政治改革,但夏商周的不同仅是具体制度
的不同而已,他们之间的差别并非道的差别。他指出:

> 道者万世亡弊,弊者道之失也。先王之道必有
> 偏而不起之处,故政有眊而不行,举其偏者以补其
> 弊而已矣。三王之道所祖不同,非其相反,将以捄溢
> 扶衰,所遭之变然也。故孔子曰:"亡为而治者,其
> 舜乎!"改正朔,易服色,以顺天命而已;其余尽循尧
> 道,何更为哉! 故王者有改制之名,亡变道之实。然
> 夏上忠,殷上敬,周上文者,所继之捄,当用此也。孔
> 子曰:"殷因于夏礼,所损益可知也;周因于殷礼,所
> 损益可知也;其或继周者,虽百世可知也。"此言百
> 王之用,以此三者矣。夏因于虞,而独不言所损益
> 者,其道如一而所上同也。②

> 今所谓新王必改制者,非改其道,非变其理,受
> 命于天,易姓更王,非继前王而王也。若一因前制,

---

①《汉书·董仲舒传》。
②《汉书·董仲舒传》。

修故业,而无有所改,是与继前王而王者无以别。受
命之君,天之所大显也。事父者承意,事君者仪志。
事天亦然。今天大显己,物袭所代而率与同,则不显
不明,非天志。故必徙居处、更称号、改正朔、易服色
者,无他焉,不敢不顺天志而明自显也。①

道本身是不会改变的,变的是具体制度,制度的变化正
是因为偏离了道,需要进行修正以符合道的要求。另外,
新王为了表明自己是受命于天的,需要顺应天命而更改
历法和服色、称号等这些表面的具体制度,而"若夫大
纲、人伦、道理、政治、教化、习俗、文义尽如故,亦何改哉?
故王者有改制之名,无易道之实"②。圣王之治中的道并
没有变化,具体形式上的变化也是为了维护这个不易
之道。

董仲舒提出了"天不变,道亦不变"的观点,通过天
道把先王之道中的道更加绝对化和普遍化,统一了先秦
儒家内部对先王之道理解的混乱,将先王之道升华为一
种普遍的恒久不变诸如人伦道德、政治教化等的政治原
则和政治理想,也就是王道政治和王道理想,使王道成
为儒家普遍的政治原则和政治理想。

早期儒家的历史观和天人观是相互的,不仅理论上

①《春秋繁露·楚庄王》。
②《春秋繁露·楚庄王》。

联系紧密,同时也都是王道政治和王道理想的合法性和合理性依据。先王是圣贤,受命于天,享有天命,先王可以体察天道,以天道治理天下。同时,先王之治在历史中得到了现实的证明,是历史上曾出现的美好政治形态,所以先王之道是具有合法性和现实性的,是后世应该遵循的理想政治模式。早期儒家对先王之道的追溯和分析,一方面又一次从历史的角度给王道之道提供了合法性支撑,另一方面也给王道政治的具体制度设计和施政原则措施等提供了参考和借鉴的历史资源,儒家以此为模本逐渐建构起了理想的政治形态。

第三节 善恶之分——早期儒家王霸之辨的人性依据

王道是天意天道的体现,是有形而上的神圣权威依据的;王道又是圣王之治的总结与效仿,是历史经验所证明的;然而这些都是从外在的角度来论证王道的合法性和合理性的,一个是高高在上的天,一个是已逝去的历史,那么王道本身是否具有内在的依据和现实的可能性?于是在上有天命前有圣王的前提下,早期儒家把目光投向了人,把思考的角度深入到人性。

在东西方思想史上,对人性的认识向来是认识社会政治生活的逻辑起点,是思想家作政治判断和政治设计的依据,离开对人性的认识,就无法说明什么是应该的政治生活,什么样的政治是好的政治。对人性认识的重要性在政治哲学领域的重要性是不言而喻的。在中国传统政治哲学中,儒家尤其重视人性,将人性善恶的判断作为政治思想的逻辑支点。不管人性是善或恶,儒家都一致认为人性可善,所以以仁政德治为主要特点的王道是具有现实可能性和可行性的。

一、人性与政治

对政治问题的深入思考,必然会把关注点转向人本身。在我们思考人类社会的群体生活时,由于认识水平和思维能力的局限,对社会政治生活早期的认识更多的来源于对神秘莫测的自然的敬畏和遵从,来源于对以往历史经验的总结和借鉴。随着人类认识能力的提高,人们对于社会政治的认识也越来越深入,视野开始转向对人本身的思考。

这是一个很自然的过程。因为政治本来就是人的政治,是对人类社会群体生活的组织和安排,无论是政治的主体还是对象、政治的产生还是目的,都离不开人。人具有社会性,要过群体生活,追求美好和至善;人同时还具有自然性,其中包括人类自然的本能和原始的欲望和冲动,这就造成了理想与现实的冲突,这也是社会群体成员之间冲突的根本原因。究竟如何才能化解冲突实现稳定和美好的理想群体生活,维护群体成员的利益?除了去探究天道,回顾历史,我们还应该回到现实反思人本身,我们究竟是怎样的?人究竟是什么?人的本质是什么?人类社会群体生活如何安排才是合理的?人需要什么样的政治?什么样的政治才更符合人的本性?这就需要对人和人性进行分析。人性与政治的关系由此而成为政治哲学的重要问题。要理解政治就必须先理解人性,政治的设计安排来源于对人性的认识。只有对人的本性进行分析,才能更进一步解释社会政治生活,才能说明人的政治价值取向,才能从人的真正本性去确立和推论最符合实际的原则和制度,对人性的研究是政治思想的逻辑支点。各思想家在人性的基础上探求治国之道,建构起各自的政治设计。然而每个人对人性的理解是不同的,这就导致不同政治思想的产生,不同的人性观形成了不同的政治哲学。

在中国古代政治哲学史上,对人性的探讨一直是一个重要的主题。各个不同时期的思想家都对人性提出了各自的理解,中国古代思想家对人性的理解大都集中在人性善恶的判别上,由此产生了如性善论、性恶论、性善恶混论、性三品论、性善情恶论等对人性善恶的不同认识,在此基础上针对人性善恶又进一步设计了相应的政治思想。

早期儒家认为王道是理想政治形态,王道以仁爱精神和礼制秩序为核心,以仁政德治为主要政治原则,以天下之人道德水平的普遍提升和社会秩序的井然有序为具体政治目标,而这些方面的实现都有赖于人的道德修养。因此早期儒家为了给其王道理论提供人性依据,就做出了人性皆可向善的人性预设。因为如果不预设人性可善,那么现实的王道如何实现呢?上古三代的圣王又是如何实现王道的呢?从早期儒家的思想逻辑来看,他们认为天道仁爱万物,人禀赋天道而生,天赋予人道德,道德的追求是人天生的本性,人人都可以成圣贤;历史上的圣王之治已经表明,人人皆善是可以实现的。所以根据天道和历史,道德的生活符合天意,顺应人情,应该是人理想的社会政治生活。道德生活的实现需要全社会人的道德心,然而由于各种原因,人的道德心被蒙蔽,所以要想过上理想的社会政治生活,必须恢复或培养起人的道德心。那么人的道德心能否恢复和获得呢?早期儒家认为人的本性都是趋善的,人人皆可向善,"人皆可为尧舜"[1],"涂之人可以为禹"[2]。现实政治一方面要以仁爱之心治理社会,一方面要以天道为依据通过道德感召和教化的方式培养人们仁爱的道德精神,从而提高整个社会人的道德修养,另一方面要通过制定礼乐制度来约束社会成员,使之自觉遵守社会秩序,维护

---

① 《孟子·告子下》。
② 《荀子·性恶》。

社会的稳定。因此,从人性来看,王道正是立足于人性的需要才产生的政治形态,而人性向善的可能性则证明了王道是现实可行的。

二、性善与王道

早期儒家虽然都立足于人性可善,但对于人性的认识和向善的方式有不同的理解,并由此形成了不同的政治哲学思想。但即使存在这样那样的分歧,早期儒家的目的却只有一个,那就是为王道理想作论证。

在中国传统政治哲学史上,孔子是最早提出关于人性命题的,但他又没有具体讲,只是提出了"性相近也,习相远也"①。在孔子看来,人的本性是相近的,但由于后天的习染不同,人的道德品质也有差别。孔子对人性问题的态度是比较模糊的,他并没有对人性的善恶进行判断,但他认为习染对人性有很大的影响。所以后天的学习和教育在人性的善恶中十分重要,这种后天的学习和教育的主要方式就是道德教化,通过"克己复礼"和"为政以德"②来恢复礼制、教化人心。孔子认为"一日克己复礼,天下归仁焉"③,一方面,通过对自我的约束来遵守礼制,礼制及由礼制而形成的社会秩序得到恢复,从

———————

① 《论语·阳货》。
② 《论语·为政》。
③ 《论语·颜渊》。

而达到"天下归仁"的道德境界;另一方面,又通过"仁者爱人"的仁心的修养,"推己及人",做到"己所不欲,勿施于人"①,"己欲立而立人,己欲达而达人"②,由此提高人的道德水平。在政治上孔子强调要通过"道之以德,齐之以礼"③,使人"有耻且格"④,以道德教化和礼制的约束,提高人的道德自觉性,恢复礼制,维护社会等级秩序。孔子对人性的模糊态度使人性问题在后来儒学的发展过程中产生了很多分歧。

孔子之后,孟子对人性问题进行了更深入的探讨,提出了性善说,性善说不仅是孟子整个思想体系的理论基础,更为儒家的王道理想提供了内在依据。孟子所理解的王道其实就是他说倡导的"仁政",他说:"行仁政而王,莫之能御也。"⑤王道就是实行仁政,行仁政即是王道。孟子用来论证王道仁政学说的理论基础便是他的性善论,他以人之善性来解释王道,以人性可善证明王道实现的可能性。

在孟子看来,所谓仁政是人的善性在政治领域的贯彻实施。他认为仁政来源于仁心:"人皆有不忍人之心。先王有不忍人之心,斯有不忍人之政矣。以不忍人之心,

①《论语·颜渊》。
②《论语·雍也》。
③《论语·为政》。
④《论语·为政》。
⑤《孟子·公孙丑上》。

行不忍人之政,治天下可运之掌上。"①王道仁政乃是"不忍人之政",而"不忍人之政"则是由"不忍人之心"推展而来,有"不忍人之心",推己及人,"禹思天下有溺者,由己溺之也;稷思天下有饥者,由己饥之也,是以如是其急也"②,国君有此心,则自然会行仁政。以不忍人之心行不忍人之政则可实现王道。

这个"不忍人之心",又叫作"恻隐之心",是人天生具有的善的人性,是一切道德的本质"仁"的发源点。由此心出发,孟子展开了他的性善论的阐释。首先孟子认为人与禽兽的差别就在于人具有善性,他说"人之所以异于禽兽者几希"③,人与禽兽的区别就在于人的这种包含着恻隐之心的善性。这善性是天赋予的本性,是人天生就具有的。对此,他以"孺子入井"来举例证明:"所以谓人皆有不忍人之心者,今人乍见孺子将入于井,皆有怵惕恻隐之心——非所以内交于孺子之父母也,非所以要誉于乡党朋友也,非恶其声而然也。"④当人突然看见一个小孩将要落入井里时,他会自然而然地生出惊怕和同情恻隐之心,这不是为了要讨好孩子的父母,不是为了好名声,也不是讨厌孩子的哭声,而是自然地从人的

①《孟子·公孙丑上》。
②《孟子·离娄下》。
③《孟子·离娄下》。
④《孟子·公孙丑上》。

本性中产生出来的"恻隐之心",由此证明人性本善。孟子这个例证实际上是将人所具有的最初、最原始、最直接的恻隐之情作为人心向善的基点。除了这种恻隐之心外,人人都生而具有的其他三种心:

> 恻隐之心,人皆有之;羞恶之心,人皆有之;恭敬之心,人皆有之;是非之心,人皆有之。恻隐之心,仁也;羞恶之心,义也;恭敬之心,礼也;是非之心,智也。仁义礼智,非由外铄我也,我固有之也,弗思耳矣。①

这四心人人皆有,仁义礼智这些道德品质也是人天生就具有的。这也是人之为人的特性,"无恻隐之心,非人也;无羞恶之心,非人也;无辞让之心,非人也;无是非之心,非人也"②。这四心是四种善端:"恻隐之心,仁之端也;羞恶之心,义之端也;辞让之心,礼之端也;是非之心,智之端也。人之有是四端也,犹其有四体也。"③四端培养发挥出来便是仁义礼智四德,这就是人天生的善性。所以,孟子认为人性是本善的,这种善是天赋的、人生而具有的。孟子所讲的后三种心显然不是最原始的、必然

---

① 《孟子·告子上》。
② 《孟子·公孙丑上》。
③ 《孟子·公孙丑上》。

产生的,而是从应当推出实然的结果。我们在现实生活经验中可以体验到恻隐之心、不忍人之心的存在,但却无法证明必然存在羞恶、是非、辞让之心。

孟子由王道仁政言及人性,又以人性为基础论证王道仁政。王道仁政立足于人性善,是在人性善的前提下必然选择的一种治理方式。人性本善,人具有善的本性和向善的追求和能力,所以以道德为目标和要求的王道仁政就具有实现的可能性。从为政者的角度讲,人皆具有不忍人之心,为政者也同样如此,而且一般在儒家看来为政者是天生具有此心而没有被蒙蔽或丢失的。为政者具有不忍人之心,将之推展扩充至社会政治生活领域,即是王道仁政,从而为王道仁政的推行提供了前提条件和可能性基础。在孟子看来为政很简单,就是统治者将其所具有的四心推而广之,有仁心自然有仁政,一切政务自然与善性相符。而作为一般的百姓,他们也具有善端、善心,所以就具有将此善端、善心扩展的前提条件和可能性,人人都可以为善,人皆可为尧舜。但由于一般人有可能将这种天赋的善心丢失或蒙蔽,所以为政者要通过道德教化将人的善心找回来,引导他们通过存心养性等方式保有存养扩充善性。王道仁政以人的善性为出发点和归结点,它的政治原则、政治方式、政治目的都以人的善性为基础。在孟子看来,这才是人类社会应有的社会政治生活,这种社会政治就是王道仁政,是治理天下最合适的方式。王道比以强力压服人的霸道更符合人善的本性,符合人对善的追求。正是如此,王道才能得到天下民心,得民心则得天下。正是因为为政者具有善性,百姓具有善端和向善的可能性,所以王道仁政的实施才具有现实可能性。就这样,孟子通过人性本善的思想为王道仁政的必然性和可能性提供了基础和保障。

三、性恶与教化

孟子对人性的判断是人性本善,所以强调统治者要发扬仁德,要以身作则,以不忍人之心行不忍人之政,以道德教化的方式引导人向善,这就是施行仁政的王道政治。荀子则与孟子的观点不同,他认为人性是恶的,提出了"人之性恶,其善者伪"①的人性论观点,重点在于劝告统治者要强化礼义制度,实现道德教化,教化百姓是统治者的根本任务所在。

荀子与孟子的不同,与他们对王道的理解有直接关系。儒家都坚持以王道为最高政治理想,然而孟子和荀子对王道的理解是有差异的。孟子注重仁的一面,以仁政为王道的核心,关注实现王道的出发点和动机,以人性善来论证仁政的必然性和可能性,主张只要统治者从

―――――――――

① 《荀子·性恶》。

内心和动机上保证发自仁心,就能保证现实的政治走向
王道。而荀子注重的是王道的制度层面即礼义制度的
重要性,认为王道就是以礼治国,王道的落实主要在于
礼义制度的实现,"人君者隆礼尊贤而王"①,实行礼治才
能实现王道。他说:"先王之道,仁之隆也,比中而行之。
曷谓中?曰:礼义是也。"②先王之道是仁德的最高体现,
之所以如此,是因为他们顺乎中道而行,而这个中道就
是礼义。礼义在社会政治生活中具有重要的作用,对此,
荀子有很多表述:

> 礼者,人道之极也。③

> 隆礼贵义者其国治,简礼贱义者其国乱。④

> 礼者,治辨之极也,强国之本也,威行之道也,功
> 名之总也。王公由之,所以得天下也;不由,所以陨
> 社稷也。⑤

> 礼之于正国家也,如权衡之于轻重也,如绳墨
> 之于曲直也。故人无礼不生,事无礼不成,国家无礼
> 不宁。君臣不得不尊,父子不得不亲,兄弟不得不

①《荀子·强国》。
②《荀子·儒效》。
③《荀子·礼论》。
④《荀子·议兵》。
⑤《荀子·议兵》。

顺,夫妇不得不欢。少者以长,老者以养。故天地生之,圣人成之。①

礼义之谓治,非礼义之谓乱也。②

无礼义则悖乱而不治。③

礼义者,治之始也。④

在荀子看来礼义是社会最根本的法则,是能否成就王道大业的根本。只有实行礼治才能维护、稳定社会秩序,才能实现天下大治,否则就会造成社会混乱。所以荀子认为礼义是治理天下的根本,是实现王道必须采取的原则和方式,也是实现王道的基本保障。而礼义制度的实现只能靠道德教化,不能靠法治和强力。

荀子礼治的王道理想是建立在他的性恶论基础之上的。荀子对人性的认识也与孟子不同,孟子认为人性是人区别于禽兽的良知良能,是天生的道德心、善性,是人之为人的应当;而荀子则认为人性是人的自然本性,没有任何道德的因素。他说:“凡性者,天之就也,不可学,不可事。”⑤人性是人生而具有的自然之性,这种自然

---

①《荀子·大略》。
②《荀子·不苟》。
③《荀子·性恶》。
④《荀子·王制》。
⑤《荀子·性恶》。

之性是人原始的自然本能和欲望。人的这种自然之性不利于人的社会生活，如果放任这种性情自由发展下去，就会造成社会的混乱：

> 今人之性，生而有好利焉，顺是，故争夺生而辞让亡焉；生而有疾恶焉，顺是，故残贼生而忠信亡焉；生而有耳目之欲，有好声色焉，顺是，故淫乱生而礼义文理亡焉。然则从人之性，顺人之情，必出于争夺，合于犯分乱理而归于暴。故必将有师法之化、礼义之道，然后出于辞让，合于文理，而归于治。用此观之，然则人之性恶明矣，其善者伪也。①

人的自然本能都是趋利避害的，人都有与生俱来的自然欲望，"若夫目好色，耳好声，口好味，心好利，骨体肤理好愉佚，是皆生于人之情性者也，感而自然，不待事而后生之者也"②，人生来好利、嫉妒、喜声色，而且人的欲望是无穷的，如果不加以约束克制，就会产生争夺、混乱。为了维护社会的稳定，消除争夺混乱，必须通过师法之化、礼义之道对人性加以约束和改造。荀子说"人之性恶明矣，其善者伪也"③，约束和改造的方法就是"化性起

---

① 《荀子·性恶》。
② 《荀子·性恶》。
③ 《荀子·性恶》。

伪"，"可学而能，可事而成之在人者，谓之伪"，伪即是人为，是人后天的学习与教化，"伪者，文理隆盛也"①。文理隆盛就是人类的礼义道德。所以圣人为了制止人类社会中的争夺混乱而制定了礼义，使人通过对礼义的学习矫治人性之恶，从而实现和谐有序的社会生活：

> 古者圣王以人之性恶，以为偏险而不正，悖乱而不治，是以为之起礼义，制法度，以矫饰人之情性而正之，以扰化人之情性而导之也。使皆出于治、合于道者也。②

人之性恶，所以需要圣人君主对臣民进行教化，需要礼义等制度和道德规范去引导。通过礼义制度的约束和引导，"然后出于辞让，合于文理"，使人性得到改造，"然后皆出于治、合于善也"③。

荀子以人性恶为基础引出了王道之礼义教化和制度的必要性与可能性。人性之恶使社会陷于争夺混乱的状态，因此必须要对人性进行引导和改造。"故圣人化性而起伪，伪起而生礼义，礼义生而制法度"④。圣人

---

①《荀子·礼论》。
②《荀子·性恶》。
③《荀子·性恶》。
④《荀子·性恶》。

有感于此,人为地制定出各种道德法律制度,有了这些道德和制度,也就可以随之具体制定出各种维护社会秩序的规章制度。礼义制度的产生正是源于人之性恶,礼义是圣人在改造人性的过程中制定出来的,是用来化恶向善的:"礼义者,圣人之所生也,人之所学而能、所事而成者也。"①礼义之所以能够化性向善,是因为礼能够"养"和"别"。荀子认为人不能无"群",而群体生活的维持要依靠"分",分的形式就是礼义。一方面,荀子认为"人生而有欲,欲而不得,则不能无求;求而无度量分界,则不能不争;争则乱,乱则穷"②,所以"故制礼义以分之,以养人之欲,给人之求,使欲必不穷乎物,物必不屈于欲,两者相持而长,是礼之所起也。故礼者,养也"③。通过礼义的分别进行资源的配置,最大限度地满足人们的不同需求,以养人之欲,使人们免于为争夺而发生争斗。另一方面,"君子既得其养,又好其别。曷谓别?曰:贵贱有等,长幼有差,贫富轻重皆有称者也"④。这是因为:

> 夫两贵之不能相事,两贱之不能相使,是天数也。势位齐而欲恶同,物不能澹则必争,争则必乱,

① 《荀子·性恶》。
② 《荀子·礼论》。
③ 《荀子·礼论》。
④ 《荀子·礼论》。

乱则穷矣。先王恶其乱也,故制礼义以分之,使有贫
富贵贱之等,足以相兼临者,是养天下之本也。①

在社会中区别出贵贱长幼等秩序,才能使人各有其位,
各安其位,各尽其责,才可以以分明的等级差别维护社
会秩序和社会的稳定,才能最终实现理想的王道社会。
所以荀子认为只有通过礼义来化人性之恶,才能使人避
免争夺的混乱,整个社会依礼义制度存在和运行,才是
人类所应当的社会政治生活——王道政治。同孟子的
"人皆可为尧舜"的观点相同,荀子认为"涂之人可以为
禹",以此来说明通过礼义的引导教化,人皆可向善。基
于此,以礼义制度为主要内容的王道获得了人性角度的
合法性和合理性,也有了实现的基础和可能性。

四、性三品与德教

　　西汉时期,政治上已经实现了统一。在这种情况
下,董仲舒对王道的理解也在先秦儒家的基础上有了
进一步发展,在承袭了先秦王道思想中对仁的道德要
求和对礼的秩序要求的同时,强调大一统的精神,他全
部的政治思想都是在为维护巩固大一统寻找根据和方
法。同时由于西汉一直以来对秦政的反省,董仲舒又

①《荀子·王制》。

特别强调了有别于法家重刑罚的德教的作用。董仲舒不仅以其最为突出的天人感应理论对大一统和德教思想进行论证,还在总结孔孟荀人性论的基础上,从人性的角度提出了性三品的人性理论,对其王道政治思想进行论证。

董仲舒首先对性进行了界定,认为性不等同于善。他说:"如其生之自然之资谓之性。性者质也。诘性之质于善之名,能中之与?既不能中矣,而尚谓之质善,何哉?性之名不得离质。离质如毛,则非性已,不可不察也。"①性是自然之资,是质,性质并非善。性只是含有善恶之质,这种善恶之质来源于天,"人之诚,有贪有仁。仁贪之气,两在于身。身之名,取诸天。天两有阴阳之施,身亦两有贪仁之性"②。人是天所生,人副天数,人性也是与天相应的。天有阴阳,天之阴阳体现在人性方面就表现为贪和仁两种属性。阳气在人性即是仁,即是善质,阴气在人性为贪,也就是恶质。天之阴阳不可缺,人性之善恶也同时存在于人,但是人性中的善质并不是善性。对此,董仲舒以禾与米的比喻加以说明:"故性比于禾,善比于米。米出禾中,而禾未可全为米也。善出性中,而性未可全为善也。"③"善如米,性如禾。禾虽出米,

①《春秋繁露·深察名号》。
②《春秋繁露·深察名号》。
③《春秋繁露·深察名号》。

而禾未可谓米也。性虽出善,而性未可谓善也。"①米虽然出于禾,但禾并不是米,善虽然出于性,但性不能等同于善。董仲舒在这里对人性的定义基本上采取了荀子生之谓性的思路,但是荀子仅仅是通过经验的观察得出人性恶的观念,而董仲舒则将人性建立在其宇宙生成论的基础上,所以性三品学说比起性恶论来说更为完善,成为汉唐之间的主流观念。

因为人性有贪有仁、有善有恶,所以人性待教而善,性是经过教化才成为善的,没有经过教化的性只能是有善质,而不可谓善。"善与米,人之所继天而成于外,非在天所为之内也。天之所为,有所至而止。止之内谓之天性,止之外谓之人事"②。他认为"以米为饭,以性为善,此皆圣人所继天而进也"③。善与米不是天生的,天只赋予人善质,善质若要成善,必须经过外在的"人事"功夫,这人事功夫就是圣人在天之所为的基础上进一步采取的"教"即教化。

董仲舒首先从理论上批驳了先秦性善论和性恶论,进而通过人性在现实中的表现将人性归纳为三种:圣人之性,中民之性和斗筲之性。其中圣人之性是天生的善,斗筲之性是天生的恶,圣人之性和斗筲之性都是不可改

---

①《春秋繁露·实性》。
②《春秋繁露·深察名号》。
③《春秋繁露·实性》。

变的,所以也可以不叫作性,在社会政治中谈论人性的对象主要就是中民之性,"名性,不以上,不以下,以其中名之"①。"圣人之性不可以名性,斗筲之性又不可以名性,名性者,中民之性。中民之性如茧如卵。卵待覆二十日而后能为雏,茧待缫以涫汤而后能为丝,性待渐于教训而后能为善。善,教训之所然也,非质朴之所能至也,故不谓性"②。中民有人性之善质,不经过教化还不能成为善,只有经过教化才可以为善,正如卵和茧一样需要外在的功夫,人性所禀含的善质要变成善性也需要圣人的教化。这样,董仲舒由人性而归结到了教化,那么教化又是如何进行的呢?

董仲舒认为教化是由王以德的方式来操作的,"教"即"王教"和"德教"。他说:

天生民性有善质,而未能善,于是为之立王以善之,此天意也。民受未能善之性于天,而退受成性之教于王。王承天意,以成民之性为任者也。③

性者,天质之朴也;善者,王教之化也。无其质,则王教不能化;无其王教,则质朴不能善。④

① 《春秋繁露·深察名号》。
② 《春秋繁露·实性》。
③ 《春秋繁露·深察名号》。
④ 《春秋繁露·实性》。

> 天令之谓命,命非圣人不行;质朴之谓性,性非
> 教化不成;人欲之谓情,情非制度不节。是故王者上
> 谨于承天意,以顺命也;下务明教化民,以成性也;正
> 法度之宜,别上下之序,以防欲也:修此三者,而大本
> 举矣。①

天赋予中民的善质,只有而且必须经过王者的教化才能
成善性,使人成善是天赋予王的使命,王者是奉天命来
教化百姓的,教化是天意,是王的责任。一方面中民之善
质须王者教化才能成善,王是天命的,所以王者的地位
不可或缺,不可动摇;另一方面,王者必须承天意以行教
化,必须要实现王道。

这样,董仲舒的人性论最终归结到其王道教化理
论,以人性理论为教化的必要性和王者的权威地位提供
了理论依据。儒家的王道理想是一种善的境界,是否可
善、如何达到善是儒家需要解决的问题。善恶是关乎人
性的问题,因此传统儒家都比较关注人性,试图以人性
皆可善来说明和解决王道之善的追求问题。

董仲舒认为人性中含有善质,所以人性可善,但善
质非善,若要成善,必须经过教化,性待教而善,所以实行
教化是使人成善的唯一途径,因此王道政治要以教化为

---

① 《汉书·董仲舒传》。

本。"教,政之本也。狱,政之末也"①。"古之王者明于此,是故南面而治天下,莫不以教化为大务"②。董仲舒所理解的善是"循三纲五纪,通八端之理,忠信而博爱,敦厚而好礼,乃可谓善"③。因此,他认为教化的内容就是"渐民以仁,摩民以谊,节民以礼,故其刑罚甚轻而禁不犯者,教化行而习俗美也"④。通过以儒家仁义礼制思想为核心的纲常伦理的教化就可以引人向善,从而实现理想的王道政治,"教化大行,天下和洽,万民安仁乐谊,各得其宜,动作应礼,从容中道"⑤。

董仲舒王道政治思想的核心是大一统,大一统的关键是君主。董仲舒不仅以他的天人感应论证了王者的权威性,还把这种天人关系贯通到人性论之中,将天人关系、人性论与其王道政治思想融为一体。他认为教化是王道政治的为政之本,而教化的施行只有王者才可以承担,这是天意的体现。天赋予人以善质,而没有赋予人以善性,于是天设立君主之位,让他来教化引导百姓,使其向善。一方面,君主教化百姓是天意的安排,人性之善、王道之善的实现离不开君主,因此君主在社会政治生活中就具有权威的地位,百姓必须服从君主。另一方

---

① 《春秋繁露·精华》。
② 《汉书·董仲舒传》。
③ 《春秋繁露·深察名号》。
④ 《汉书·董仲舒传》。
⑤ 《汉书·董仲舒传》。

面,君主必须承继天意的安排,以教化为为政之本,这是天安排给君主的职责。这样,董仲舒就以人性待教而善的人性理论同时为王道教化和以维护君主权威为核心的大一统思想提供了内在的理论依据。

早期儒家围绕着天人、历史和人性对王道的合法性、合理性和现实可能性进行了详细的论证。通过天人关系的分析,早期儒家认为王道是天道在人间的体现和运用,是天命的王者或者禀赋天命的圣人在体察天道的基础上顺应天道确立的人道,从而为王道提供了终极价值意义上的合法性和正当性。通过对历史的回溯,早期儒家认为历史上的美好时代都是先圣王治理下的社会,先圣王之道应是我们参考和借鉴的依据,先王之道虽有不同,但都贯穿着一个恒久不变的道,这就是天道及王道。历史上的完美政治形态就是现实的王道政治,它曾经存在,具有历史合理性。政治乃是人的政治,对政治的理想和设计离不开对人本身尤其是人性的认识。早期儒家认为人性皆可善,所以以仁政德治和礼义教化为根本内容的王道是符合人性的,也是现实可行的。

虽然我们从合法性、合理性和现实可能性三个角度对天道、历史和人性进行了初步的区分,但实际上这三个方面都是在论证王道政治的正当性及合法性,分别从不同角度说明了王道政治的正当性及合法性的基础和依据。天道侧重于终极价值或者说是自然法(有别于人为法），历史侧重于传统因素，人性侧重于人的本性和理性需要。通过多角度的论证，王道政治拥有多重正当性与合法性，而与之相对的霸道并不具备这些正当性与合法性，王道才是人类社会值得追求、应该追求的政治理想和应实现的政治生活形态。

第四章　早期儒家王霸之辨的
理论实质与价值

　　早期儒家通过王道霸道具体内容的对比分析,从政治治理的现实层面表明了王霸之别,又通过天人关系、历史的回溯及人性的分析,从政治价值的意义层面论证了王道是具有正当性与合法性的。早期儒家从人性、政治的本质和社会历史发展的规律方面把握政治,力图论证并建立一个美好的合理的政治形态,实现人类社会群体的理想世界。王霸之辨是中国早期儒家讨论政治问题的中心。王霸之辨的产生是中华文明发展的必然,从上古三代文明的奠基开始,春秋战国时代必然对三代文明进行反思,儒家作为正统理想和价值观的继承者,对三代文明加以理性地总结和概括,最终形成了以王道理想为核心的系统政治思想。早期儒家的政治思想决定了整个传统社会儒家政治思想的发展方向,同时由于在汉代儒家被立为官学,儒家的政治理想和价值观也成为

中国传统政治的本质属性。中国传统政治是具有非常
丰富内涵的独特的政治文明。如何站在人类社会政治
实践的角度分析把握早期儒家的本质,通过儒家政治文
化所体现的儒家政治观,探讨其理论意义,对于我们今
天认识现实社会政治的本质,以及传统政治文化的现代
价值,都具有重要的理论意义。

第一节　儒家王霸之辨的理论实质

　　通过王霸之辨的主要内容和儒家对王霸之辨的理
论论证,我们可以看到的是儒者对人类社会理想社会政
治的不懈追求。对美好事物的追求是人类的本性,正是
这种追求才发展出了伟大的灿烂的人类文明。人是社
会的动物,又是群居性的动物,人的本性是要过社会群
体生活。群体生活中人的自然欲望与集体生活总是会
发生冲突,这就需要对群体生活进行安排和组织,制定
规则,协调分配,化解冲突,维持秩序,保障群体及个体成
员的利益。然而如何组织和安排才是正当的合法的? 现
实社会生活是不断发展变化的,如何根据发展变化的社
会解决随之而来的问题,不断完善群体生活的组织和安
排,实现理想的社会生活? 这都是人类社会政治生活中
的根本问题。

　　人们总是不满足于现实的物质生活,尤其是对作为

人类社会基本存在方式的政治实践，人们总是在社会政治混乱或触及其利益时对现实政治进行批判反思，设想种种美好的应然的社会政治生活以改造现实，这是人类普遍的实践方式。从古至今，从中到西，对理想政治的追求一直存在于人类历史和现实之中，这是由人类的社会实践本性所决定的。在古希腊曾经有柏拉图的理想国，在英国有莫尔的乌托邦，在意大利有康佩内拉的太阳城，还有后来马克思主义者的共产主义；在春秋战国时期有孔子的"有道之世"，有孟子的"仁政"，有道家的"小国寡民"，也有法家的国富兵强的法治社会，以及后来康有为的大同世界。虽然当今政治哲学关注的主题已不同于古典政治哲学追求的善，但思想家们仍在孜孜不倦地对现行制度、意识形态、社会政治问题进行分析解答，试图建立更完善的政治体制、更高的政治文明。

对理想政治的设计与追求是人类社会理性的标志，人类的理性不断反思和总结以往的政治生活，批判现实的政治生活，设计理想的政治生活，从而促进人类社会政治文明不断地发展进步。人们在不同的时代，站在不同的角度，对理想政治有着各不相同的解读，这首先是因为人们对于社会政治本质的理解不同。人们根据各自所认知的政治本质提出不同的政治设计，形成不同的政治理想。早期儒家的王霸之辨就是围绕着对政治本质的不同理解而展开的。早期儒家根据对政治的理解展开王霸之辩,从政治本质、政治合法性、政治价值原则、政治措施等方面对王道霸道进行对比分析,建构起王道的政治理想。早期儒家对政治问题的思考对传统及现代社会和政治思想文化都具有很高的理论价值。

一、政治本质的追问——理想主义与现实主义

按照思维的一般逻辑来看,人们对政治问题进行思考和探索时,首先要面对的一个问题就是"政治是什么",政治的本质和目的是什么;只有对政治有了一定的把握,才能进一步去思考"什么样的政治才是合理的",设计政治的应然状态,确定政治的理想和追求。人们对于政治本质的认识,并不仅仅是一种事实性的判断,同时也是价值的判断,人们对政治本质的追问最终仍是为了理想的政治。政治理想各不相同,不同之处就在于价值观念的区别,而价值观的不同取决于对政治本质的不同认识,所以在人们对政治认识的同时就包含着对本质上价值的选择。

柏拉图认为,政治的本质在于公正或正义,社会分工产生了城邦和国家,也形成了不同的等级,各等级各司其职,各守其序,各尽其责,分工互助,就实现了正义,"理想国"即是正义或公正之国。亚里士多德说人存在的意义和目的是追求幸福美好的生活,这是最高的善,一个理想的城邦(政治)应该能够使每个公民都能养成

这些美德,追求至善,实现公民的正义的优良生活。柏拉图和亚里士多德都把政治的本质看作是道德性的正义或至善,这是古典政治哲学的通则。作为与柏拉图和亚里士多德同处于人类文明轴心时代的早期儒家,同样也以道德的方式去理解世界、理解政治。以道德方式去认识世界,是雅思贝尔斯所说的人类文明的"轴心时代"的共同特点,这是人类在物质生活得到基本解决后,在日益密切的群体社会生活中的道德理性的觉醒。人们倾向于从应然的理想的角度来理解政治,认为政治应符合某种价值,或者是西方的"正义",或者是儒家的仁义道德。在政治出现的早期,社会还没有那么复杂,政治的目的主要就是在人们的群居生活中做好协调和引导工作,政治的主要工作就是组织和安排人类社会生活。因此在古希腊的古典政治哲学家看来,政治的本质就是正义和善。早期儒家对政治本质的理解和古希腊的政治哲学家大致相同。在早期儒家看来,政治的本质也是善和正义,只不过善是仁爱的道德精神,正义则表现为礼义秩序。仁爱和礼义都是道德的范畴,所以我们也可以说早期儒家认为政治的本质就是道德,以道德解释政治,把政治看作是一种以仁爱和秩序为核心和目标的向善之路。政治就是道德在人类社会群体生活中的贯彻体现和普及提高。

　　早期儒家对政治本质的理解源于其对天道的理解、对于历史的解读和人性的认知。西周时期提出了以德配天的理论,认为天子是天命的,而天命的依据在于民心,民心所向又在于统治者的道德,所以天以道德为标准来选择天子。因此,作为统治者就要做到敬德保民,以达到上天的要求。早期儒家继承发展了这一观点,将道德看作是天的要求,是天意的体现,而天子是天选来替天治理天下的,天子要顺应天命,依照天道来治理。天道即是天所垂示的仁爱的道德精神和法天而制的礼义制度。天子的任务就是将此仁爱精神传给百姓,以此礼义制度治理天下。历史上的圣王正是这样做的楷模,他们具有优良的道德和仁爱精神,他们制礼作乐来为社会制定秩序规范,创造了政治的盛世,是历史上最美好的政治。然而到了春秋战国,礼乐制度被破坏,人们争权夺利,原来美好的政治被毁灭,为了恢复美好的生活,就必须恢复礼制,重塑人的道德心。政治是人的政治,而人性都有向善的基础和可能性,但人们又往往被欲望蒙蔽,不能显露其善性。所以,政治就应该是在此基础上引人去恶向善。仁爱道德是天道,是历史的经验,是人性所必然需求,正是基于这些理解和反省,早期儒家认为政治的本质是道德,政治的任务和目的就是实现道德的社会政治生活。因此,孔子说:“政者,正也。”正,不仅是孔子所说的最直接的正名,还包含着正名背后的礼制和仁爱之心,正名就是"君君,臣臣,父父,子子"①,这正是礼制秩序的表现和要求;同时正还是正心,正己以正人,以天子的道德精神感召教化百姓,使其去恶向善。所以说早期儒家所理解的政治就是一个以仁和礼为核心和目标的向善的道德过程,这和亚里士多德所说的政治的目的就是使人养成善的美德基本一致。

儒家之所以提出注重人伦道德、礼义秩序,强调礼义教化,进而实现王道理想的基本主张,也和中国古代社会所形成的组织结构和宗教信仰有关。中国古代社会在三代形成了宗法社会,由亲亲而尊尊成为周礼的核心目的,所崇拜的天命也是为了维护这个社会政治道德秩序。因此,在儒家思想中,所谓的社会正义和社会所认可的善,都是根据王道社会、宗法社会的需要而提出的,其标准都以是否对王道政治有利而决定的。因此,早期儒家的政治观既是一种天命政治,也是一种道德政治,王权代表了神权,也代表了民权。

霸道对政治的理解不同于儒家的王道。在霸道的政治思想中,政治的本质不是道德,不是善,而是权力和利益。霸道政治思想认为政治就是争夺和维护自己的权力和利益的过程,政治的目的是以权力和利益为核心的现实功利的追求。霸道对政治的这种理解也是与其

①《论语·颜渊》。

自身特点相关的。霸,本来指的是诸侯之长,他的任务是率领各诸侯尊王攘夷,维护支持王室。当王室的权威不再,诸侯实力大大增强,原本稳定的人伦道德礼义秩序逐渐被丢弃,各诸侯纷纷起而争霸,或者试图统一其他诸侯称霸天下,或者为了保住自己的国家。无论是争霸还是自保,在以战争和武力解决问题的时期,各诸侯需要的都是强大的实力,这个实力包括政治权力的集中、经济的富裕、军事力量的强大。为了增强实力,各霸主当然就把权力和利益当成政治的目标。无论是权力和利益的获得还是维护,又都需要更多权力和经济军事力量的支持,所以霸道的政治追求的就是以权力和利益为核心和目的的现实功利,而非超越功利的道德原则。

由于对政治的本质和目标的认识不同,王道霸道也做出了不同的政治设计。王道与霸道的政治思想和设计,分别代表了理想主义和现实主义的政治思想。政治理想主义从最深层的价值和观念角度出发,思考人类社会生活的意义、价值、方向和目标,从人本身出发探求人类社会生活的应然。政治理想主义通常认为人性是求善的,是可以为善的,但总有人由于环境等原因不能成善,这就需要对其进行教化引导,使人去恶向善,成为真正的人。在此基础之上,理想主义认为政治的目的和意义就在于此,政治的具体设计也应以此为核心而展开。儒家的王道理想正是这样的理念和设计,所以设计了仁政、德治、礼义教化等。政治现实主义从社会现实出发，以当前的功利需要为根本目的；政治现实主义还从人类社会生活中的现实而非理想出发，看到现实中的人都是自私自利自爱、趋利避害的，认为人性是恶非善，政治的本质和目的就是以严格的制度安排和强大的威势来管理、震慑、征服社会成员，使其不作恶。这就需要形成强大的国家，需要实施严格的法律和严厉的惩罚来维护社会秩序。儒家认为霸道就是这样一种政治模式，以富国强兵增强实力，以实力征服社会和他国，以严酷的刑法治理社会。这样的霸道固然可以一时称霸诸侯，但不符合天道人性，必然不能持久，不是人类社会合理的应有的政治。

所以，早期儒家的王霸之辨，实质上是对政治本质的追问和认知。虽然具有理想主义的色彩，短时期内缺乏现实性，但就我们目前对人性的认知程度来讲，王道对人性善的肯定看到了人动物性之外的超越性的一面，这应该是人类社会所要追求和应该追求的理想世界。从这个意义上，我们可以充分肯定传统文化中儒家对人性和政治本质的深刻认识。"正是由于早期儒家的代表人物，充分继承和总结了当时传统文化的精华，很早就把握了政治的本质和历史的常道，成为政治哲学领域的伟大先知，让我们看到仁义之道的内在力量和崇高价值"①。

----

① 彭永捷：《论儒家政治哲学的特质、使命和方法》，《江汉论坛》2014 年第 4 期，第 64—70 页。

二、政治合法性的探索——道德价值与政绩强权

政治合法性是人类社会政治生活中的一个最基本的问题,也是政治哲学领域的核心问题。一直以来,我们在涉及这一领域时往往对合法性概念理解或定位不清晰,所以有学者认为这造成了我们对合法性概念的滥用①,事实上在很多时候确实存在合法性概念的混乱。所以在这里我们首先需要对政治合法性的含义进行辨析以明确我们所使用的合法性的含义。合法性,指的是正当性,它的英文概念是 Legitimacy,其含义就是合理性或公正性②。此外,我们还经常在另外一个意义上使用合法性的概念,这个合法性的英文概念是 Legality,其含义是合法律性。Legitimacy,这个意义上的合法性指的是正当性、合理性,在政治领域它强调的是是否符合道义和合乎自然法而非人为法。Legality,这个意义上的合法性是一个法律概念,指的是合法律性,这个法律是人为制定的法律即人为法而非自然法,在政治意义上强调的是人们是否能够把这个法律当成合理性的东西加以接受,以及政治程序及权力的拥有、转移和使用是否合乎法律。在现代以前,这二者的区分和使用是比较分明的,

①杨光斌:《"合法性"问题再认识》,《河南社会科学》2008 年第 4 期。《合法性概念的滥用与重述》,《政治学研究》2016 年第 2 期。
②燕继荣:《现代政治分析原理》,高等教育出版社,2004 年,第 175 页。

但随着人类理性和法治思想的发展,合乎法律往往就代表着正当与合理,所以造成了现代合法性概念的混乱。本书从政治哲学的角度探讨早期儒家的王霸之辨,政治哲学关注的是价值意义问题,是正当性与合理性的问题。所以,本书所用的合法性概念,是 Legitimacy 意义上合法性即政治的正当性与合理性,具体分析的是政治价值理念和政治秩序的正当性与合法性问题。

合法性问题是人类社会政治生活不可回避的问题。人是群居性的动物,需要过一种集体的生活,人还是具有原始欲望冲动的动物,无穷的欲望和趋利避害的自然本性与集体生活自然会产生冲突。为了化解冲突,需要对集体生活进行组织和安排。人类社会的集体生活会有许多不同的组织方式和方法,如何组织才是正当的,才是合理的,才是公正的,才能获得人们的心理认同,从而维持稳定的社会政治秩序? 这就是政治合法性要解决的问题。政治的合法性不仅是指权力的获得、转移、使用的合法性,还指政治价值、政治秩序、政治原则等的正当性与合理性。一般来讲,政治合法性所关注的问题是政治统治与这些政治价值、原则、秩序如何获得民众的心理认同,如何被认定为民众心中的正当与合理。这是政治合法性的基础问题。

政治合法性的基础是什么? 如何证明正当与合法?人类社会早期,社会组织形式更多的是依靠自然血缘,或者个体强大的力量、出众的才能获得其存在的合法性。随着人类理性发展和道德意识的觉醒,原有的合法性基础已经不能满足人们的理性需要。人们需要对周围的世界作出更理性的合理的价值性的解释,为自己的生活寻找恰当的理由,去回答什么样的生活才是应当的有意义的理想的生活,什么样的政治是正当的。此时的正当性合法性更多地来自于人理性的思考,比如天命、神意,比如人的本性,比如历史的传统,还有天道、自然法等。到了现代还有政府的绩效、制定的法律等。这些都曾被作为政治合法性的基础。

对这个问题最有权威的解释应该是马克斯·韦伯提出的合法性思想。韦伯考察了人类历史上存在过的政治统治秩序,划分了统治体系的不同类型,并指出每一种统治体系都有其赖以建立的合法性基础。他认为关于合法性基础的类型有三个:一个是传统权威型,其合法性基础是长期形成的传统风俗和习惯,是沿袭下来的传统因素;一个是个人魅力型,其合法性基础是个人的非凡人格和超凡感召力即个人魅力,政治领袖作为英雄和圣人引导和召唤追随者;一个是法理型,其合法性基础是一系列清晰而明确的规则和制度,权力及秩序都是根据法定程序产生的,法律和秩序是一个理性的社会所必要的。在实际政治生活中,政治合法性的证明往往不是以一种而是多种基础混合的形式出现的。在韦伯看来,政治的合法性基础包括传统因素、个人魅力和法理,这里的法理指的是正式的宪法法律。韦伯之后,现代政治学又从多角度继续探讨合法性问题,比如有亨廷顿的政府制度的中立性①,还有阿尔蒙德、利普塞特等人的政府绩效,认为政治的合法性需要政府绩效来保证②。在当代社会,世界各国的政治合法性基础大概有以下几种:制度和程序的合理性、意识形态和政绩③。

　　在中国古代社会,我们很早就认识到了政治合法性的重要,强调民心民意的重要性;同时也找到了政治合法性的基础,比如殷商时期天命玄鸟的传说,比如西周时期的天命转移、敬德保民的思想,都是在为政权提供合法性依据。此时天命、血缘宗法、统治者的德性是合法性的主要基础。当中华文明发展到春秋战国这个大转型的时期,传统政治的合法性面临着空前的危机,社会秩序被破坏。人们开始反省和思考政治应然之道,以期为混乱的现实寻找出路。儒家作为西周正统理想和价值观的继承者,在对三代文明加以理性的总结和概括的基础上,通过对现实社会政治的批判,通过与诸子的论

①［美］塞缪尔·亨廷顿(S. P. Huntington):《变革社会中的政治秩序》,华夏出版社,1989年。
②［美］利普塞特:《政治人:政治的社会基础》,刘钢敏、聂蓉译,商务印书馆,1993年。
③此段参见燕继荣:《现代政治分析原理》,高等教育出版社,2004年,第180-185页。

辩,围绕着圣王与霸主、德与力、义与利、礼与法、德与刑等政治主题而展开王霸之辨,并最终形成了以王道理想为核心的系统政治思想,认为王道是具有合法性的政治形态,而霸道不具有合法性。

　　早期儒家从政治价值、政治原则、政治秩序、政治权力等几个方面论证了王道政治的合法性、正当性。首先,王道政治的合法性来自于天。天是最高的权威,是具有终极价值意义的存在。他们认为上天有生生之德,以仁爱万物向人间垂示着仁义之德,所以人类社会也应该顺应天道,弘德修德,政治的价值意义就在于此。政治本身就是道德感召和道德教化的过程,政治还是将天道之仁爱精神贯彻到社会管理中,代天管理、养护民众,是推广和成就仁义之德。王道以仁政德治为核心,以修身成仁、天下大治为目标,这就是顺应天道而形成的。另外,王道的政治原则也来源于天道。王道以仁德为政治的原则,天地有阳尊阴卑,人间则有德尊刑卑,重仁德轻刑罚,以德治为主。王道的政治秩序即礼义制度也是圣人根据天道创制的。王道中天子的政治权力也来自于天,天子受命于天,之所以可以受命,是因为其个人的德性和才能。这里的天道可以理解为中国传统社会中思想家们所理解的自然法,自然运行之道,自然之德性。天道如此,王道如此,天道是至上的恒久不变的自然之法,所以王道具有合法性。

这个合法性的基础就是儒家思想中的天地之心,就是明德,就是儒家所理解的自然法。

其次,王道政治合法性还源于历史传统,即以传统因素为合法性基础。在以往的历史中,有那么几个美好的时代,上古三代,禹、汤、文王、武王、周公时期。这些美好的时代的政治之道被叫作先王之道或圣王之道,是先圣王依据天道而采取的政治治理的方式。先圣王之道即是王道,是历史流传下来的政治秩序与道德传统,王道继承了其政治价值、政治原则和政治秩序(即礼制)。历史的发展证明先圣王之道是历史上的美好时代,是人类社会曾经存在并应该存在的社会政治形态。王道是继承先圣王之治而确立的,所以王道具有合法性。这个合法性的基础就是历史传统和实际效果。这里的历史传统是历史经验的总结,和韦伯所讲的习俗习惯的传统因素不同。

最后,王道政治的合法性根源于人的本性。人是天地所生,是自然中的一员,自然应该顺应天道。而且人本身就是禀赋天道的,也就是本性就包含着对善对道德生活的追求,人应该成善并且可以成善。王道的仁爱、德政、礼义教化都是基于人性应善可善的前提之上。人性如此,王道如此,所以王道具有合法性,这个合法性的基础就是人类自身的理性和超越性。

在早期儒家看来,王道具有合法性,而霸道是不具有合法性的。霸道以力服人,以强权苛政刑律治理天下,主张以明令显法统治百姓。霸道政治还比较重视政治绩效作为合法性基础的作用。他们之所以采取霸道的政治理念和治理方式,就在于富国强兵、强权、苛政、刑律都可以快速地集中权力增强实力,在诸侯争霸中迅速强大起来,称霸诸侯,甚至一统天下,不似道德那样困难和缓慢。在儒家看来,这些都不足以作为政治的合法性基础,都不具有正当性,不具备道德意义。"以力假仁者霸,霸必有大国;以德行仁者王,王不待大——汤以七十里,文王以百里。以力服人者,非心服也,力不赡也;以德服人者,中心悦而诚服也,如七十子之服孔子也"①。这可以说是对霸道不具有合法性的最好的解说。

从现代政治哲学的角度来看,政治合法性对于现实政治生活的重要意义之一就在于能够获得民众的心理认同,形成共同的价值理念,维护社会秩序的稳定和政权的持久性。显然,依靠暴力和强制力来治理社会是无法得到民众的心理认同的,因此政治秩序是不稳定的,统治者会疲于应付,当反抗的力量足够强大时,就会以暴力推翻暴力的统治。所以说霸道以相对原始的"气力"作为合法性基础是不适合理性发达的时代的。在理性时代,只有充分令人信服的理由才可以获得人们的认同。所以,霸道政治的合法性在于强大的实力和实际绩

---

① 《孟子·公孙丑上》。

效,而这些在儒家看来都不足以作为政治正当性和合法性基础。当然,在现代政治哲学中,这些因素也是合法性的基础,但这种合法性的缺点在于它是短期的且易变的,不能持久,不能实现长治久安。所以它们并不能作为政治合法性的主要基础,社会政治从根本上还是应该从道德价值意义、从人本身出发才具有持久性和稳固性。

早期儒家从自然法、历史传统和人类自身的理性和超越性三个角度论证了王道政治的合法性。这些合法性基础本身的合法性还有待进一步分析,但在早期儒家的思想中,已经明确地认识到了政治合法性的重要性,也较为深入地把握住了政治合法性的基础,如自然法、人性等,这本身就是人类社会政治应该去思考和立足的因素。不仅如此,早期儒家还看到了霸道中的强力、绩效合法性的短期性和易变性。从这个意义上我们不得不说,早期儒家的政治文明在当时的世界上都是较为先进的,在今天依然是有益于人类社会发展的,是可借鉴的有益的思想资源。

三、政治价值的取向——公义与私利

政治价值是思想家们对政治实践活动的评判问题,人类的社会政治活动必然存在善恶、公平、正义等评价问题。政治价值从属于政治理想,是根据政治理想所推出的政治评价。政治理想相当于理想完美的社会状态,

一切符合这种完美社会状态的言行便是正义的,是善的;反之则是恶的。在现实社会生活中,一切思想学派都将符合其政治理想的言行作为善恶、公平、正义的价值标准。早期儒家也不例外。

虽然孔、孟、荀和董仲舒各自对王道理想的理解不同,但我们仍能够从中概括出作为早期儒家理想政治的王道的本质特征。基于对政治本质的把握,早期儒家认为理想的政治应该达到两个方面的要求——道德的完满与秩序的稳定有序,这两个方面在早期儒家那里就表现为仁与礼。所以,早期儒家王道的本质特征就是仁爱和礼治。仁爱是一切道德的本质和基础,因而也成为儒家评判一切政治行为的最高标准。在孔子那里,仁既是为人之始,又是最高境界的体现,凡是一切政治举措,如果是发自仁心,便被认定为善的,是有利于王道理想的实现的,而不管其具体效果如何。礼,在儒家眼里是人类社会天经地义的道德人伦之序,是维系社会存在的不可或缺的组织架构,是人类文明的标志。因此,社会政治的一切言行都不能违反礼义,违反礼义必将导致亡国,灭绝人文。所以为仁和守礼成为人类政治行为最基本的准则,也是儒家所理解的最高的政治价值标准。

梁启超曾指出:"儒家言道言政,皆植本于'仁'。"①

①梁启超:《先秦政治思想史》,天津古籍出版社,2003年,第83页。

仁是儒家政治哲学思想的核心观念。在儒家思想中,仁首先表现为"仁者爱人"的道德精神。仁是对他人生命的爱和呵护,仁即是善,是最完满的道德的表现,孟子更把这种仁爱之心看作是人天生固有的本性。这种仁爱的精神是通过推己及人来实现的,即"己所不欲,勿施于人"①,"己欲立而立人,己欲达而达人"②的忠恕之道。将此仁爱之心推至他人,便是对他人的友爱和尊重,那么人们之间就会相互友爱,相互尊重,社会便没有争端,社会政治生活便是充满仁爱精神的至平世界。将此仁爱之心推至社会政治,便是仁政、德治,是对人善性的引导和人本性的需求的满足。仁不仅是个人道德达到的最高境界的标志,还是一种至善至美的理想政治所具有的道德精神。"克己复礼为仁"③,克己体现的是一种内在的道德约束,是对个人道德修养的提高,仁是约束自己的行为,使之符合礼的规范,做到克己复礼就达到了仁。仁实际上就是对礼的遵守,人人通过道德的修养具有了仁的精神,那么人不仅能够爱人、与他人和谐相处,还可以自觉地遵守礼的规范。这样,拥有仁爱精神的人所组成的社会就是最理想的社会,理想的社会政治便是人人具有仁爱的道德精神,便是"天下归仁"的社会

---

① 《论语·颜渊》。
② 《论语·雍也》。
③ 《论语·颜渊》。

政治。

礼一般指的是儒家的礼义制度,是王道用来治理社会的制度规范。西周时周公制礼作乐制定了一套礼义制度,以此来治理社会,规范人伦,儒家尤其是孔子对周礼最为推崇,以恢复周礼为己任。在早期儒家思想中,礼是理想的社会政治道德秩序,同时也是现实治理社会的基本制度规范,理想的礼乐制度遭到破坏后,只能通过发扬仁心、克己复礼来实现理想的社会政治生活。因此礼是治理国家的关键。礼首先是一套社会政治制度,这个制度以等级制为核心,将人区分为不同的等级,使人贵贱有等,长幼有差,尊卑有别,贫富轻重各有不同;礼又代表着一定的社会政治秩序,每个等级都有相应的行为规范和道德准则;处于不同等级的人要遵守这些行为规范和道德准则,各安其位,各尽其责,在这个意义上,礼又指的是一套人的行为规范和道德准则。礼的作用主要是为了制定和维护社会秩序,它首先以等级制对人类社会进行不同等级的划分,使人类社会有了一定的秩序,接着又为每个等级设立了基本的准则,使人有了相应的行为规范和道德准则,人们遵守规范即是遵守社会等级秩序,人人遵守秩序,社会政治就处于一个良好的存在和运行状态。礼使社会政治有序并维护这个秩序,所以王道以礼作为政治手段,礼治即王道。

仁和礼相辅相成,互相补充,互相促进。礼是仁的外在形式,是仁的实现途径,"克己复礼"即为仁,自觉遵守礼就达到了仁的要求;仁是礼的内在精神,人内在的仁的精神使人自觉遵守礼,从而把外在的礼变成了内在的自觉的道德规范。以仁来提高人的道德修养,以礼来约束人的行为,通过"道之以德,齐之以礼"①,以仁与礼的结合和相互作用来实现"天下归仁"的道德理想和"君臣父子"的秩序理想。仁和礼共同构成儒家的王道理想,同时为仁和守礼也成为儒家的最高价值标准。

霸道政治以权力和利益为核心和目的,因此它的本质特征可以概括为利与力,即以强力谋求、维护权力和利益。我们可以再借用一下韩非子的话来说明霸道的特征,他说:"然先王所期者利也,所用者力也。"②霸道以强力来满足利欲之心,其政治行为皆以利欲为目的,这里利欲或者是指权力的获得,或是领土的扩大、财富的增多、兵力的增强。利欲的满足是以力为支持的,力即强力,霸道特别注重力,认为力是解决社会矛盾的基本手段。这与春秋战国时期诸侯争霸的社会现实是分不开的,在那个以力的较量为特征的时代,国家的生死存亡是由国家力量的大小来决定的,"是故力多则人朝,力寡则朝于人,故明君务力。夫严家无悍虏,而慈母有败子,

---

① 《论语·为政》。
② 《韩非子·外储说左上》。

吾以此知威势之可以禁暴,而德厚之不足以止乱也"①。国家实力强,就会让其他诸侯国臣服,国家实力弱就会成为他国的臣服国,所以明智的君主都致力于增强国家实力,严力威势可以禁暴,厚德不可止乱。霸道的力指的是权力及经济军事实力,霸道就是以此为手段和基础来满足君主的利欲之心的。所以霸道政治的价值评判标准就是利和力。

政治价值是政治社会的基础,作为一种价值评判标准,告诉我们什么是值得追求的,什么是应当反对的,从而给人类社会的政治生活提供行为评价的标准,它还决定着社会生活的意义、方向和目标,规定着社会生活组织安排的基本原则。王道以仁义道德为政治价值标准,霸道以力和利为政治价值标准,一个是义,一个是利,在此基础上形成了不同的政治原则和政治目标,也形成了不同的政治治理方式。事实上,人类社会的政治生活是不可以单纯以利和力为价值准则的,利与力的危害我们前面已经讲过,义,或者说道义、德性才应该是价值标准。"义者,宜也"②,就是事物各得其宜,是事物本身应有的状态。所以虽然儒家所理解的义有其自身的局限性,但早期儒家对政治价值的思考是力图站在事物本身的角度去寻找一个价值来作为人类社会的评判标准的。早

---

①《韩非子·显学》。
②《中庸》。

期儒家对政治生活各个方面的思考,都是这样试图从自然世界、从事物本身去设计构造其理想政治。这同样也应该是我们今天思考政治问题的出发点。

四、政治治理方式的选择——德治与法治

政治治理方式指的是根据政治理想所推出的治国方针、治国的基本理念、实施政治统治的方式。政治治理方式的选择是政治理想和政治价值观念在现实政治生活中的具体体现,是统治者围绕着政治理想和价值标准而形成的特定的活动方式。由于政治理想和价值标准不同,政治治理也具有多种方式。如西方的民主制政体,其政治的本质是为了维护人的天赋权利,其具体的政治治理方式包括民主、宪政、法治、分权等等。早期儒家的政治本质在于以道德教化百姓,其基本的政治治理方式就是礼治和德治。礼治和德治不仅是内政的基本原则,也是处理国际关系的基本原则。

王道霸道对政治的本质有不同的理解,所以他们对于政治的应然状态即理想的政治也有不同的设想,王道以仁和礼为核心和目的,认为理想的政治应该是人人都具有仁爱精神的道德完满和社会秩序有序和谐的政治状态,霸道以权力和利益为核心和政治的目标,因此霸道认为理想的政治就是实力强大的霸权国家。对理想政治的建构中不同价值的判断,决定了在政治实

施过程中采取的政治治理方式的差异。

在春秋战国时期,西周以来的礼乐制度被破坏,社会失去了统一的秩序和制度,同时诸侯并立争霸,各诸侯国合纵连横,国家之间关系既微妙又复杂。所以这个时期思想家同时面临国内政治和国家间政治(也可称为国际政治)的问题,春秋战国时期在处理国家间政治问题上的政治思想也是有十分重要的意义的。王道霸道作为那个时期两种主要的政治策略同样无法回避这些问题,在处理这些问题时所采取的政治治理方式是截然不同的。

王道霸道在对内的政治策略上的差异主要是礼与法、德与刑的不同,其中礼与法是对政治制度规范的选择不同,即以礼义制度还是以法律制度来作为社会规范;德与刑是指道德教化和严刑酷罚,是政治具体实施途径的不同。

王道的核心和目的之一就是礼治。王道把礼作为治理社会政治的制度规范,以实现王道社会秩序的和谐有序。王道之所以以礼来治理社会,一方面在于前面所分析的仁礼相辅相成的关系,另一方面,礼本身具有的特点也体现了王道的要求。王道政治的一个特点就是稳定的社会秩序,而先王为了避免社会混乱制定出来的礼的主要作用就是"别异",礼所别之异就是尊卑、贵贱、长幼、亲疏这些传统社会最基本的社会关系。礼通过对这些等级的辨异,使社会处于一个稳定的社会关系和良好的秩序之中,从而避免了混乱。王道不仅以礼区分了社会秩序,还将这种秩序进一步制度化,制定了礼制,为各等级的成员制定了行为规范,使人们各有其份,各有其职,各得其所,这样就能实现王道尊卑有序、长幼有差、上下贵贱有别的理想秩序。礼符合王道的另一个特点就是礼对社会秩序的维护靠的不是严法重刑等外在的强制性的手段,而是靠人的内在道德的自觉。礼制是以宗法血缘关系,以父子、夫妇、长幼等人类道德为基础而制定的秩序,所以,即便礼制是一种制度性的外在规定,但它是本于人的道德精神的,同时由于长期的教化,礼也已深入人心,内化为了人心的道德标准。所以,"礼者禁于将然之前,而法者禁于已然之后"①,礼具有可以禁恶于未萌的功效,可以避免人作恶,而不像法律那样"禁于已然之后"。礼不仅制定了合理的社会等级秩序,还通过道德的教化和道德精神的感通使人自觉遵守社会秩序和行为、道德规范,所以王道以礼来治理社会。

王道政治另一个核心政治治理方式就是德治。道德的完满境界是王道政治的目标之一,也是王道政治区别于霸道的最主要的标志,因此,王道政治时刻都强调德治的政治治理方式。道德的政治治理方式贯穿于儒

①《汉书·贾谊传》。

家王道政治的整个理论系统之中。王道政治首先是贤人政治,表现为对为政者的道德要求,无论是君主还是臣子,都必须具有出色的道德品质,并不断地进行道德修养的自我提高,只有这样才能作为榜样引导感召百姓向善,才能在施政过程中秉承道德的原则将道德精神真正贯彻下去。在具体的施政过程中,所有的政治行为和政治措施都要以仁德为原则,体现仁爱天下的精神。具体到政治措施,王道要求在政治上以民为本,以天下苍生的安乐为己任,对待百姓要以道德教化、礼义教化为主,要以温和的方式教民礼义,启发百姓的道德心,使之充分发挥出来,从而使天下皆归于善;在经济上要保证百姓基本的物质生活,使之能够安居乐业,有生存的物质保障;在军事问题上,王道反对战争,但对于救民于水火的战争并不反对,认为武力是用来保护百姓的,在战争中也要时刻坚持道德的原则,不能滥杀无辜,抢劫掠夺。总之,王道强调以德治天下,在社会政治实践中以道德为最主要的政治治理方式。

霸道与王道的施政措施不同,霸道以法和刑罚来治理社会。霸道强调权力,权力的获得靠的是实力,而权力的维护则需要严格的法律规定和严酷的刑罚作为保证。因此,霸道以法治和力治来治理国家,力治在对内措施上表现为强权和严刑酷罚,以刑去刑。霸道强调以法治国,认为法是治理国家最有效的方式,主张"不别亲疏,不殊贵贱,一断于法"①,王道以礼辨别亲疏贵贱,霸道则一切依法决断,不讲人情道德。法的实行不是靠漫长的教化,不是靠道德的自觉,而是通过颁布统一的法令,强制人们共同遵守,所以法以其强制性、客观性、时效性为追求权力和利益的霸道所采用,成为霸道治理社会的制度规范。霸道不是通过道德教化教人为善提高整个社会的道德水平,而是采取以刑去刑的方式禁人为恶。霸道通过严酷的刑罚震慑人心,使人由于畏惧而不敢作恶。霸道通过法令和刑罚的强制方式来维护自己的权力和利益,维护社会秩序。

国与国之间关系的问题是王霸之辨的一大特色,也是其主要内容之一。王道霸道在处理国与国之间的关系时,也采取了不同的方式。王道以仁爱道德为本,以德服人,以道德感召的方式招徕天下之民;霸道以强力为本,以力服人,以强力征服他国。

春秋战国时期,各诸侯都想一统天下,因此各诸侯国之间不断地发动兼并战争,以武力争夺他国的土地、财富和百姓,以此征服其他国家。而王道则是超越了国家的观念的,认为天下一体,因此王道不以领土的扩张和利益的攫取为目的,认为得天下不在于尽得天下之土地财富,而在于得天下之民心,得民心者得天下。王道反

---

① 《史记·太史公自序》。

对侵略兼并的战争，主张以道德来吸引天下之民自然归
附。孔子曾提出"故远人不服，则修文德以来之"①，主张
发扬仁义礼乐的道德文明招徕远方之人，以较高的文明
来吸引远人顺服，不主张以战争武力去征服他们。孟子
曾对如何处理国家间关系问题提出了一个著名而又贴
切的观点，他说："以力假仁者霸，霸必有大国；以德行仁
者王，王不待大——汤以七十里，文王以百里。以力服人
者，非心服也，力不赡也；以德服人者，中心悦而诚服也，
如七十子之服孔子也。《诗》云：'自西自东，自南自北，
无思不服。'此之谓也。"②霸者不具有仁爱的道德精神，
却打着仁爱的旗号，以武力对他国进行征服，而实际上
这样并不能得到真正的归顺，而只是因为暂时力量对比
的悬殊不得不服。霸道对他国的战争是建立在强大的
物质实力基础之上的，霸道通过战争兼并了他国的土
地，所以霸者一定有广阔的领土。而王道则不然，王道以
其本来就具有的仁爱精神实行仁政，以德服人，以道德
感召他国心悦诚服。由于依靠的是道德吸引人心，所以
王道不考虑土地财富等外在的物质因素，小的国家只要
拥有较高的道德水平，也一样可以一统天下。

对此，荀子也抱有相同的看法。他说：

---

①《论语·季氏》。
②《孟子·公孙丑上》。

有以德兼人者，有以力兼人者，有以富兼人者。彼贵我名声，美我德行，欲为我民，故辟门除涂以迎吾入。因其民，袭其处，而百姓皆安，立法施令莫不顺比。是故得地而权弥重，兼人而兵俞强。是以德兼人者也。非贵我名声也，非美我德行也，彼畏我威，劫我势，故民虽有离心，不敢有畔虑，若是，则戎甲俞众，奉养必费，是故得地而权弥轻，兼人而兵俞弱，是以力兼人者也。非贵我名声也，非美我德行也，用贫求富，用饥求饱，虚腹张口来归我食，若是，则必发夫掌窌之粟以食之，委之财货以富之，立良有司以接之，已期三年，然后民可信也，是故得地而权弥轻，兼人而国俞贫。是以富兼人者也。故曰：以德兼人者王，以力兼人者弱，以富兼人者贫。古今一也。①

荀子分析了对待他国的不同的方式，以道德、以武力和以财富。以德兼人得到的是百姓的真心归顺，以武力兼人则会导致军事费用的大增，从而造成国力的衰弱，以富兼人则会造成大量的财富的花费，所以久而久之就会越来越贫困。通过分析，荀子认为只有以德兼人才算是王道，以武力和财富兼人，不仅会造成大量的财富的花

①《荀子·议兵》。

费,还因为没有得到民心而带来更多的问题,使国家更加衰弱。王道霸道在处理国与国之间的关系问题时,王道以德得天下民心,霸道以武力侵占他国土地财富百姓,得民心者得天下。

王道以德治作为其政治治理方式,这种方式通过社会道德和伦理的建构来治理社会。道德伦理是人类自身自发形成的十分重要的规范,具有社会普遍性,是社会成员普遍遵循的规范。道德伦理又具有价值性意义,以潜移默化的方式形成和调整社会成员的价值观、是非观和善恶观,以教化引导的方式引人向善。同时还通过这种道德伦理的普遍性获得百姓的心理认同,从而自愿归附。霸道则以强权、刑罚作为其政治治理方式,依照强权管制、制定法律规则来进行统治,这种方式是从消极的一面防止人做恶。德治和法治是人类社会政治中两种主要的治理方式,二者从不同角度和层面来实现对社会的治理,但德治往往会走向人治的道路,法治关键在于法律规则的制定及贯彻执行,这些在我们今天的社会政治中仍然是应该注意和协调好的问题。

第二节　早期儒家王霸之辨的理论价值

王霸之辨是儒家政治思想的中心,儒家的政治思想不仅作为官方的意识形态影响着中国传统政治的发展,

而且作为传统文化的主流,对于中华民族精神的发展也
产生了深远的影响。

一、政治信仰功能

"政治信仰是对政治合理性的最终理解,是政治价
值认同"①。信仰是基于对价值的认同,但是价值认同不
一定产生信仰。只有拥有理想的人才有信仰。在传统社
会政治中,王道的政治理想就是中国传统社会的政治信
仰。早期儒家通过王道霸道的对比分析,说明了王道
政治的优越性,又通过天命、历史传统和人性对王道进
行理论论证,进一步赋予王道以合法性和权威性。这
样,王道就成为合大意符人情又经历史证明了的理想
的政治。虽然在秦代以前王道并没有太大的影响,但
王道已经成为了儒者的政治信仰和人生信仰。西汉时
期,当儒学经汉武帝的尊崇而成为官方的意识形态大
行于天下的时候,王道也随着儒家思想的社会化而成
为一种普遍的政治理想。无论是君王大臣,还是儒者
士人,都以王道为最高理想,无不以实现王道为己任。
王道更深入人心,成为君王臣子、儒者士人坚定的政治
信仰和政治追求。

王道之所以成为人们的政治信仰,除了官方的推

---

① 刘泽华主编:《中国传统政治哲学与社会整合》,中国社会科学出版社,
2000年,第2页。

崇和儒学的社会化以外,更主要的原因还在于王道自身的特点,也就是王道所依托的天命崇拜和圣王崇拜。王道是最符合天道的天命所在,是道德精神最完美的展现。

天命信仰是中国最古老最具权威性的政治信仰之一。天在中国古代社会是最高的权威的象征,在传统政治哲学思想体系中,天是最高的本体,是一切价值的源泉和合法性依据。天主宰着人间的一切,人间的一切都是依据天意天道而行的。作为儒家最理想的政治,王道更是最符合天命、天意、天道的。首先,王道是天命所在。王的地位和权力是天赋予的,王是天选来代天治理天下教化百姓的。天赋予王先天的道德,天子能够运用天赋予的道德去教化百姓。其次,王道是天道的体现。天命的王具有通天地的能力,能够明了天意天道,并依据天道来治理天下,王道的政治原则和政治措施都是王者根据天道而制定的。所以王道完全是天命天道在社会政治中最完满的体现,王道即天道。由于人们对天的信仰由来已久而且根深蒂固,因此,王道也很快被人们认同,成为人们的政治信仰。

在传统社会,圣人是儒者的道德信仰。在儒家思想中,圣人是至善的化身,是完满道德的拥有者,是理想化的道德的终极体现。孟子、荀子都认为圣人是拥有最高的道德的人,他们分别说"规矩,方员之至也;圣人,人伦之至也"①,"圣人,道之极也"②,"圣者也,尽伦者也"③。
圣人不仅具有高尚的道德,还具有超常的才智,"知通乎
大道,应变而不穷,辨乎万物之情性者也"④。圣人能够
见人之所不见,可以通天道。在儒家思想中,圣人就是拥
有"仁"和"智"的最理想和完美的人格的典型。儒家理
想之王道正是以圣人为王的,王道中的王,就是这样的
圣人。在早期儒家看来,历史上称得上圣人的就是尧舜
禹汤文武等这些曾经的王者。这样,早期儒家就把圣人
与王统一了起来,圣人即是圣王,圣与王合一。只有圣人
才能担当治理天下的王者:"天下者,至重也,非至强莫
之能任;至大也,非至辨莫之能分;至众也,非至明莫之能
和。此三至者,非圣人莫之能尽。故非圣人莫之能王。
圣人备道全美者也,是县天下之权称也。"⑤圣人居王者
之位,才能实现理想的政治形态。圣人拥有至善的道德,
他居于王位,治理天下时就会将这种道德精神自然地推
至天下,一方面,圣王以其道德为天下榜样,通过道德感
召和化性成善,天下之人由恶迁善,才能实现王道的道
德理想。另一方面,圣人"以德行仁",在治理社会时自
然时时依照道德的原则,以道德为手段和目标,从而将

①《孟子·离娄上》。
②《荀子·礼论》。
③《荀子·解蔽》。
④《荀子·哀公》。
⑤《荀子·正论》。

道德之善推至社会政治之中,使社会政治也处处体现着道德的精神。总之,王道将王者之位交付给圣人,王道即圣王之治,圣王是道德至善的化身,圣人以道德治理天下,将道德至善推至政治生活,从而实现政治上的至善。早期儒家通过圣与王的统一,赋予王道政治以道德至善,使王道成为人们心目中道德信仰和政治信仰的统一体,成为人们在政治领域的道德理想的追求。

政治信仰的作用是巨大的,对圣王的崇拜成为儒者士大夫的内在精神信仰追求,在这个意义上说儒学就是儒教。传统的儒者们,从孔夫子开始,都是不顾个人的安危困苦,不计较个人的得失名利,不考虑生前死后的名声与利益,一如既往地投身于修养成圣与实现王道的政治实践之中。一代代的儒者们,前仆后继,不管是乱世,还是亡国之际,不管是身在朝廷,还是退隐山林,都不忘圣王的理想和追求,持之以恒。中华民族、中华文化之所以历百劫而不衰,至今仍傲然屹立于世界文化之林,不能不说得力于儒者士大夫们的精神追求。当然,儒学的这种宗教功能也是有限的,它仅局限于儒者士大夫自身和政治层面。对于统治者和贵族来说,政治上当然要信奉儒家的王道理想,但是在生活方面他们追求的是长生不老和个人的福报,道教、喇嘛教、萨满教等是他们信仰的选择,而民间的百姓与王道理想的追求是不相关的,他们的疾苦与期盼只能通过信奉各种民间宗教、佛教、道教等来实现。

二、政治理想模式

人类对政治的探索并不仅仅局限于对政治的理解，而是为了追求更好的政治生活，所以还要从政治哲学的高度对政治进行评判和理想建构。了解了政治的本质是什么之后，接着就会进一步思考政治应该是什么样的，这就是政治哲学所要讨论的关于社会政治生活的应然性问题。应然的政治是人们在社会现实的基础上，以政治的本质为出发点而设想的理想化的社会政治状态，即政治理想。

早期儒家所理解的政治的本质是德治和教化百姓，政治就是一个以仁和礼为核心和目标的向善的道德教化过程，那么在此基础上他们所构想的理想政治就应该是一个道德完满、和谐有序的至善至美的社会政治状态。这个理想政治在儒家看来就是王道。王道是早期儒家在历史上先王之道的基础上加以发展而建构起来的。王道以仁礼为核心，追求道德的至善和秩序的和谐，以仁爱之心推行仁政，以礼义制度规范社会秩序，为政以德，实行道德教化。这些都体现了儒家对政治道德和秩序的要求。

王道是所有儒家共同的政治理想。从孔子到孟、荀再到董仲舒，早期儒家不断发展完善着王道理想，为了理想的政治而一直不懈的追求。王道在孔子那里是"有道之世",他认为理想的政治状态是"天下有道",而"有道"的标准就是"礼乐征伐自天子出"①,是"君君,臣臣,父父,子子"②,这些实际上都是礼制的要求。孔子十分倾慕西周的礼乐制度,认为那是最美好的制度,"周监于二代,郁郁乎文哉!吾从周"③。所以他所理解的王道就是一个礼治的社会政治。然而他所面临的又是一个礼坏乐崩的时代,各诸侯不再遵守礼制。所以孔子认为要想实现王道必须恢复礼,而要复礼就要克己,复礼不仅在于外在制度的重设,更重要的是人心的收复。对此,孔子又提出了仁的思想,认为"克己复礼为仁",约束个人的行为使之符合礼的要求就是仁。仁是礼的内容和内在精神,"人而不仁,如礼何"④,没有仁,就不能真正理解和遵守实行礼。孔子把礼进一步内化为人内在的仁的道德规范,守礼就是仁,又把礼看作是仁的外在表现,仁和礼共同维护着理想的政治状态。所以孔子认为要"为政以德",从仁和礼两个方面来进行,"导之以德,齐之以礼"⑤,以仁教化人心,以礼维护秩序,从而实现理想的政治。孔子在西周礼制的基础上,提出了仁的道德要求,建

---

① 《论语·季氏》。
② 《论语·颜渊》。
③ 《论语·八佾》。
④ 《论语·八佾》。
⑤ 《论语·为政》。

构了仁礼相辅相成的有道之世。

孟子进一步发挥了孔子仁的思想,他比较注重政治仁爱的道德精神的一面,提出了仁政的王道理想。孔子把礼与仁结合,将外在的礼内化为仁,孟子则将此仁看作是人心之本然,把政治生活完全划归为人心。孟子认为人天生具有恻隐之心,恻隐之心是仁的善端,只要将恻隐之心保有发挥,就是仁德。恻隐之心又称不忍人之心,"人皆有不忍人之心。先王有不忍人之心,斯有不忍人之政矣。以不忍人之心,行不忍人之政,治天下可运之掌上"①。统治者将不忍人之心推展开来,所行的就是不忍人之政,就是仁政,行仁政就是王道。王道是仁爱的道德精神的推展,"老吾老,以及人之老;幼吾幼,以及人之幼。天下可运于掌。《诗》云:'刑于寡妻,至于兄弟,以御于家邦。'言举斯心加诸彼而已。故推恩足以保四海,不推恩无以保妻子。古之人所以大过人者,无他焉,善推其所为而已矣"②。只要统治者具有仁爱的不忍人之心,自可行仁政,实现王道。

孟子将儒家的理想政治设想为以仁爱之心推行仁政的王道,荀子则继承了孔子礼治的一面,认为理想的政治应该是一个礼治社会。荀子认为礼是治理天下的关键,这主要是基于他对人性的认识。荀子认为"人之

①《孟子·公孙丑上》。
②《孟子·梁惠王上》。

性恶,其善者伪"①,人性是恶的,善是人为的结果。人性总有无尽的欲求,欲求得不到满足就会导致争夺和混乱。因此,要避免这种混乱,就必须对人性进行约束和教化,使人去恶向善。所以圣人就制定了礼义来教化人之恶性,"使天下皆出于治,合于善也"②。礼义一方面用于教化人性,使人合于善;另一方面也用于政治秩序的维护,使天下出于治。由于人的欲求是无度量分界的,因而也会产生争夺和混乱,于是先王制定礼义来加以分别,礼是指"贵贱有等,长幼有差,贫富轻重,皆有称者也"③。礼义制度实际上就是等级制度。通过对等级的划分,使人处于不同的社会层级之中,在此中各安其份、各尽其职,这样才能避免争夺,维护稳定的社会秩序。荀子把道德之善的实现和社会秩序的维护都归结为礼,认为"隆礼尊贤而王"④,王道即是礼治。

孔子提出仁和礼,孟子和荀子分别对仁和礼进行了完善和深入,经过先秦儒家的努力,儒家的王道理想基本已成型。董仲舒在此基础上对王道进行了更进一步的发展。他不仅以天人感应论证了王道的合法性和权威性,而且将王道与现实政治结合起来,完成了儒家王

---

① 《荀子·性恶》。
② 《荀子·性恶》。
③ 《荀子·富国》。
④ 《荀子·强国》。

道理想体系的建构和王道政治的现实实践。董仲舒的
理想政治是一个大一统的政治,大一统是以王者的绝对
权威为核心的。这样就正好符合了汉代统治的现实需
要,使儒家思想成为了官方的意识形态,正式落实到了
现实政治生活之中,而不再仅仅是迂阔的理论。董仲舒
思想最突出的在于他的天人之学。他以天命来论证王
的权威性,认为君权天授,王者可以通天地,根据天意和
天道来治理社会。一方面,王者受天命承天意,"以成民
之性为任者也"①,教化万民成善;另一方面,王者顺天道
来治理天下,根据天道之阴阳实行德主刑辅,以道德教
化为主要手段,同时,王者还根据天道制订了王道之三
纲五常。总之,董仲舒将人的向善、将王道的道德教化都
归于天意。他还把儒家王道的礼制总结为三纲五常,并
以天来论证其合理性。董仲舒不仅把王道理想与现实
政治结合起来,还以天意来论证王道仁爱道德和礼制的
合法性,从而落实了儒家王道的实践和完善了王道的理
论体系。

　　儒家一直是崇王抑霸的,因此对霸道没有太多的设
想,只是根据社会现实评判霸道。从儒家的角度来讲,不
存在霸道的理想。在早期儒家那里,霸道并不完全等同
于法家政治思想,而是立足于春秋战国的霸主的治理之

---

① 《春秋繁露·深察名号》。

道而总结成的霸道。但是很多霸主所采用的大都是法家的思想，或者具有法家思想的特点，所以，我们可以从儒家对霸道的描述中以法家思想为基础来大致概括一下霸道所理想的政治。霸道以权力和利益来理解政治，"先王所期者利也，所用者力也"①。其政治的目的也是为了获取和维护得来的权力和利益，维护的手段是力，力包括强权和经济军事实力。在内就要以法治国，通过制定严格的法律通过赏罚来治理社会，使一切都决断于法，以权术维护君主的绝对权威，同时还要以耕战来增强经济和军事实力，对外则是以武力来征服其他国家。所以简单来说，霸道所理想的政治应该是权力高度集中、国富兵强、法治严明的社会政治。

在中国古代的宗法社会，个人都局限于血缘关系之中，血缘关系的远近亲疏决定了社会等级地位的高低，周公所创造的礼义制度就是维系这种社会关系和状态的。如果通过仁心的自觉，通过礼乐的实践，心甘情愿地维护和实现宗法人伦等级秩序，这就实现了所理想的王道社会。于是，早期儒家提出了"仁"的概念，其目的就是为了唤醒人们的道德自觉意识，因为如果没有自觉的道德追求，基于血缘的宗法人伦社会秩序是无法和谐地维系和存在的。既然社会组织和秩序都是基于血缘宗

①《韩非子·外储说左上》。

法,那么人伦之间的关系只能运用礼乐制度来调控,而礼乐制度的实施依赖于人们的道德自觉。所以,在传统社会中,如果人人发扬仁心,遵守礼义,那么推想出来的结局自然是王道理想。这就是早期儒家王道理想产生的缘由所在。

对美好政治生活的追求是人类的本性,人类的实践与动物的活动的不同就在于人类的实践活动具有目的性。人类的历史是自己创造的,人类社会都是根据对美好社会生活的理想设计来创造、改革和发展的。尽管由于理性的有限,人类所提出的各种理想不尽如意,但是人类的社会进步就是在这不断的反省总结中实现的。人们在现实社会政治生活中总是以各种方式憧憬着理想的政治,并为其进行多方面的论证及设定,将理想政治具体化为政治理想模式,政治理想模式的构建是政治理想实现的关键。儒家以王道理想为其政治追求的目标,这与道家所提出的"小国寡民"政治理想不同,道家对社会道德秩序进行批判和否定,试图回归原始的、没有阶级和私有的时代,以自然无为作为最高原则,将人生的自然状态定义为最为完美的状态。道家的政治理想当然不可能被社会所采纳,其在传统文化中的价值主要是影响了中国文人的人生观,以及批判儒家思想的负面作用。

儒家的王道理想在儒学中的地位是十分重要的。

先秦诸子学派最初都是政治学派,其目的都是根据自己的政治主张积极入世从政的,因而他们的理想都不是做一个单纯的思想家,都是希望做一个政治家。所以,儒学的思想中心乃是政治,早期儒家的思想中心就是围绕着统治者而展开的。当儒学在汉代成为官方意识形态后,王道理想也被官方统治阶级所采纳,成为中国传统政治所追求的政治理想。在儒学思想内部,正是由于有了王道理想的信仰和追求,才有了圣王理想,儒者的道德修养才有了目标和仿效的对象,所以儒家思想的伦理、教育、道德修养、天命观等理论,都是围绕王道理想而展开的。

早期儒家以王道为理想的政治,并对王道进行了天道、历史传统和人性方面的论证,为王道提供理论依据;早期儒家还根据其对政治本质的理解设定了王道仁、德的价值理念和价值理想目标,确立了王道为政以德的基本政治原则,由此引申出一系列的治国策略和方案,从而形成了一个系统的王道理想模式,即以至善至美的社会政治为目标,以天道、历史和人性为理论依据,以仁爱、道德为核心价值理念,以仁政德治为基本政治原则,以圣王为政治主体,通过礼义教化的治国策略,最终实现理想的王道。

早期儒家的政治理想模式包含政治的基本问题,以及政治哲学思想中的各要素和范畴,内容庞大而丰富。

但从整体上看,早期儒家的政治理想模式实际上就是一种伦理政治模式,或者称为德性的政治模式,在这个模式中无论是天人古今的理论论证,还是最高价值理念,无论是政治的原则还是具体的政治策略,无不以"德"为核心。德来自于天道,传自于先王,通达于人性,德将天地人联接起来,是天地的根本法则,是最高的权威的价值原则,是所有的社会规范和道德准则的总则。人类理想的生活是一种德性的生活,人人拥有美好的道德,人们之间充满着仁爱的精神,没有私欲,没有纷争,天下大公。实现德性生活的理想途径就是道德的不断完善。道德的完善需要圣人进行道德教化和感召,引导万民向善。因此,在社会政治生活中就要以圣王为尊,听从圣王的教化,进行修身养性以实现德性的完满。圣王通过制定礼义来教化万民,通过为政以德、治国以礼来治理天下,使人过上德性的社会政治生活。

早期儒家对理想政治的认识略有差异,孔子认为是有道之世,孟子的理想政治是仁政王道,荀子则认为是礼治的政治,董仲舒的理想政治是大一统的政治,然而这种差异仅仅是由于现实政治的不同关注的重点不同,而理想的政治模式基本上没有什么差别。此后儒家理想的政治模式也并没有因为各儒家学者理想政治理论的差异而有所改变,它承载着儒家的政治理想和核心价值,一直稳定地存在于社会政治历史中,为现实政治提供治国范型,矫正着、引导着现实政治朝向德性政治的方向发展。

三、政治价值原则

儒家的王道理想作为中国传统政治的追求目标,必然深深地影响具体的政治行为和措施。王道政治是一种道德政治,这不仅决定了治国的基本方针要采用礼治和德治的基本原则,而且在各种具体的政治实践中必然要涉及价值原则。对于儒者来说,坚持王道理想,就必然坚守义利之辨。

在传统政治哲学中,王霸总是与义利相连,人们总是将王霸义利并提而论,以义利为价值标准来评判王霸,提出了重义不重利的政治原则。

早期儒家认为义与利是不可避免的两个问题,"义与利者,人之所两有也"[1]。对义利的不同态度形成了君子与小人的差别,"君子喻于义,小人喻于利"[2]。君子以义为准则,"君子之于天下也,无适也,无莫也,义之与比"[3]。君子对于天下的事,在无可无不可之间,以义为准则。以利为标准则会造成混乱,"放于利而行,多怨"[4]。

---

①《荀子·大略》。
②《论语·里仁》。
③《论语·里仁》。
④《论语·里仁》。

追求利就会带来矛盾和混乱。而且利有害于人的义，"凡人之性，莫不善义，然而不能义之者，利败之也"①。人都有追求义的本性，但由于利欲的蒙蔽，而不能行义。

　　义利不仅是人的行为准则的问题，对于天下的治理也有非常大的影响，对义与利的不同态度造成了政治上的王霸之别。对此，孟子曾分析说：

　　　王曰"何以利吾国？"大夫曰"何以利吾家？"士庶人曰"何以利吾身？"上下交征利而国危矣。万乘之国，弑其君者，必千乘之家；千乘之国，弑其君者，必百乘之家。万取千焉，千取百焉，不为不多矣。苟为后义而先利，不夺不餍。未有仁而遗其亲者也，未有义而后其君者也。②

如果王以功利为目的，就会引起其他人的仿效，使整个社会都陷入对利的追求之中，人人以利为目的而不顾礼义，就会带来社会上的混乱。因此，孟子说："王！何必曰利？亦有仁义而已矣。"③行仁义则王：

　　　为人臣者怀仁义以事其君，为人子者怀仁义以

①《春秋繁露·玉英》。
②《孟子·梁惠王上》。
③《孟子·梁惠王上》。

事其父，为人弟者怀仁义以事其兄，是君臣、父子、兄弟去利，怀仁义以相接也，然而不王者，未之有也。何必曰利？①

君臣父子兄弟以仁义相待，则自然就把利放在了一边，天下都以仁义之心相待则可以为王，行仁义可王，王道即是行仁义。荀子也说：

> 挈国以呼功利，不务张其义，齐其信，唯利之求，内则不惮诈其民而求小利焉，外则不惮诈其与而求大利焉，内不修正其所以有，然常欲人之有，如是，则臣下百姓莫不以诈心待其上矣。上诈其下，下诈其上，则是上下析也，如是，则敌国轻之，与国疑之，权谋日行而国不免危削，綦之而亡，齐闵、薛公是也。②

荀子同样认为统治者对义利的态度会影响到天下之人，统治者唯利是求，抛却了义而以诈心求利，臣下百姓就会效仿统治者并以此来对待他，如此上下相析，国家就会变得衰弱，很快灭亡。而如果遵行仁义，以义治国，则可以王天下：

---

① 《孟子·告子下》。
② 《荀子·王霸》。

以国齐义,一日而白,汤、武是也。汤以亳,武王
以鄗,皆百里之地也,天下为一,诸侯为臣,通达之属
莫不从服,无它故焉,以济义矣。是所谓义立而
王也。①

汤武统一天下的原因就在于他们能够完全遵行仁义,义
立则王。所以,统治者要以仁义为目标和原则,不能以功
利为务,"义胜利者为治世,利克义者为乱世。上重义则
义克利,上重利则利克义"②。政治的治乱在于统治者的
价值选择,统治者的价值倾向直接影响着天下之人,统
治者重义为治世,统治者重利则会是乱世。所以,治理天
下要重义轻利,这样才是好的政治。

董仲舒说:"夫仁人者,正其谊不谋其利,明其道不
计其功,是以仲尼之门,五尺之童羞称五伯,为其先诈力
而后仁谊也。"③霸道之所以不被儒家认可,就是因为它
重利而轻义,而王道以仁爱道德为理想和目标,自然是
义以为上,以义立国,重义而不重利。早期儒家以重义或
重利来区分治乱,作为辨别王道霸道的价值依据,认为
王道以义,霸道以利,符合义的政治为最好的政治,所以
儒者把义看作是统治者应该遵循的政治原则。

---

① 《荀子·王霸》。
② 《荀子·大略》。
③ 《汉书·董仲舒传》。

早期儒家的王霸之辨体现了他们对于政治的理解和把握,对政治合法性正当性、政治治理方式和价值原则的思考。他们认为政治的最高境界就是道德完满和社会有序,政治的本质就是道德教化,在此基础上,早期儒家确立了道德的政治原则和义以为上的政治价值观念。王道政治也进而成为中国传统社会的政治理想模式、政治信仰和政治的伦理导向,对中国传统社会和传统政治哲学都产生了深远的影响。

第五章　早期儒家王霸之辨的
历史影响

自早期儒家辨析王霸并确立了王道理想之后,后世思想家也都对王霸问题进行了深入的探讨和激烈的论辩,结合不同的时代和思想特点对王霸进行了不同的解读。王霸之辨成为传统政治哲学史上的一个核心主题,一直存在于传统社会政治领域之中,对传统政治哲学和传统社会的政治实践都产生了十分重要的影响。

第一节　汉代以后王霸之辨的发展

自王霸之辨产生以来,早期儒家对王霸的含义及态度一直存在着很大的差异。孟子认为王道与霸道是截然不同的,王道以德,霸道以力,王道本仁,霸道假仁,孟子明确地提出提倡王道,反对霸道。而荀子对霸道的态度则较为缓和,他认为霸道虽然不如王道,还是有可取之处的。他说霸道:"德虽未至也,义虽未济也,然而天下之理略奏矣。"①霸道在道德上不如王道,但也具备了治理天下的事理。所以他在霸道之下又提出了"危""亡"等几种更坏的政治形态,认为王道是最理想的政治,霸道亦有可取之处,只是有点驳杂,"粹而王,驳而霸"②。荀子并没有像孟子一样将王霸截然对立,对霸道亦有所肯定。这个时期的王霸之辨主要是在探索王与霸作为两种政治策略哪种才能在诸侯纷争中一统天下,着重讨论王道与霸道对于实现统一的作用与效果。在此后的传统政治思想中,思想家继续着王霸问题的探讨,但他们的思想基本都是依照这两个方向发展的。

一、汉魏——霸王道杂之

历经了秦朝以霸道统一天下,又因霸道二世而亡后,到了西汉时期,儒家王道思想逐渐得到推崇。随着"罢黜百家,独尊儒术"的实施,儒家思想成为官方意识形态;同时,经过董仲舒对王道的论证,王道理论更加完善,王道作为儒家最理想政治的地位也得以确立。自此以后,行王道而黜霸道成为思想界的共识,王道成为儒家坚定不移的政治理想,是儒家最理想的政治形态,也是儒者孜孜不倦地维护和追求的最高的政治目标。然

①《荀子·王霸》。
②《荀子·王霸》。

而,霸道也并没有被完全否定。此时王霸之辨的焦点也已不再是采用哪一个的问题,而是需要进一步说明王道霸道的性质内涵,及如何对待霸道的问题。儒学内部对霸道有不同理解和态度,这也使王霸之辨成为后世儒家不断争辩的一个重要主题。

虽然汉武帝独尊儒术,但儒家的礼乐并没有完全代替秦的余制,从汉武帝以来一直是采取"霸王道杂之"的治理模式,儒家倡导的王道之仁德在现实政治中更多的是作为粉饰的角色存在的。这与儒者心中的王道理想有很大差距,所以儒者们又开始进行论争,希望在现实政治中剔除霸道,纯任王道。西汉时期的盐铁会议就是这一诉求的集中体现。盐铁会议论辩的双方是杂霸思想代表者桑弘羊和儒家王道思想的追求者贤良文学。桑弘羊推崇霸道,主张国家无所不在的干预和控制,盐铁官营,实现国与民上下互利;贤良文学则认为这是示民以利,教民逐利,违背了王道以仁义治天下、教民以义的宗旨,主张"贵德贱利""重义轻财"。桑弘羊主张刑法,认为"令者所以教民也,法者所以督奸也。令严而民慎,法设而奸禁。网疏则兽失,法疏则罪漏。罪漏则民放佚而轻犯禁"[1],严刑峻法对于治国者来说是必要的。而贤良文学则指出"法能刑人而不能使人廉,能杀人而不

---

[1]《盐铁论·刑德》。

能使人仁"①,礼义才是治理国家的正确方法,主张先德后刑。桑弘羊等之所以主张将盐铁收归国有,主要就是为了财政,而财政又主要是用于军费开支,这就涉及了战争的问题。桑弘羊认为汉代征伐匈奴的战争是强国安民的正义之战,贤良文学则反对战争,认为"甲坚兵利,为天下殃"②,战争只会给百姓带来灾难,应该"去武行文,废力尚德"③,废除战争,以仁德招徕远民。由双方论辩可以看出,盐铁会议由盐铁政策进一步延伸到义利、礼法、德力等方面,这些论题与先秦时期儒家区分王霸的观点一致。所以说盐铁之辩实则为王霸之辨的延续,是儒者为了王道理想的真正实现而要求完全革除秦弊纯用"王道"的理想诉求。

汉代刘向认为:"政有三品:王者之政化之,霸者之政威之,强国之政胁之。夫此三者各有所施,而化之为贵矣。夫化之不变,而后威之;威之不变,而后胁之;胁之不变,而后刑之。夫至于刑者,则非王者之所贵也。"④在他看来,政治治理方式有三种,王、霸、强,王道以德化人,霸道以威服人,强道以力胁迫人。在这三者之中,王道是最好的,霸道次之,强道是教化、威势都不起作用之后

①《盐铁论·申韩》。
②《盐铁论·论灾》。
③《盐铁论·世务》。
④《说苑·政理》。

不得已而用之的方式，之后才是刑罚，完全用刑罚，只有亡国。所以，在国家统一时，以王道治理天下是最为理想的。

但儒者的这种追求始终无法与政治生活的现实需求相抗争，汉代始终没有完全实行王道，而是一直沿用霸王道杂之的治理模式。因此，汉代又有一些思想家转变了思想，开始考虑霸道的合理之处，为王霸相杂的政治寻找理论依据。桓谭著有《王霸》一文，他认为："夫王道之治，先除人害，而足其衣食，然后教以礼仪，而威以刑诛，使知好恶去就。是故大化四凑，天下安乐，此王者之术。"①"王者之术"的特点在于兴利除害，崇尚仁义德化，天下安乐。"霸功之大者，尊君卑臣，权统由一，政不二门，赏罚必信，法令著明，百官修理，威令必行，此霸者之术"②。"霸者之术"的特点是实行法令赏罚，讲求权智和信义，依恃武力。他认为："王道纯粹，其德如彼；霸道驳杂，其功如此。具有天下，而君万民，垂统子孙，其实一也。"③桓谭继承了荀子王霸思想的观点，认为王道与霸道只是粹与杂的区别，王道重德，霸道重功，但它们其实都是治理天下的方式。他肯定王道，但不否定霸道，认为二者只是两种不同的治国之道。

---

①《新论·王霸》。
②《新论·王霸》。
③《新论·王霸》。

　　虽然经历了盐铁之论,但现实政治依然是杂用霸王之道。一部分儒者进一步探讨了王霸的内涵及区别,为杂王霸的形式进行论证;还有一部分儒者坚持纯粹的王道,儒学内部产生了分化。这种分化不符合儒学作为政治意识形态所必须具备的统一性和权威性的要求,于是在东汉时期又召开了白虎观会议并集结成《白虎通》以统一思想。在王霸问题上,虽然现实政治生活中仍采取杂王霸之道,但在政治思想领域,汉代仍然坚持王道为最高政治理想。所以在《白虎通》中,汉代统治者以最权威的官方法典的形式进一步确认了王道作为最高政治理想的地位。《白虎通》一方面对王、霸分别进行了解释,认为:"仁义合者称王。"[1]"王者,往也。天下所归往。"[2]"霸者,伯也。行方伯之职,会诸侯朝天子,不失人臣之义。故圣人与之。"[3]"霸犹迫也,把也。迫胁诸侯,把持王政。"[4]《白虎通》认为王是仁义的体现,是天下民心所向。霸原本是诸侯之长,履行霸的职责,是受到圣人肯定的,但后来他们背弃了自己的职责,专持暴力,以强凌弱,这就是霸道。另一方面,《白虎通》又完全承袭了董仲舒的思想架构和人法天、人道法天道的思维模式,

---

① 《白虎通·号》。
② 《白虎通·号》。
③ 《白虎通·号》。
④ 《白虎通·号》。

构造了一套一切皆来源于天的神学政治体系,通过阴阳五行的论证将王道政治的三纲六纪系统化、制度化、权威化。由此可以看出,《白虎通》依据历史事实对王霸进行了解释,肯定了王道并贬低了霸道,同时又在前期思想的基础上进一步将王道之三纲六纪以官方思想的形式确立其权威地位。

东汉王充曾对王霸相杂的政治作过论证,他说:"夫德不可独任以治国,力不可直任以御敌也。韩子之术不养德,偃王之操不任力,二者偏驳,各有不足。"①认为德与力单行都不能把国家治理好,各有不足,"治国之道,所养有二:一曰养德,二曰养力。养德者,养名高之人,以示能敬贤;养力者,养气力之士,以明能用兵。此所谓文武张设,德力具足者也"②。治理国家应该德力结合。

经历了诸侯争霸、秦国一统天下,又经历了秦朝的暴政,二世而亡,汉魏时期的政治思想家总结历史的经验,主张在治理社会的实践中并用王霸之道,试图以霸道之事功充实王道的道德理想性,以王道之道德匡正霸道的严酷和利欲。这一时期的思想家都在王道和霸道之间不懈地做着选择和论证。

---

① 《论衡·非韩》。
② 《论衡·非韩》。

二、隋唐——王道的退隐与呼唤

自汉武帝独尊儒术以来,儒学成为官方统治的意识形态,到了东汉末年,儒学自身日益僵化没落,加上政治的分裂和社会的动荡,儒学在政治思想领域的独尊地位难以继续保持,受到了魏晋玄学和隋唐佛道思想的冲击而逐渐衰微,佛道思想大兴。唐代中期,自安史之乱后,唐王朝便陷入了藩镇割据、朋党之争、边疆多战的内忧外患的困境之中。为了整顿混乱的社会状况,强化中央集权,唐朝的统治者就需要一个统一的政治思想来加强统治。于是适应大一统政局需要的儒学,又一次成为统治者最佳的选择。为了满足现实政治的需要和对抗佛道思想的挑战,唐朝儒者纷纷力图复兴儒学,重建儒家王道理想,恢复儒家思想独尊的统治地位。荀子对霸道的肯定及汉代杂霸王之道的政治模式,使霸道在现实政治生活中超过了王道,从而造成汉末至隋唐期间战争不断。因此,在隋唐儒学复兴的浪潮中,儒者都倾向于推崇孟子的思想,向往王道贬抑霸道。

在复兴儒学的运动中,韩愈是比较出色的一位思想家。佛教和道教都为自己创制了一个代代传承的法统,并将其思想奉为绝对真理。韩愈为了对抗佛道,提出儒家思想也有一个古代圣贤一脉相传的道统。他首先明确规定了道的内涵,认为:"博爱之谓仁,行而宜之之谓

义,由是而之焉之谓道,足乎己无待于外之谓德。仁与义
为定名,道与德为虚位。"①博爱就是仁,行为合宜就是
义,遵循仁和义就是道,内心具备仁和义的本性就是德。
道德只是形式,仁义应为道不变的内容。而佛家和道家
或认为道是"清净寂灭"或"去仁与义言之也"②,这都不
是真正的道。儒家的王道以仁义为核心,以礼乐刑政、君
臣父子的等级秩序为中心,正体现了道的仁义精神,"道
莫大乎仁义,教莫正乎礼乐刑政"③。所以只有儒家的王
道才是唯一合法的思想理论,只有王道才能成为正统。
然而,儒家的道统却没有传承下来,"尧以是传之舜,舜
以是传之禹,禹以是传之汤,汤以是传之文、武、周公,文、
武、周公传之孔子,孔子传之孟轲。轲之死,不得其传
焉"④。儒家的道统是尧传舜,舜传禹,禹传汤,汤传给文
武周公,之后就是孔子,孔子后是孟子,孟子之后,儒学的
道统就断了。他的历史使命就是承继并恢复这个道统,
使儒家学说重新成为社会政治的统治思想。韩愈把儒
家的仁义道德升华为抽象的普遍的道,并力图使之成为
社会政治生活和人们政治信仰的中心,从而使以仁义为
核心的儒家的王道理想重新得到人们的关注。

①《韩昌黎集》卷十一《原道》。
②《韩昌黎集》卷十一《原道》。
③《韩昌黎集》卷二十《送浮屠文畅师序》。
④《韩昌黎集》卷十一《原道》。

三、两宋——王霸同异与王道的复兴

宋明时期,儒学得到全面的复兴。在孔孟思想的基础上,宋明儒家又吸收融合了佛道思想,创立了宋明理学。随着儒家道统论的形成,两宋儒者认为孔孟才是儒学正统。因此他们从汉唐经学复归到先秦的孔孟儒学,并更多地发挥了孟子的思想,将思路由荀子以来的外王之学转向以心性为核心的内圣之学。两宋理学关注性与天道,提出"存天理,去人欲"的思想。在天理人欲的基础上,两宋理学继承并进一步发展了孟子的王霸理论,将王霸与天理人欲、义利、心术、动机与效果等联系起来,掀起了王霸之辨一个新的高潮。在宋明时期也同时存在着一些反理学的学者,这就是所谓的事功学派。他们以现实社会政治生活为出发点,以富国强兵为目的,强调现实事功,反对空谈心性,对霸道有所肯定。于是在事功学派与理学家之间又展开了一场王霸义利之辨,双方对王霸的分界标准及政治动机与成效等问题展开了论辩。总的来看,两宋时期对王霸的态度大致两种,一种以二程、朱熹为代表,他们认为王霸完全不同,对霸道予以否定。另一种以李觏、王安石、司马光、苏轼、陈亮、叶适为代表,认为王霸无异道,对霸道有所认同。但不管对霸道态度如何,王道作为理想政治的地位始终没有改变。

北宋李觏立足于当时贫弱的社会政治现实,在儒家

思想的基础上吸收法家、兵家的合理因素,提出以富国强兵为主导的治国策略。他对霸道是有所肯定的,认为王霸仅仅只是古代君主称谓,而不是治道粹驳的代名词。"皇帝王霸者,其人之号,非其道之目也。自王以上,天子号也,惟其所自称耳。……所谓王道,则有之矣,安天下也。所谓霸道,则有之矣,尊京师也。非粹与驳之谓也"①。王道与霸道分别是指由立功者的地位不同而形成的不同的名称,并不是指他们实行的道的名目,也不是义和利的区别。王道与霸道都是尊天子、安天下的手段,所谓王道就是天子安天下,所谓霸道就是诸侯拥护中央而安天下。他认为行霸道的强国要比那种讲仁义的弱国好得多,他说:"儒生之论,但恨不及王道耳,而不知霸也、强国也,岂易可及哉? 管仲之相齐桓公,是霸也。外攘戎狄,内尊京师,较之于今何如? 商鞅之相秦孝公,是强国也。明法术耕战,国以富而兵以强,较之于今何如?"②正是由于管仲相齐桓公,商鞅相秦孝公,因而使这些国家富国强兵,外攘戎狄,内尊京师,因此他极力主张要王霸并用,富国强兵。

　　王安石撰写了《王霸》一文,专意辨析王霸,认为王霸用同而名异,王霸之别源于心异。他说:

①《李觏集》卷三十四《常语下》。
②《李觏集》卷二十七《寄上范参政书》。

　　仁义礼信，天下之达道，而王霸之所同也。夫王之与霸，其所以用者则同，而其所以名者则异，何也？盖其心异而已矣。其心异则其事异，其事异则其功异，其功异则其名不得不异也。王者之道，其心非有求于天下也，所以为仁、义、礼、信者，以为吾所当为而已矣。以仁、义、礼、信修其身而移之政，则天下莫不化之也。是故，王者之治，知为之于此，不知求之于彼，而彼固已化矣。霸者之道则不然：其心未尝仁也，而患天下恶其不仁，于是示之以仁。其心未尝义也，而患天下恶其不义，于是示之以义。其于礼、信，亦若是而已矣。是故霸者之心为利，而假王者之道以示其所欲；其有为也，唯恐民之不见而天下之不闻也。故曰，其心异也。齐桓公劫于曹沫之刃，而许归其地。夫欲归其地者，非吾之心也，许之者，免死而已。由王者之道，则勿归焉可也，而桓公必归之地。晋文公伐原，约三日而退，三日而原不降。由王者之道，则虽待其降焉可也，而文公必退其师，盖欲其信示于民者也。凡所为仁、义、礼、信，亦无以异于此矣，故曰，其事异也。王者之大，若天地然，天地无所劳于万物，而万物各得其性，万物虽得其性，而莫知其为天地之功也。王者无所劳于天下，而天下各得其治，虽得其治，然而莫知其为王者之德也。霸者之道则不然，若世之惠人耳，寒而与之衣，饥而与之

食,民虽知吾之惠,而吾之惠亦不能及夫广也,故曰,
其功异也。夫王霸之道则异矣,其用至诚,以求其
利,而天下与之。故王者之道,虽不求,利之所归。
霸者之道,不主于利,然不假王者之事以接天下,则
天下孰与之哉?①

王霸都具有仁义礼信之道,但却又被一称为王一称为
霸,这是因为它们的动机不同,即心异;由此而采取的手
段也就不同,即事异;动机和手段不同,产生的效果自然
也就不同,即功异;不同的效果表现就导致了名异。由
此,王安石认为王霸之别源于心异,王道实行仁义之道
是自然而发,心无所求,霸道实行仁义是故意而为之,是
为了表现给天下人看的,实际上霸者之心在利而并不具
备仁义,是借仁义之名以求利。王道实行仁义礼信能根
据不同时势审时度势,灵活变通;而霸道的信奉者实行仁
义无论情况如何变化都固守成式,一成不变。王者不求利
却使天下大治,霸道一心求利却劳而无功,无法永保天下。
　　司马光在《资治通鉴》中评论宣帝所说的"霸王道杂
之"时,提出了"王霸无异道"的观点。他说:

　　　　王霸无异道。昔三代之隆,礼乐、征伐自天子

---

①王安石:《临川先生文集》卷六十七《王霸》。

出,则谓之王。天子微弱不能治诸侯,诸侯有能率其
与国同讨不庭以尊王室者,则谓之霸。其所以行之
也,皆本仁祖义,任贤使能,赏善罚恶,禁暴诛乱;顾
名位有尊卑,德泽有深浅,功业有巨细,政令有广狭
耳,非若白黑、甘苦之相反也。①

他在其他地方又进一步解释说:

> 合万国而君之,立法度,班号令,而天下莫敢违
> 者,乃谓之王。王德既衰,强大之国能帅诸侯以尊天
> 子者,则谓之霸。②

> 合天下而君之之调王,王者必立三公,三公分
> 天下而治之,曰:二伯〔处乎外〕,一公处乎内,皆天
> 官也。周衰,二伯之职废,齐桓、晋文纠合诸侯以尊
> 天子,天子因命之为侯伯,修旧职也。伯之语转而为
> 霸,霸之名自是兴。自孟荀氏而下,皆曰:"由何道
> 而王,由何道而霸。"道岂有二哉!得之有浅深,成
> 功有小大耳。譬诸水,为畎为浍,为谷为溪,为川为
> 渎,若所钟,则海也。大夫、士,畎浍也,诸侯,溪谷
> 也,州牧,川也,方伯,渎也;天子,海也。小大虽殊,

---

① 《资治通鉴》卷二十七,中宗孝宣皇帝下甘露元年。
② 《资治通鉴》卷六十九,世祖文皇帝上黄初二年。

水之性奚以异哉!①

在他看来,王道与霸道并无实质差别,其治理之道都是
"本仁祖义,任贤使能,赏善罚恶,禁暴诛乱",王霸的不
同只是地位的差别和执行效果的差别。王霸地位有高
低,君万国者为王,帅诸侯者为霸;司马光认为道别无二
致,王霸得之有深浅,因此效果有大小,这些都只是程度
上的差别,并非截然相反的两个范畴,像海与川,只是大
小不同,但实质都是水。既然王霸无异道,就谈不上"杂
用",因为王道霸道本就不是两个有实质区别的东西,这
就进一步消除了王霸在治道上的差别,将王道与霸道更
为紧密地结合到了一起。

二程不同意王霸同道之说,也反对王安石以功利为
目的的富国强兵的变法运动,认为王霸"其道不同",明
确主张实行王道,反对霸道。对此,二程特意写下《论王
霸札子》来辨析王霸:

> 得天理之正,极人伦之至者,尧、舜之道也;用其
> 私心,依仁义之偏者,霸者之事也。王道如砥,本乎
> 人情,出乎礼义,若履大路而行,无复回曲。霸者崎
> 岖反侧于曲径之中,而卒不可与入尧、舜之道。故诚

---

① 司马光:《传家集》卷七十四《迂书·道同》。

心而王则王矣,假之而霸则霸矣,二者其道不同,在
审其初而已。《易》所谓"差若毫厘缪以千里"者,其
初不可不审也。故治天下者,必先立其志,正志先
立,则邪说不能移,异端不能惑,故力进于道而莫之
御也。苟以霸者之心而求王道之成,是衔石以为
玉也。①

在二程那里,天理是宇宙本体和道德本源,是宇宙的根
本法则,而私心是指人的私欲。天理人欲截然相悖,正是
私欲的存在才导致天理不明,因此要去人欲,存天理。天
理人欲延伸到社会政治领域,则表现为王霸问题。二程
认为王道是天理的自然表现,而霸道则是私心的运用,
"尽天道者,王道也。后世以智力持天下,霸道也"②。王
道得天理之正,极人伦之至,本于人情礼义,行王道即是
顺天道,尽天道,天下可轻松而治;而霸道假借仁义之偏
以求私欲,求私欲必害于天理,而且因其假借,必然要使
用计谋权术才能治理天下,所以霸道是劳而无功的,难
以达到天下大治。决定王霸的源头在于心之所本,是心
本于天理仁义诚心而王还是为一己私欲假之而霸,心之
出发点不同,政治也会有或王或霸的不同结果。因此,王
霸之分的关键在于"审其初",即人的动机、出发点,动机

---

①《河南程氏文集》卷一《论王霸札子》。
②《河南程氏粹言》卷二《君臣篇》。

差若毫厘,是天理或是人欲,则会导致谬以千里的结果,是王道或霸道。所以治理天下要先立其志,只要端正意志,以天理仁义为政治原则和出发点,不受私欲邪说的影响,就自然是行王道。然而,从三代以来,王道却一直没有实现过,"三代之治,顺理者也。两汉以下,皆把持天下者也"①。三代是顺天理而行,两汉以下则是靠权谋把持天下,二程否认汉唐以来有王道之治,认为自三代后就是霸道。二程把王霸与天理人欲、与动机效果联系起来,并认为汉唐皆霸道,二程的这些观点被朱熹所继承,随之便引起了中国传统政治哲学史上一次著名的"王霸义利之辨"。

南宋时期,围绕着三代汉唐的评价问题,朱熹和陈亮展开了著名的王霸义利之辩,这场辩论以汉唐评价、道与物、事功与道德为中心议题,涉及了理与欲、义与利、公与私、道与物、动机与效果等一系列政治哲学的理论问题。通过这些问题的论辩,王道霸道都被赋予了更丰富的内容,王霸之辨被推上了一个新的高潮。

在对待三代汉唐的问题上,陈亮认为当时的说法并不能令人信服。他说:"然谓三代以道治天下,汉唐以智力把持天下,其说固已不能使人心服;而近世诸儒,遂谓三代专以天理行,汉唐专以人欲行,其间有与天理暗合

---

①《河南程氏遗书》卷十一《师训》。

者,是以亦能久长。"①当时的儒者认为三代以道、天理治天下,是王道,汉唐以智力和私欲把持天下,是霸道。陈亮不同意这种观点,他说:"汉唐之君本领非不洪大开廓,故能以其国与天地并立,而人物赖以生息。惟其时有转移,故其间不无渗漏。……谓之杂霸者,其道固本于王也。"②汉唐功业洪大,不仅使国家强大,而且使百姓得以生息,虽然时有偏颇,但汉唐所为乃为天下公利,所以是合乎王道的。朱熹继承二程的观点,认为三代是王道,汉唐是霸道。他提出"尝谓'天理''人欲'二字,不必求于古今王霸之迹,但反之于吾心义利邪正之间"③,天理人欲应该从心之出发点即动机出发来考察,而不能从"迹"的现实效用表现来看,不能以成败论是非。从心之动机来看,汉唐君主不是出于义而是功利私欲之心,"若高帝,则私意分数犹未甚炽,然已不可谓之无。太宗之心,则吾恐其无一念之不出于人欲也"④。汉高帝的心已经有私意,唐太宗的心中就完全是人欲了。所以汉唐是霸道。由二人对汉唐的态度可以看出,朱熹是以动机、理欲、义利来辨王霸,而陈亮则以事功来评判王霸。

---

①《陈亮集》(增订本)卷二十八《壬寅答朱元晦秘书·又甲辰秋书》,邓广铭点校,中华书局,1987 年。
②《陈亮集》(增订本)卷二十八《壬寅答朱元晦秘书·又甲辰秋书》,邓广铭点校,中华书局,1987 年。
③《朱文公文集》卷三十六《答陈同甫》。
④《朱文公文集》卷三十六《答陈同甫》。

　　在对三代汉唐王霸评判时,朱熹和陈亮都将问题引伸到"道"。在宋儒那里,"道"都是指根本性本体性的东西,对道的不同认识直接导致不同的王霸观。朱熹认为道是抽象的形上之理,是独立存在的,是"亘古亘今常在不灭之物"①。由此,朱熹认为千五百年之间,"尧、舜、三王、周公、孔子所传之道,未尝一日得行于天地之间也"②。道在三代之后就从来没有实现过。这是因为"以儒者之学不传,而尧舜禹汤文武以来转相授受之心不明于天下"③,所以"汉唐之君虽或不能无暗合之时,而其全体却只在利欲上"④,因此三代是王道,汉唐只是霸道。而陈亮则认为道存在于事物之中,不能脱离事物而独立存在,是凭依于具体事物的法则的。因此,陈亮认为如果没有表现道的事物,道就不存在,道既然长存,足以证明汉唐也体现了道。三代与汉唐的区别,只是做的尽与不尽的不同,"三代做得尽者也,汉唐做不到尽者也"⑤。在这里,朱熹认为王道是天道的体现,而霸则不然,陈亮则认为王霸皆是道的体现,只是尽与不尽的程度上的差别。

---

①《朱文公文集》卷三十六《答陈同甫》。
②《朱文公文集》卷三十六《答陈同甫》。
③《朱文公文集》卷三十六《答陈同甫》。
④《朱文公文集》卷三十六《答陈同甫》。
⑤《陈亮集》(增订本)卷二十八《壬寅答朱元晦秘书·又乙巳春书之二》,邓广铭点校,中华书局,1987 年。

作为事功学派的代表人物,陈亮十分重视应用及功效,甚至在王霸问题上也以功效来评判王霸。他认为汉唐政治也有道,道在汉唐的表现就是汉唐君主的伟大功业,实现了强大的国家,保障了百姓的生活,这就是道的体现。陈亮还通过管仲辅助齐桓公的事例来说明霸道补充辅助王道,不仅不是背离王道,反而正是王道的需要。陈亮"合王霸为一体,否定了王霸二分。通过将王与实用主义政治学联系起来,陈亮使功利关怀成为王道这个道德概念的一部分;因此,他的王霸统一弥合了手段与结果之间的鸿沟。陈亮运用这种伦理主张,能将注意力集中于政治行为的效果,而不被行为的道德问题所束缚"①。

朱熹与陈亮的王霸义利之辩体现了南宋时期理学与反理学的事功学派之间关于道与事功、动机与效果的论争。通过解读朱熹、陈亮的王霸之辩,我们可以很清楚地看出他们各自的王霸观。朱熹以心、动机、理欲、义利来辨别王霸,认为王道是以天理为本,本于仁义,霸道则是出于私欲私利,二者是截然不同的。陈亮则从现实事功的角度来评判王霸,认为事功即是道的表现,霸道的功业就是本于王道的,霸道与王道并非对立的,相反,霸本于王,霸道是王道的补充与辅助,从而对霸道有所肯

①[美]田浩:《功利主义儒家——陈亮对朱熹的挑战》,姜长苏译,江苏人民出版社,1997年,第95页。

定。陈亮还通过夏启灭有扈氏、武王伐纣、周公东征等史实,说明历史中的王道政治也杂有霸道,从而说明王道霸道本来就是混杂在一起的,并无根本区别。

两宋时期,儒者对王霸问题不再是试图寻找二者各自的合理性,协调王霸,而是从动机和出发点的角度严格区分辨别王霸。宋明时期是儒学发展的第二个高潮,是儒学的复兴。这一时期儒学以一种精致思辨的哲学方式探讨王霸问题。两宋时期的理学家认为"天理"是宇宙的本源,是道德的基本原则和标准。天理和人间的道德都是宇宙的根本,是一切事物的根源,是绝对的,永恒的。王道是天理的自然流行,霸道则是出于私意和人欲。此时还有一批功利主义学者,或者称之为事功学派,他们从实际功利效用的角度肯定霸道的事功,认为霸道正是对王道的补充。

四、明清——王道理想的坚守

到了明代,程朱理学逐渐流于僵化的教条和士人谋取功名的工具。心学由王阳明开始流行,心学认为理在心内,主张向心内寻求天理良知。王阳明对王霸的认识就是建立在这种思想的基础上的。王阳明关于王霸的论述主要集中在《答顾东桥书》一文中。他说:

三代之衰,王道熄而霸术昌;孔、孟既没,圣学晦而邪说横:教者不复以此为教;而学者不复以此为学;霸者之徒,窃取先王之近似者,假之于外,以内济其私已之欲,天下靡然而宗之,圣人之道遂以芜塞,相仿相效,日求所以富强之说,倾诈之谋,攻伐之计,一切欺天罔人,苟一时之得,以猎取声利之术,若管、商、苏、张之属者,至不可名数。既其久也,斗争劫夺,不胜其祸,斯人沦于禽兽夷狄,而霸术亦有所不能行矣。世之儒者,慨然悲伤,搜猎先圣王之典章法制,而掇拾修补于煨烬之余;盖其为心,良亦欲以挽回先王之道。圣学既远,霸术之传积渍已深,虽在贤知,皆不免于习染,其所以讲明修饬,以求宣畅光复于世者,仅可以增霸者之藩篱,而圣学之门墙遂不复可观。……间有觉其空疏谬妄,支离牵滞,而卓然自奋,欲以见诸行事之实者,极其所抵,亦不过为富强功利五霸之事业而止。圣人之学日远日晦,而功利之习愈趋愈下。其间虽尝瞀惑于佛、老,而佛、老之说卒亦未能有以胜其功利之心;虽又尝折衷于群儒,而群儒之论终亦未能有以破其功利之见。盖至于今,功利之毒沦浃于人之心髓,而习以成性也几千年矣。……所幸天理之在人心,终有所不可泯,而良知之明,万古一日,则其闻吾"拔本塞源"之论,必有恻然而悲,戚然而痛,愤然而起,沛然若决江河而有所不可御者矣!非夫豪杰之士无所待而兴者,吾谁与望乎？①

由此段论述我们可以看出，王阳明认为王霸是对立的，他肯定王道而否定霸道，认为霸道是假仁义以济私欲，霸道求富强，讲诈谋、行攻伐，欺天罔人，猎取声利。霸道在三代以后流行，天下之人争相效仿，给社会带来更多的争夺混乱，霸道之治也走到了穷途末路。有些儒者采取各种办法以试图恢复王道，然而他们却大都无法摆脱霸道积渍已深的影响，他们的种种努力也无济于事或者不过仍是霸道，功利之见已经深入人心，成为了习性，群儒始终未能从这种积染之中解脱出来。所幸的是人心之中自有天理尚未泯灭，因此只有拔本塞源，向心内反求良知王道，才可以改变这种状况，从霸道之中解脱出来，恢复王道。

　　明清之际，以宋明理学为主导思想的明朝国破君亡，这种社会政治上的巨变引起当时思想界的反思。儒家学者纷纷对儒学和社会历史进行深入反思，揭露以往的种种弊端，积极改造儒家政治哲学，重新设计理想的社会政治形态。这个时期的儒者对王道霸道的分析较之前代更加详细，王道仍然是他们的理想，但对霸道则有了更客观的认识。他们试图通过王霸之辨反思社会

①《传习录·答顾东桥书》。

政治不断衰退的原因,重新恢复王道。

黄宗羲认为王霸之分不在事功而在心术。他分析道:

> 王霸之分,不在事功而在心术:事功本之心术者,所谓"由仁义行",王道也;只从迹上模仿,虽件件是王者之事,所谓"行仁义"者,霸也。不必说到王天下,即一国所为之事,自有王霸之不同,奈何后人必欲说"得天下方谓之王"也!譬之草木,王者是生意所发,霸者是剪彩作花耳。[1]

黄宗羲没有把仁义和事功分别归于王道霸道,王道也有事功,王霸的事功是不同的,一本于仁义,一为迹上模仿,因此王霸的分别在心术而不在事功。王道是仁义的自然而发,王道并不排斥否定事功,因为王道的事功是由仁义的自发而具有的,事功本于仁义之心;霸道只是迹上模仿,试图以事功来表现其仁义,仁义是特意表现出来的,不是自然而发的,所以他又说"霸者只在事功上补凑,王者在心术上感动"[2]。"王者未必不行霸者之事,而霸者不能有王者之心"[3],王道之中有可能杂有霸道,但

---

[1]《黄宗羲全集》第一册《孟子师说》卷一,浙江古籍出版社,1985年。
[2]《黄宗羲全集》第七册《孟子师说》卷七,浙江古籍出版社,1985年。
[3]《黄宗羲全集》第七册《孟子师说》卷七,浙江古籍出版社,1985年。

霸者是肯定没有王者的仁义之心的,因为他只重事功。

在此基础上,黄宗羲对以往的社会历史进行了回顾,认为三代以后,君心皆无仁义。他认为:"国之所以治,天下之所以平,舍仁义更无他道。"①治国须以仁义,然而战国之后,君主都不具备王者之心,背离三代圣王以仁义治理天下的原则,追求没有道义的事功,当时"人主之所讲求,策士之所揣摩,只在'利害'二字,而仁义反为客矣。举世尽在利欲胶漆之中"②。帝王皆无王者之心,而只有利欲之心,行霸者之事。这正是造成社会历史不断倒退、社会混乱的原因,即君主心术不正,不在仁义而在利欲。即使是在汉唐,帝王心术也只在霸。这样,黄宗羲就在辨析王霸的基础上得出了天下久乱不治的原因在于君主心术的结论。

王夫之是明清之际重要的思想家,他集前代思想于一身,并在此基础上进行改革重构,创立了庞大而丰富的思想体系。在王霸问题上,他主要是通过对《孟子》一书的解读而提出了自己独特的理解。然而他却并没有摆脱传统政治哲学思想的影响,虽然他提出了很多对儒家思想和政治问题的批判并试图对此进行变革,但他仍然坚持以王道为理想和目标,期望实现理想的王道社会。

王夫之认为王霸之分在仁,他对王霸各自的特点进

①《黄宗羲全集》第一册《孟子师说》卷一,浙江古籍出版社,1985年。
②《黄宗羲全集》第一册《孟子师说》卷一,浙江古籍出版社,1985年。

行了详细的说明：

> 王霸之分，学术邪正之辨，即世运盛衰之别也。
> 王之所以异于霸者，无他，仁而已矣。王者以清心寡
> 欲为本，而无欲之极，天下为公，推而行之，其教之养
> 之之政，一本于恻袒之至诚。霸者异是：其心，利欲之心
> 也；其政，富强之政也。时虽假仁以行，而不足泽及斯
> 民。故天下之戴王者无已时，而霸者则暂服而终离。①

王夫之以仁作为划分王霸的标准，他认为王道出于仁
心，以清心寡欲为本，而无利欲之心，天下为公；而霸道则
出于利欲之心，追求功利私欲。由此王道霸道所采取的
政治手段也不同，王道本于仁义之心养民教民，霸道求
富求强，虽然也有假借仁义，但此仁义不足以惠及百姓。
这样王道霸道就产生了不同的结果，王道始终得到天下
之人的拥戴，霸道只是使天下之人暂时归服，但并不能
长久，终会失去他们。所以，王夫之总结到："霸者尚功，
王者尚德，固已。"②"欲图王者，必先度德。伯可以功成，
王必因德致。"③王道尚德，只有达到了一定的道德要求、
以德服人才能成王，霸道尚事功，建立了事功就可以

---

①王夫之：《四书训义》卷二十七。
②王夫之：《四书训义》卷二十七。
③王夫之：《四书训义》卷二十五。

称霸。

　　然而世人却不明王霸之辨，一味地追求霸功，认为："王道迂阔无速效，宜乎古不宜乎今，则不如修管、晏之法，以富以强，而可以雄长。"①王夫之认为世人没有正确认识王霸，急功近利，追求眼前之利，造成了道不能明、世不能治的局面。对此，王夫之又对王霸进行进一步的比较说明，他说：

　　　　霸者之以内息其民，而外为分灾救患之术者，仁也。而所恃者，则为其兵威之足以胜人，而假此以动天下也，其必有其土地而后有其人民，有其人民而后兵可强，威可盛也……国大而后伯成，力已竭矣。若夫王者之仁，保一国以保天下，其心不忍伤物也，其事则顺其心而出之也。于是而不贪功利之情，为天下所共信，而覆育弱小之政，为天下所共依，则无假于兵威，无借于土地，而何待大焉……则有待者使无可挟之势，伯终不成，无所待者即此固有之资，而王业已定。②

霸道在春秋战国时期确实能够快速有效地增强国力，王道则显得迂腐。然而霸道的有效是建立在兵威胜人的

————————

①王夫之：《四书训义》卷二十七。
②王夫之：《四书训义》卷二十七。

基础上的,要增强兵力威势就要以土地人民为基础,只有土地人民才能保证其实力,而对土地人民的争夺又会耗费大量国力,等国家称霸的时候,国力也基本耗尽了,这样霸者的地位反而又没有了保障。而王道不贪功利,只是顺仁心而行事,不依赖于兵力和土地等其他的东西。当霸道失去其所依赖的基础,霸业将不成或不保,而无所依赖的王道,只靠它固有的仁心,就可以成其王道。"盖霸以小惠,而王以大德也"①。所以"即使迟之又久而始成乎王,抑贤于伯功远矣"②。因此,王夫之提出要"明王道,黜霸道,君子之于此严矣"③。

王夫之以仁心利欲区分王霸,这与以往儒家的王霸观没有大的差异,但较之前代,他对王霸进行了比较详细的说明,对王霸的内涵、特点和结果进行了分析比较。同时作为反思思潮的代表人物,王夫之也以王霸来反思当世的政治问题,认为社会的混乱是由于人们不明王霸之辨,盲目追求霸功,所以他最后仍将王霸之辨的目的归结为要恢复王道,没有脱离传统政治哲学观念的影响。

五、近代——传统王道的改良和王霸问题的新转向

近代中国,鸦片战争打开了中国的大门,中国的落

---

①王夫之:《读四书大全说》卷十。
②王夫之:《读四书大全说》卷十。
③王夫之:《四书训义》卷二十七。

后和西方文化的引入使中国传统儒家思想受到强烈的冲击。此时的王霸问题,已经不再是何为王何为霸的辨析,也不再是崇王黜霸抑或王霸并用的争论,而是一直被视为儒家最高理想的王道政治的合理性受到了冲击和怀疑。西方的政治价值观念的传入和中国所表现出来的落后使当时的思想家对儒家政治价值观念和王道理想进行了反思,认为儒家的王道中有很多造成落后和阻碍发展的因素,试图以西方文化对王道理想中的落后因素进行改良。辛亥革命后,帝制的终结和共和制的建立使儒家传统的王道理想失去了王权依托而最终消退在思想家的视野,民主、平等、自由等西方价值观念取代了王道成为政治思想的主题。

康有为在《孟子微》中著有《王霸》一篇,认为王霸没有性质上的差别,只是不同的称谓而已。他说:"王霸之名义,盖自古有之。"①王霸只是一对由来已久的不同称谓,而并没有内涵上的实质差别,有时霸即是王,王即是霸。比如他说项羽西楚称霸,"此霸王盖为诸王之霸,即天子之义,而臣诸王者,可知称霸与称王无别"②。虽然项羽自称霸,但实际上与称王一样,都是表示他是一统天下的天子。他又说:"如尧、舜、孔子,乃能以德教服人心,乃当王之一义。故《春秋》以孔子为新王,所

①康有为:《孟子微》卷三《王霸》。
②康有为:《孟子微》卷三《王霸》。

谓善教以德行仁,为后世之教王者也。"①康有为认为王有政治上统治天下的君王,也有宗教意义上作为思想领袖的教王,"教王为民所爱,天下心服,入其教者,迁善而不知,过化存神,东西南北,无思不服"②。政治上的王一统天下,教王在思想上教化百姓向善。康有为并没有对王霸进行区分,反而把王分为君王和教王,将政治与思想分开来论。

康有为的注意力不在王霸之别,而在以西方思想重塑理想政治,改造儒家的王道理想。他以《周易》的变易观为基础,结合公羊学的三世说与《礼记》中的大同小康,提出了公羊三世说,"所传闻世为据乱,所闻世托升平,所见世托太平。乱世者,文教未明世;升平者,渐有文教,小康也;太平者,大同之世,远近大小如一,文教全备也"③。认为"人理至公,太平世大同之道也"④。在康有为看来,太平世即大同社会是最好最理想的社会,他在此基础上吸收了西方的政治思想,设计出了他的最理想的社会即大同社会,以此对儒家的王道理想进行改造,试图建立起一个新的理想政治形态。

康有为认为历史进化的过程是由乱世到升平世再

①康有为:《孟子微》卷三《王霸》。
②康有为:《孟子微》卷三《王霸》。
③康有为:《春秋董氏学》卷二。
④康有为:《礼运注》。

到太平世、大同,所以理想政治在未来,而不像儒家所认为的王道存在于久远的三代。康有为把最美好的政治理想由远古转移至未来,未来的理想大同世界是一个至平至公至仁至乐的世界。"大同之道,至平也,至公也,至仁也,治之至也,虽有善道,无以加此矣"①。在大同世界里没有等级贵贱,没有贫富之分,没有男女之别,"无所用其私","人人皆公,人人皆平"②。康有为改造了儒家的三纲五常,代之以西方的自由平等,主张以西方的平等观念实现人人平等的大同世界。王道以道德伦理为原则和目标,强调道德的至上性、纯粹性而忽视甚至压制人的利欲之心,重义轻利,宋明时期更是提出"存天理,去人欲"。康有为则肯定人欲的合理性,认为人欲是社会进化的动力。他认为人欲是天性自然,大同世界从人性出发,顺应人去苦求乐的本性,满足人更高的精神和物质享乐欲望,使人感到快乐。去苦求乐是大同世界的目标和标志。王道与大同世界都以仁为实现的主要途径,康有为更将不忍人之心作为大同社会的起点,"人道之仁爱,人道之文明,人道之进化,至于太平大同皆从此出"③。然而王道政治与大同社会中的仁含义是有差别的。王道政治将王道的实现归结于君心,认为只有君

---

① 康有为:《大同书》。
② 康有为:《大同书》。
③ 康有为:《孟子微》。

主具有仁爱之心，才可以推行仁政，感召百姓效仿君王的仁爱精神。而康有为以西方的博爱来解释仁，认为："仁者，在天为生生之理，在人为博爱之德。"①实现大同世界的根本途径在于人的"不忍人之心"，人类的痛苦归根结底在于人们不能相爱，人人都把自己的仁爱之心发扬光大，大同世界就实现了。在这里，康有为把理想政治实现的途径由君主一己之仁扩放至天下之人的博爱，将孔子的仁和西方的博爱说结合起来。这样，康有为对儒家由来已久的王道进行了改造和重构，试图以大同世界取代儒家的王道理想。

如果说在近代之初，深受儒家文化影响而又接受了西方文化试图革新的思想家对王道理想还残存着那么一丝留恋与不舍的话，那么辛亥革命则彻底打碎了这个梦想。儒家王道理想以仁与礼为核心，仁爱的道德精神是王道精神价值世界的要求，而在现实政治生活中，仁的落实则要完全依赖君主。同时，王道以礼作为维持社会政治秩序的制度规范，礼是以三纲五常为主要内容的等级制度，正是仁与礼共同构成了儒家的王道理想。然而辛亥革命却摧毁了这一切，辛亥革命推翻了封建帝制，建立了民主共和。帝制王权的崩溃使王道失去了赖以存在的政治基础，而鸦片战争以来对三纲五常的批判

①康有为：《中庸注》。

和民国成立后临时约法的颁布则将儒家的礼乐制度推出历史的舞台。这样一来,儒家传统的王道失去了现实政治基础,儒家传统意义上的王道被否定,随之而来的结果便是王霸之辨失去了存在的意义。辛亥革命后,人们在政治领域关注的重点已不是王霸,而是对王道的反思批判,西方传入的民主自由平等博爱的观念则取代了王道理想成为人们追求的政治目标。

前面之所以强调是儒家传统意义上的王道理想被辛亥革命打破,是因为王道并没有彻底覆灭,而是从传统意义上被提升到了一个新的层次。王道之中的礼制和君主观念被剔除,然而王道中所包含的仁爱的道德精神却被保留了下来。这大概是因为仁爱是一种普适的价值要求,无论何种政治形态,总是要以道德为最高原则,最终的价值总要归依到对万物的仁爱、对生命的崇敬。自此,王霸被赋予了新的内容和意义。

孙中山就以新的角度重新解读了王霸问题,以王霸区分东西方文化,从而使王霸问题具有了新的内涵和发展方向。他说:

> 东方的文化是王道,西方的文化是霸道;讲王道是主张仁义道德,讲霸道是主张功利强权。讲仁义道德,是由正义公理来感化人;讲功利强权,是用

洋枪大炮来压迫人。①

他又进一步解释说:

> 从根本上解剖起来,欧洲近百年来是什么文化呢?是科学的文化。是注重功利的文化。这种文化应用到人类社会,只见物质文化,只有飞机炸弹,专只有洋枪大炮,专是一种武力的文化。欧洲人近有专用这种武力的文化来压迫我们亚洲,所以我们亚洲便不能进步。这种专用武力压迫人的文化,用我们中国的古话说就是"行霸道",所以欧洲的文化是霸道的文化。还有一种文化,好过霸道的文化,这种文化的本质,是仁义道德。用这种仁义道德的文化,是感化人,不是压迫人。是要人怀德,不是要人畏威。这种要人怀德的文化,我们中国的古话就说是"行王道"。所以亚洲的文化,就是王道的文化。②

东方文化是以仁义道德感化人的王道,西方文化是以物质、武力、功利文化和强权政治为特征的霸道。王道优于

①《孙中山全集》第十一卷《对神户商业会议所等团体的演说》,中华书局,1986年,第407页。
②《孙中山全集》第十一卷《对神户商业会议所等团体的演说》,中华书局,1986年,第405页。

霸道,是真正符合正义和人道、有益于民族国家的政治文化。虽然如此,孙中山仍然主张要王道霸道并用,以王道为基础,以霸道为保障。他又进一步指出东方文化之所以落后于西方,就在于只重王道轻视霸道。可以看出,孙中山对王道霸道的理解基本上是以传统王霸观为基础的,但他更进一步剥离了王霸的实践性,把王霸抽象为政治的原则和特点,转化成为单纯的政治文化类型。孙中山的王霸思想不是像古代一样兼具实践之道,或者说以前的王霸兼具政道与治道,而孙中山则抛弃了治道,只从政道层面上来区分王霸。这样,更抽象意义上的王霸也就具有了更宽泛的使用,被用来区分东西政治文化的差异,这种新的内涵一直延用到今天,仍具有重要的作用和意义。

第二节　王霸之辨的历史影响

从王霸的发展历史来看,自早期儒家提出王霸问题以来,对王霸的辨析和讨论就一直贯穿于整个传统政治哲学的发展历史之中,各个时期的思想家都对王霸问题进行争论、论证和延伸,这些观点逐渐构成了中国传统哲学的理论体系。早期儒家通过王霸之辨而建构起来的王道理想更是一直主导着传统政治哲学的主题和价值信仰。同时,王道霸道作为两种不同的治理模式,不仅为思想家争论不休,对传统社会的政治实践也产生了重大的影响,形成了霸王道杂之的现实政治模式,这种模式自汉代以来就一直存在于整个中国传统社会的现实政治生活之中。同时,在汉代儒学成为主流意识形态以后,王道作为理想政治模式为中国传统社会提供了基本的政治原则导向和政治信仰,塑造了传统中国的政治行为方式,形成了独特的中国传统政治文化。

一、早期儒家王霸之辨与中国传统政治哲学的逻辑建构与思想演绎

在传统政治哲学中,政治哲学的主题是关于人类美好政治生活的哲学思考。对美好社会政治生活的追求是人的本能,然而现实的政治总是存在着这样那样的不足之处。因此,人们总在怀疑和反思当下的政治生活,思考如何改进,何种政治是最美好的,追问最理想的社会政治,并对所建构的理想政治进行论证和说明。政治哲学的这个主题追问在社会政治比较混乱的年代尤其突出,越混乱的社会政治越能激发人们对理想政治的向往和创造力。中国传统政治哲学正是发端于混乱的春秋战国时代,分裂混战的社会状况使当时的思想家们纷纷寻求安定之道,构想美好的政治生活,以此来引导和纠正现实政治。早期儒家认为理想的政治应该是像古代尧舜禹汤文武时代那样的王道政治,王道就是最美好的

政治;然而现实政治却四处充斥着霸道,早期儒家由此
而展开了王霸之辨,并通过王霸之辨论证了王道政治的
理想地位。

　　早期儒家在王霸之辨的过程中完成了儒家传统政
治哲学的基本思想体系的架构。他们围绕着王霸之辨
展开逻辑推论与证明,以为王道提供作为理想政治的合
法性、合理性和现实性依据,王道既是早期儒家政治哲
学思考的逻辑出发点又是最终的归宿点,儒家政治哲学
的其他许多重要观念都是它的延伸,可以说整个中国传
统政治哲学都是以王道为中心而建构起来的。早期儒
家以天命天道为王道的合法性确立了终极价值归依,以
上古三代的历史作为王道存在的现实证明,以人性的可
教化作为王道实现的现实可能性基础,从天人观、历史
观、人性论三个方面论证并揭示王道理想的合法性和合
理性。王道政治最基本的内容和价值观念则表现为中
国传统政治哲学中的仁政、德治、礼乐、民本、圣王观、义
利观等中国传统政治哲学中的主要范畴和命题。早期
儒家以王霸之辨为中心展开了传统政治哲学的所有理
论问题的思考,形成了传统政治哲学的基本理论体系,
后世儒家虽然有所发展和深入,但基本上都没有超出这
些基本理论命题的范围。儒家对政治的本质、目的、原
则、途径的理解也在王霸的论辩中确立了基本的思维方
向,后期儒家的政治哲学的思维模式都是以此为导向和

前提的。

从早期儒家的王霸之辨的产生和发展过程中我们可以看到儒家政治哲学的体系是如何一步一步建构起来的。在早期儒家那里,王霸并不是两个纯粹的抽象的概念,不是如西方学者那般来自于人的单纯的理性演绎。相反,王道霸道来自于当时的现实世界,是早期儒家求之于古今王霸之迹而从历史现实中总结出来的,是早期儒家眼中客观的历史存在。霸道存在于当时的社会现实之中,人们对霸道的认识都是从现实中得出来的,王道则来源于历史。当人们面对混乱的社会现实期盼美好的政治生活时,他们不是去运用理性来设想出一个至美至善的世界,而是把目光投向以往的历史,从历史中寻求精神的寄托。早期儒家认为历史上存在着尧舜禹文武王这样的圣王,或者称为先王,他们创造了一个个美好的时代,一个个完美的政治形态。早期儒家认为这些就是最美好的社会政治,现实的混乱源自于先王之道的破坏。因此,早期儒家无不致力于恢复先王之道,认为这是实现理想政治的路向,他们对先王之道进行总结归纳,进而将先王之道提升为王道,所以,王道是早期儒家在历史的追寻中由"先王之道"总结而产生的。也正是因为王道是历史中曾客观存在的,从而具有了现实的证明,由王道曾经出现证明王道可以实现。这样,早期儒家由历史总结出王道,以历史来证明王道,又以王道来解读历史，后世儒者沿着这一思路来探究历史，以"通古今之变"作为自己思想研究的重点之一，以历史佐证理论，由此而形成了传统政治哲学中的历史观。

　　紧接着，人们也许会问为什么王道是理想的政治？历史上曾出现的王道是否在后代可以实现？为什么现实的霸道不合理？为了回答这些疑问，完善王道理论，早期儒家又将思考的对象转向了人。对人的关注也是政治发展的必然要求，政治是人的政治，人们必须要了解人性是什么样的，才能据此来判定何种政治才是美好的政治。政治之所以是理想的，是美好的，实际上就在于它是符合人性特点和满足人性需要的，所以，对人性的认识是整个政治哲学的逻辑起点，由人性才能得知人类需要什么样的社会政治。因此，论证一种政治形态是否美好，就必须对人性作一个前提说明。正是在这样的要求下，早期儒家展开了对人性的探讨。他们对人性进行某种假设，假设人性是善或恶，无论对人性有怎样不同的认识，但却有一个共同的结论，即人性可善。早期儒家以人性可善来说明实行仁政的王道是最符合人的本性要求和特点的政治形态，又以人性皆可善为基础和前提论证了王道是可以实现的。早期儒家对人性的关注为后世思想家所继承，历代思想家对社会政治理想的设想都是以人性的判定为逻辑出发点的。

　　在春秋时期，儒者的任务在于为混乱的社会重新寻求理想政治,战国末期出现的统一趋势及汉代的一统天下则要求要有统一的完善的思想体系与之相适应,人们也需要对社会政治现象有更抽象的根本性的认识,欲"闻大道之要,至论之极"①。显然,儒者原来建立在历史经验和人性假设基础上的王道需要更高意义上的本体性说明。一个理论若想得到人们的认可和信从,就必须要有完整的理论体系,这个体系不能仅建立在历史经验和假设的前提条件之上,而必须要有一个本体论的终极价值依据以为其合法性提供权威的依据。在中国古代社会,早期儒家所能认识到的本体就是神秘的天。人们对于天的崇敬由来已久,天是神秘有意志的人格神,是主宰之天、意义之天。因此,儒者为了说明王道的意义价值所在和权威性,就以天命和天道来作为王道的本体性的终极价值根据,认为王道是天命所在,是天道在人间的体现,王道来自于天道。这样,早期儒家就以天为本体进一步完善了王道理论体系,确立了王道的价值权威。此后,天就成了儒家的价值本体,儒者在展开自己的思想之前,都会先提出对本体之天的理解,在传统政治哲学中就出现了诸如天命、天道、天理等一系列对本体之天的解释和应用。

　　早期儒家从历史、人性和天人的角度,通过外在的

────────

① 《汉书·董仲舒传》。

逻辑归纳总结和演绎,论证了王道的合法性、合理性和现实可能性,后世儒者对此进行继承和发挥形成了传统政治哲学中的历史观、人性论和天人观。

　　这个美好的政治王道究竟是什么样的? 王道本身具有哪些特点或哪些内容呢? 王道脱胎于历史上的先王之道,早期儒家从先王之道中总结出了道义和仁政的思想,他们认为先王之道之所以美好,就在于先王高尚的道德和仁爱之心,先王的道德和仁爱是天命所赋予的,是先天存在于先王的本性之中的,先王以仁爱天下之心治理天下,这就是仁政;先王之道的美好还在于先王为了维护社会生活秩序创制出来一套礼义制度,这套礼义制度来源于天道,符合人向善的本性。在早期儒家看来,先王之道的核心就是仁和礼。王道由先王之道演化而来,自然要继承和发挥仁和礼的核心思想。所以在早期儒家那里,王道包含着两个方面的含义,一是仁爱之心的道德要求和境界,一是礼义制度的社会秩序要求。王道以仁政为基本的政治原则,仁政具体表现为为政以德,为政以德以君主的道德为前提,以"以民为本"为基础,以礼义制度为政治制度规范,以道德教化为具体的政治措施,以义为政治价值标准,这些内容在前面均已有详细论述,所以在此便不再赘述。这就是王道学说的基本内容表现,其中涵盖了传统政治哲学中所有的基本命题。

所以说,传统政治哲学是以王霸之辨为核心逐渐建构而成的理论体系。传统政治哲学的基本命题不但由王霸之辨延伸而来,而且还从各个方面论证和维护了王道作为美好政治理想的地位。早期儒家王道政治的仁礼核心思想、仁德的政治原则、以民为本的政治基础、礼仪教化的政治形式、重义轻利的价值导向都在王霸之辨中得以确立,并成为基本固定的思维方式和价值倾向,并自此成为传统政治哲学基本的思维模式和价值导向,影响着整个传统政治哲学历史。

二、早期儒家王霸之辨与传统政治实践

早期儒家的王霸之辨不仅是传统政治哲学的核心,对传统社会的政治实践也产生了重要的影响。

儒者一直是积极的入世者,他们胸怀天下,有内圣外王的人生追求,所以,他们所提出的王道理想及王霸之辨,绝不仅仅满足于理论的探讨和思索,而是努力地想把王道理想在现实中实现。早期儒家为了实现王道而孜孜不倦地宣扬其政治思想。然而在诸侯争霸的乱世,儒家王道思想并没有在现实政治实践中产生太大的影响,反而因其迂阔而被废弃,法家的霸道思想却因其速效而得到大多数国家的青睐。秦以霸道一统天下,并因此崇霸抑儒,发生了焚书坑儒的惨剧,儒家王道遭到统治者及现实的彻底否定。秦以霸道治理天下,二世而

亡,继之而起的汉代吸取秦由霸道而亡的教训,在立国之初以黄老思想休养生息,恢复天下之元气,到了汉武帝,天下已经恢复安定。此时社会政治的长治久安成为最重要的政治问题,黄老思想已不能满足当时的政治需要,统治者需要另一种理论来治理社会维护统治。儒家政治思想逐渐进入统治者的视野。儒家王道思想因其与法家相反的政治主张和大一统、维护君权、礼治等特点而受到统治者的欣赏,儒家思想开始正式登上政治舞台。经汉武帝"罢黜百家,独尊儒术",儒家思想一跃成为官方的意识形态,王道也成为传统政治实践的最高目标,历代君主和臣子无不以实现王道为最高理想和人生追求。然而王道理想又具有很强的道德理想性,王道理论在具体治理天下的过程中又有很多不足,加上"汉承秦制",本来就存有很多秦朝的"遗迹",所以在汉代具体政治过程中实际上采取的是"霸王道杂之"的政治模式。这种模式适应传统社会的需要,也取得了很好的效果,于是就为后代统治者所继承,成为传统社会政治实践的基本模式。此后历代虽或有霸道横行,或有王道复兴,但这种政治格局在现实政治生活中始终没有被打破,王道始终是一种理想和原则,霸道则存在于具体的事务之中,王霸并用,德刑礼法互补。

（一）王霸之辨与霸王道杂之的政治模式

尽管在西汉时期儒家思想被尊为意识形态,但是并没有真正完全融入社会政治的实践,而是一直以"霸王道杂之"的形式王霸并存。由于王道是早期儒家所设想的理想政治,它的政治价值标准和政治原则都是道德性的,因此它就具有一定的抽象性和理想性,与社会政治现实还有一定的差距,不可能完全贴合和适应现实政治实践。所以,从某种意义上我们可以认为"霸王道杂之"的政治模式就是王道与现实政治结合的最佳状态,把道德原则和价值追求与实际事功结合起来,而不是只谈心性道德期待事功自然而来。这种模式也在政治实践中得到了验证,成为传统政治中基本的政治模式,为后世统治者所使用。

"霸王道杂之"是汉宣帝最先提出的。在《汉书·元帝纪》中有这样的记载:"孝元皇帝,宣帝太子也……壮大,柔仁好儒。见宣帝所用多文法吏,以刑名绳下,大臣杨恽、盖宽饶等坐刺讥辞语为罪而诛,尝侍燕从容言:'陛下持刑太深,宜用儒生。'宣帝作色曰:'汉家自有制度,本以霸王道杂之,奈何纯任德教,用周政乎!且俗儒不达时宜,好是古非今,使人眩于名实,不知所守,何足委任!'"宣帝将汉代制度概括为"霸王道杂之",这种政治模式自汉代成立之初就已经存在于社会政治生活之中了。

在秦汉时期,王道霸道之争表现为儒法之争。秦朝以法家霸道思想治理天下,实现富国强兵,很快就成为强国,横扫诸侯,一统天下,在统一以后又以法家霸道治理天下,建立了中央集权制,实行严刑酷法,结果二世而亡。汉代紧随秦代而建立,所以它不免受到秦的影响。这种影响是双方面的,一方面,汉代在秦的基础上成立,汉代的官吏之中还有很多主张法家思想的文史,所以西汉成立之初在具体的政治制度和政治理念上很难摆脱秦朝法家霸道的影响,更何况正是霸道助秦迅速强大一统天下的,汉代统治者对秦代的霸道还是有所保留的。另一方面,西汉政治思想家又看到秦以霸道而亡,他们不约而同地都注重反省秦政霸道的弊害,他们认为秦代之所以迅速灭亡,在于它"仁义不施",单纯以霸道为治理之道。所以西汉吸取了这个教训转向与法家霸道相反而强调王道的儒家,将儒家思想引入进来修正秦政的不足。这样,在西汉政治中就同时存在着儒家王道和法家霸道的思想。汉武帝更是一方面独尊儒术,把儒家思想尊为西汉的意识形态,同时又重用法术之士,不断强化中央集权,实行法治。从现实政治的角度来看,儒家王道思想在引入之初并没有真正被统治者完全接受,只是粉饰政治的一种工具。儒家王道作为官方思想存在于西汉的意识形态领域,而法家的霸道则从这个位置上退了下来,仅存于实际政治的施行过程中。就这样,自汉武帝起,在现实社会政治生活中,汉代一直采取的就是霸王道杂之的模式。严耕望曾分析了汉代政治的特点:

"其政则儒,其术则法,故中央大臣如丞相者以儒家为多,实际亲民治事者则文吏为众。"①

汉代"霸王道杂之"的政治模式是儒家王道思想与现实结合的最好的形式,适应了当时社会政治现实情况,成为一种行之有效的治理模式,为后世历代统治者所采纳,成为了传统政治实践中稳定的政治模式。自汉以后,中国古代各个王朝都不同程度地以"霸王道杂之"的模式来进行统治,从中国历史来看,在古代凡是强大的王朝无不以此为政治策略,如汉、唐、宋、清等。这里我们可以借用贺昌群所列举的各统治者的言论来加以证明。贺昌群曾举例说唐太宗谓群臣曰:"朕虽以武功定天下,终当以文德绥海内。文武之道,各随其时。"宋太宗谓宰相曰:"治国之道,在乎宽猛得中,宽则政令不成,猛则民无所措手足,有天下者,可不慎之哉!"明太祖则主张"为天下者,文武相资,庶无偏颇";清世宗雍正也说过:"自古为政者,皆当宽严相济。所谓相济者,非方欲宽而杂之以严,方欲严而杂之以宽也。惟观乎其时,审乎其事,当宽则宽,当严则严而已。"以上所谓"文武之道""宽猛得中""文武相资""宽严相济",讲的都是王霸并用之道。"汉代政制所以能开百代之规模者,盖在王霸

---

① 严耕望:《汉代地方行政制度》,"国立中央研究院"历史语言研究所集刊,1954年,第137页。

之道并用也"①。

（二）王道与王权的合法性和道德性

从现实政治实践的角度来看,儒家王道理想中最符合统治者需求的不仅是其仁的精神和礼的秩序,更重要的是其维护统治者地位的大一统的精神。虽然"大一统"的概念在《春秋公羊传·隐公元年》中第一次被提出,但大一统的观念却一直存在于儒家思想之中。儒家理想中的盛世西周就是一个统一的时代,天下统一于周天子,各诸侯国以周天子为中心。王道理想来源于先王之道,所以王道的一个重要特征就是天下一统于王,也只有天下统一,才能消灭争夺和战乱,实现天下安定太平的王道社会。然而在春秋战国时期,周天子的地位逐渐衰弱,诸侯纷纷背离周天子争相称霸,天下没有一个统一的君王而陷入大乱。孔子首先提出理想的政治应该是"君君,臣臣,父父,子子"的统一和有序的"有道"的天下,他说:"天下无道,则礼乐征伐自诸侯出,天下有道,礼乐征伐自天子出。"②诸侯应该统一于天子之下,尊君尽职,诸侯不尊天子是天下无道的表现。孟子继承了孔子统一的精神,进一步说明如何能够统一。在《孟子·梁惠王上》中,孟子回答梁惠王的提问时说"定于

---

① 贺昌群:《贺昌群史学论著选·论两汉政治制度之得失》,吴泽主编,金自强、虞明英选编,中国社会科学出版社,1985 年,第 148 页。
② 《论语·季氏》。

一"。接着,孟子就以王霸之辨来讨论统一之法,分析王道霸道对于统一的不同效果,主张以王道仁政得民心来使天下真正归附,也只有使天下统一,才能消除战乱,救民于水火之中。荀子则更系统和具体地提出统一应该要"一制度",认为理想的政治应该是"天下为一,诸侯为臣"①,"四海之内若一家"②,王者应该"一天下,振毫末,使天下莫不顺比从服"③,认为统一还应该统一制度,"法先王,统礼义,一制度,以浅持博,以古持今,以一持万,苟仁义之类也"④。在先秦儒家那里,天下一统的观念已经初步形成。到了汉代,由于秦朝统一天下的政治格局已经确立,所以汉代儒者又更进一步地发挥统一天下的思想,不再讨论统一的必要性和统一之法,而是转向论证统一的权威性和绝对性。在《公羊传》开篇就提出了大一统的思想并以此为核心思想:"春王正月,元年者何?君之始年也。春者何?岁之始也。王者孰谓?谓文王也。曷为先言王而后言正月?王正月也。何言乎王正月?大一统也。"⑤以历法的统一来表示大一统的形成。董仲舒进一步发挥了公羊学大一统的思想,说:"《春秋》

---

① 《荀子·儒效》。
② 《荀子·王制》。
③ 《荀子·王制》。
④ 《荀子·儒效》。
⑤ 《春秋公羊传·隐公元年》。

大一统者,天地之常经,古今之通谊也。"①把大一统看成是天经地义不可更改的,董仲舒所有的思想都是以大一统为核心的。所以在早期儒家思想中,王道是一个统一的社会政治形态,统一是王道的一个必要因素,也是实现王道的必要条件,天下一统也是王道政治的目标之一。儒家所认为的统一方式是以仁政感召的王道而非武力征服的霸道,王霸之辨就是围绕着统一与长治久安的方法而展开的。早期儒家大一统的政治理念和政治追求深深影响着现实政治,对维护天下统一和安定具有重要的作用。

然而,早期儒家的大一统思想最后却集中到了"王"的身上。大一统除了指统一的领土、统一的制度、统一的文化思想外,更重要的是强调天子的绝对地位和集权。大一统,就是把一切都统一到天子之下。无论是孔子的礼乐征伐、孟子的仁心仁政、荀子统一的制度,还是董仲舒的天人之学,最后都归结到天子,大一统实际上同时也把政治权力都集中到天子手中。在早期儒家那里,天子一直是政治活动的关键,他们是道德的楷模,以其仁心来治理天下,以道德来感召天下,王道的实现依靠的就是君主的仁心和道德感召及教化,所以必须要维护君主的绝对地位。汉代以后更是以天人关系来说明君主

①《汉书·董仲舒传》。

的神圣和权威,认为君主是受天命遵天道而治理天下的,受命改制,一统天下。这样,大一统实际上就把所有的权力交付给了君主一人,虽然儒家也强调对君主的权力进行道德上的约束和天命的监管限制,但这些因素都是非常虚空的,对君主权力并没有实质性的作用。在传统社会没有制度性的东西来约束君主的权力,这样,就使大一统偏离了使天下统一安定的原有目的,反而使大一统的作用更多地发挥在了维护君主专制之上,儒家对大一统的论证也变成了对君主专制合理性和权威性的辩护,使君主在传统社会政治生活中一直长期存在并具有绝对的权威。

不过儒家也并非对君权没有限制,只是他们的限制没有形成具体的制度保障,靠的仅仅是天的监督、圣王的人格理想的约束和道德的自觉,而这些并不足以对掌握政治大权的君主产生真正的限制和约束。

王霸之辨存在于整个传统政治思想之中,各思想家对王霸进行了不同的解读和分析、论争,由此而建立了传统政治哲学的基本理论框架,并对现实政治产生了重要的影响。虽然对王霸的态度并不相同,但王道理想作为儒家最高理想从未发生过改变,王道一直是儒家的政治信仰。然而王道并没有真正地在现实中实现,反而形成了霸王道杂之的政治模式,这就说明无论是王道还是霸道都不是能够独立承担起治理社会的责任的政治策略,我们需要一种兼有道德性和操作性,更能体现公平与正义的新的政治模式。王霸之辨的意义不仅是通过研究早期儒家对两种不同的政治形态分析来获得有益的思想资源,还在于我们以现代政治的观点去分析其理论得失,为我们提供正反两方面的借鉴,有助于我们去探索更好的政治建设。

第六章　早期儒家王霸之辨的
现代反思

　　王道和霸道在传统政治哲学史和传统政治实践中具有重要的作用和意义,一直影响着传统政治思想和实践,然而,无论是儒家理想的王道,还是霸道,都不并是传统政治的现实存在形式。那么儒家一直以来争论不休、尝试着去做各种解读的王道霸道,究竟意义何在? 王道究竟有何价值? 又有什么缺失? 我们应该如何正确对待王霸的问题? 我们在今天重新关注王霸之辨又有什么意义? 王霸之辨在现代对我们又有何启示? 这些都是我们要深入思考的问题。

第一节　早期儒家王霸之辨的历史反思

　　王道和霸道经过历史证明,都是不能实现的,西周的衰败和王莽的改制证明了王道在现实中的失败,秦王朝的灭亡又向人们说明了霸道的不可行性。王道只是儒家理想中的完美政治,霸道也只是一时速效之政,并不能长久维持。那么王道霸道究竟具有什么本质特征? 王道究竟有何不足而只能存在于儒家的理想和理论之中? 王道霸道又究竟各自具有怎样的政治功能? 我们若想对王道霸道有一个客观的认识,必须从政治哲学的角度对这些问题进行解析。

一、王道的本质特征及其理论缺陷

(一)王道的本质特征

1. 王道是以仁和礼为核心的道德理想主义。

仁和礼是王道的核心思想。王道之所以为理想政治,就在于它完满的道德境界和稳定有序的社会秩序,而这两个方面的表现和手段就是仁和礼。完满道德境界就是人人处处仁爱的境界,而要实现道德的完满就要靠仁心的引导教化,靠仁爱精神的推展。稳定有序的社会秩序的表现就是礼制的秩序,稳定的社会秩序是建立在先王所制礼乐制度的基础之上的,社会秩序的维护也要靠人们对礼义制度的遵从。仁是儒家的核心范畴,具有丰富的意义内容。孔子对仁有多种解释,这大概是由于他因材施教的原因,但仁最本质的含义是"爱人"。在儒家看来,仁爱就是天道,天道就是仁爱,所以仁爱也是人与社会政治的本质。人通过道德修养可以达到仁的标准,社会政治中统治者通过发扬仁爱之心施行仁政就可以使社会充满仁爱精神,这样由个人到整个社会都实现了道德的完满,也就实现了王道。礼主要指的是礼制,即社会政治制度规范和道德规范、人的行为准则等。礼的作用就是"分""别",所分所别的就是社会等级,先王根据礼划分了社会等级使社会有了合理的秩序,又据此制定了相应的道德和制度规范使人能够安心遵守秩序进而维护社会秩序的稳定。仁是王道的道德要求,礼是王道的秩序要求,仁是礼的内在道德本质,礼是仁的外在体制表现,仁和礼相互作用,共同构成了儒家的王道理想。

以仁和礼为核心的王道带有鲜明的道德理想主义的色彩。对于什么是道德理想主义并没有确切的概念,不过这并不妨碍我们去理解把握它。就作者本人理解,所谓的道德理想主义,就是指以道德为人生和社会的最高价值追求和目标,并以道德的方式来实现这种价值,它的理想性在于对道德本身和道德的作用绝对化和理想化。根据这样的理解,儒家的王道就是一种道德理想主义。

前面我们提到,王道以仁为核心和目标,这个仁就是仁爱的道德精神。而在儒家看来,仁本身就具有先天的本体性特点。仁是宇宙的本体、天道的本质。如在《易传》中有说:"天地之大德曰生"①,"日新之谓盛

———————
① 《周易·系辞下》。

德,生生之谓易"①。生生不息是宇宙的法则,天地生化万物,也是道德原理,是"仁"的形上根据。仁又是人的本质属性。孟子认为仁爱中的不忍人之心就像人的四肢一样,是天赋予人的本有属性,仁是天道,是人的本质属性。人只要通过道德修养的功夫充分展现或实现自己的本性,就可以做到仁。仁也是社会政治生活的本质。一方面,王道以仁为核心价值和目标要求,是道德上完满的政治;另一方面,王道的实现以道德为手段和途径。王道实行仁政、德治,要求为政以德,仁爱天下,并通过道德教化唤起人的道德意识,使人达到仁的境界。这样,通过个人的道德修养和统治者的道德教化就可以实现天下归仁的道德完满的王道社会。综上,早期儒家以仁爱为天地的本质、人的本质、社会生活的本质,认为仁爱是理想政治的一个标志和所追求的最终价值。儒家认为若想达到仁的境界,一方面需要个人不断提高道德修养通过"内圣"进而实现外王,另一方面,需要君主通过发扬仁心、采取仁政、以道德教化感化人心的方式引人向善,最终实现王道。王道把仁作为政治的理想和价值目标,又试图以仁的方式来实现这个理想和目标,这些本身就是道德理想主义,把道德当作人生和社会政治生活的全部。

---

① 《周易·系辞上》。

儒家王道思想的另一个核心是礼。礼作为划分和维护社会秩序、约束人们行为的制度规范，也体现了儒家王道思想的道德理想性。首先，礼的实质是由亲亲而尊尊。亲亲，指的是以血缘为基础的家族内的人伦之情，比如父子、兄弟之间的情感。尊尊是社会政治领域的上下尊卑关系，比如君臣、上下之间的关系。西周时期以宗法分封建构起了家国同构的社会格局，君臣、上下之间是父子或兄弟或宗族内的血亲，所以，如果基于血亲的亲亲之情能做好，做到父慈子孝、兄友弟恭，那么在社会政治层面自然可以尊卑有序，秩序良好。划分社会秩序以人伦关系为基础，维持秩序以伦理道德情感为依靠，所以，礼的制定就是以道德为基础的。其次，礼的社会化是以道德教化和道德自觉来实现的。在儒家的王道思想中，礼的社会化首先是要通过道德教化来贯彻的。天子、君王通过自身高尚的道德来感召民众，通过系统的教化使民众接受礼的思想，从而启发民众的道德自觉，使民众克己复礼，自觉主动地遵守礼的制度规范。所以，礼的贯彻执行也是以道德的方式实现的。王道的仁和礼，都包含着道德，体现了道德，以道德为基础和手段，所以说，王道是以仁和礼为核心的道德理想主义。

2. 以圣王之治为理想的人治主义

儒家的王道理想是一个道德的、秩序的社会政治形态，道德的实现要依靠人道德的不断完善，而人道德的完善则需要教化,需要引导启发善性;秩序的维持需要礼义制度,礼义制度的制定修改需要圣贤之人,礼义的社会化普及化则同样需要教化,将礼义深入人心,变成人内心的道德准则。而这一切的工作,在王道政治中,都是由圣王来承担的。王道政治实际上就是圣王之治,儒家把王道理想都寄托在圣王身上,由圣王来承担提升人的道德和建构维护社会秩序的责任,王道的实现与否关键就在于圣王。

儒家王道理想以道德为目的,对于王道来说,政治就是道德,道德就是政治。这就决定了王道的政治行为主要不是权利利益的分配,而是道德的教化引导,道德教化和引导则需要以有完满道德的楷模为前提。基于对政治的这种理解,所以在传统儒家政治哲学中,特别强调君主的地位。君主是为政为国的关键。在儒家看来,政治就是君主正天下之心、天下之名的过程,这个"正"的过程主要就是依靠君主自身的"正"的感召和教化,所谓"君仁,莫不仁;君义,莫不义"①。所谓"君者,民之原也,原清则流清,原浊则流浊"②。

早期儒家认为王道政治中的君主是天生的圣王,他们是天选定来代天治理天下的,他们具有先天的道德优势。圣王是天生道德完备的人,是可以通天地、知天命、顺天意的人。因此,圣王治理的天下就是最理想的,最符

①《孟子·离娄下》。
②《荀子·君道》。

合天意的、道德最完善的社会,圣王之治就是王道,王道的实现必须由圣王来完成。圣王集天命和王道于一身,成为王道的关键因素。

这样,儒家就把王道的实现完全寄托在了圣王的身上。早期儒家以道德作为治理社会、解决社会政治生活中全部问题的出发点,认为社会中的一切问题都是道德的问题。而这些问题的解决依靠的就是君主的道德教化和道德感召,通过提升人的道德来化解一切社会问题;解决这些问题要靠圣王制定礼义制度和相应的道德行为规范和制度,使人能够有章可循,并把这种礼义制度和规范通过教化的作用深入人的内心,变成人内在的道德。先王所制定的礼义也并非凭空而来的,而是本于人性人情的,是建立在以血缘关系为纽带的宗法制的基础之上的,是根据天生的血亲关系、人伦秩序和道德优劣等人的基本情感关系而制定的,家庭的秩序规范同时也是社会政治的秩序规范。这些规范的遵守也是以人的道德性为基础的,而人的道德性又取决于圣王的道德。所以,无论是从王道仁的角度,还是从礼的角度,最后王道政治的问题都归结到了圣王的道德问题之上,社会问题变成了人的道德问题,这样,王道就不可避免地走向了人治的路途。

在儒家看来,王道之中的完美的圣王并非仅仅存在于理想之中,而是现实存在于历史之中的。圣人之治的王道不仅是理想的政治生活,而且还是历史中曾经存在过的,是完全具有现实实践性的理想政治。这样,鉴于圣王天生完满的道德,又是天命所赋,而且圣王之治在历史上也得到了实践的证明,所以,在儒家看来,圣王之治就是最完美的政治。圣王自然发用其道德,就会实现王道。因此,圣王是完满道德的化身,是理想政治的承载者和实行者,圣王具有最高的天命权威和道德权威,同时还具有在这两种权威基础上的政治权威。若想实现王道,必须服从圣王的治理,必须以圣王之道来治理天下。这样,早期儒家对圣王的崇拜使王道由圣王之治走向了人治,由人治又走向了专制。

(二)王道的理论缺失

王道是儒家所建构的政治理想,代表了儒家向往的最美好的社会政治,然而王道在儒家产生以后的社会政治实践中却从未得到实现,仅仅存在于儒家的理想和理念之中。西周的礼乐制度被破坏使周天子失去了天子的地位,汉代王莽曾经试图恢复王道,但也很快归于失败,这些似乎都在说明儒家的王道理想仅是空想的乌托邦,没有现实的可能性。

事实上,儒家的王道理论的确存在很多理论上的缺失。王道的天命、历史和人性依据几乎全是建立在假设的基础之上的,这样由假设推理出来的理论自然就会与社会现实存在着一定的脱节。对道德价值的追求是本于人性的,道德是政治的最高目的和原则,是政治永恒的追求,这在任何时代任何国家都应该是永恒不变的。然而王道却过分夸大了道德的作用,把一切政治问题都归结为道德并试图以道德的方式来解决社会群体的利益分配,这就过于理想化。这种方式忽略了政治本身所具有的其他方面的因素,比如权力导致的腐败、政治制度的完善与监督、人类社会的物质基础和以实力为基础的国家安全保障等,这些问题仅靠道德是解决不了的。王道以礼制作为维护社会秩序的手段,礼拥有优于法的特质,然而社会秩序不等于政治秩序,道德的自觉也不足以使人安守本分。社会和政治总在不断向前发展,随之产生的问题也与以往不同,社会政治制度的建设应该随之发展和改变,以宗法血缘为基础和亲亲尊尊为核心的礼义制度已然不能应对所有的问题。总的来说,王道以道德为万能,这种政治治理方式在政治实践中必将难以推行。

1. 假设的理论前提

儒家的王道思想是一个完整的理论体系,它以天命、历史和人性为理论依据,证明其自身的合法性、合理性和可能性。然而,无论是天命、历史还是人性,实际上都是以假设的形式存在的,早期儒家以假定的前提作为逻辑起点建构起了王道理想。由于王道是建立在假定的前提之上的,因此,王道本身就与现实世界存在着一定的差距。当然,理想总是高于现实的,但理想也必须要建立在现实的基础之上才具有实现的可能性。

　　天是儒家最高的本体,是一切价值的根源所在,是王道合法性的权威依据。在王道理论中,王道就是天命、天道。儒家认为王道的王者是天命的,是天生的圣王,圣王具有先天的道德优势,具有通天地的能力,能够服从天命顺应天道,他根据天道来治理天下,圣王治理天下之道就是王道。王道是天命所在,是天道在人间的表现。这样,王道就寻找到了权威的终极性的价值依据和理论基点,这似乎已经证明了王道的绝对性。然而,天命、天道毕竟是虚假的存在,是人的设想,天命只是被用来解释统治者地位的合法性的,但现实证明天命的王并非天生的圣王。天道或许有一定的道理,人是自然界的一部分,自然就要遵守自然界的一般规律,所以根据自然界的规律来生活和处理人与自然、人与人的关系也是有道理的。然而,自然毕竟不同于社会,两者各有特点,天道不能必然等同于人道。天命不可信,天道不可盲从,天意更不可知。仅靠自然现象的变化似乎不能解释人类社会政治的善恶。天命圣王,天赋道德,都只是人的一种美好的设想,并没有在现实中得到印证,以此为前提的王道自然也就不会在现实中得以实行。

　　历史被儒家看作是王道的一种现实证明。儒家的王道来自于对先王之道的总结,是以先王之道为蓝本而构想出的政治理想。在儒家看来,先王之道是最理想的,先王治理下的社会是最完美的,在历史中是现实存在的,这就证明了王道是可以实现并曾经出现过的。虽然儒家眼中的圣王尧舜禹是否真实存在并不可知,然而就尧舜禹文武周公的记载来看,他们也并非道德上的完人,他们的政治也并非就是儒家的王道。先王之道其实是经过儒家加工和修饰的,儒家或抹去或美化这些先王之道中的霸道成分,而实际上,先王之道中是包含有霸道因素的。儒家所描述的历史并没有尊重现实,而是从现实中仅提取美好的一面,这样总结出的王道虽然美好,但也只是理想。

人性论是儒家的重要内容,更是王道理论的逻辑出发点。王道理论之所以能够成立,就在于儒家对人性的假定,王道理论是以人性为出发点,经过逻辑推理而形成的。儒家对人性虽然有不同的认识,但最后的结论却都统一于王道。性善论者认为人性本善,人人拥有善性,只要通过道德的教化感召就可以将人的善性启发出来,从而实现整个社会的善。性恶论者认为人性本恶,然而人性又是可以改变的,若想实现王道必须对人性之恶进行改造,改造的方式就是制定礼义制度加以规范和通过圣王的教化使人去恶向善。性三品论者认为人性有善有恶,性善说明人可向善,性恶说明圣王礼义道德教化的必要性。由此可以看出,无论儒家如何判断人性的善恶,最后都是为了说明人性可善,王道可以实现;同时也强调了王道礼义道德教化、德治的必要性。人性善恶的思想在儒家那里只是作为展开其全部政治思想的逻辑出发点,是为了说明人性趋善的可能性和由此而实现的王道,而不是客观地判定现实生活中的人在本质上的善恶。所以,儒家对人性的判断也就只能是一个假定、一个借以支撑整个政治思想的逻辑支点。虽然如此,我们要分析王道的缺失,就必须要客观地去审视人性,去分析儒家的人性论。儒家王道理想的逻辑起点就在于人性可善,这也仅仅是一个基于儒家信念的设定,而并非建立在对人性的客观认识基础之上。人性是个复杂的问题,善恶与否难以判定,正如亚里士多德曾说的不能对人类的本性提出过奢的要求。但我们可以断定的是对人性的认识不能仅建立在对它的自信的基础之上,还应考虑普遍人性的实际状况;人性的改造也不能仅依靠教化实现人性的自觉,这只是理想中的方式,在现实中,仍需要制度和法律的保障。

　　由假定而发展起来的理论注定只能是理论性的东西,不能必然适合现实需要。建立在假定的前提基础之上的王道,也因此与现实有了较大的差距。相应地,王道在现实中实现的可能性就较小,王道之所以不能实现,很大原因就在于它是以种种假设、假定的理论为前提而展开的。

2. 王道之仁:道德价值的追求与道德方法的理想化

对美好政治生活的向往是人类的本性,古往今来,人们对美好政治的追求从未停止,由此而产生了探究应然的美好政治的政治哲学。在古典政治哲学家那里,美好的政治即是正义,是善,是道德,政治的好坏是以道德价值标准来判定的。古典政治哲学的研究对象主要是人类社会政治生活的终极价值关怀,虽然随着政治的发展,人们对政治哲学的研究逐渐集中在了一些制度性、技术性的层面,但政治的终极价值问题是任何时期的政治都不可回避的,失去价值指引的政治,必将无法正常运行而走向歧路。所以,对善、对道德的价值追求将是人类社会政治生活永恒的目标。

王道正是早期儒家在追求美好政治生活过程中构建出来的理想政治。王道以仁爱的道德精神为政治价值追求,以道德的完满为政治的目标,认为理想的政治实现的是一个道德高尚的社会,是一个以仁爱精神为核心的天下皆仁的理想社会。王道政治也正是一个以仁爱之心推行仁政的政治过程。在王道社会中,政治的目的是仁爱精神的推广,是道德的完满;政治的执行者君王是善的化身,是拥有优良道德品质的人;政治的手段是以仁爱之心推行仁政,实行德治,通过道德礼义教化引导人们去恶向善,从而使人们道德完善,实现王道理想。儒家的王道以道德为核心,体现了早期儒家对美好政治的价值追求。当然,随着政治的发展,政治所面临的问题也有了很大的变化,我们也许不能用古典的政治哲学的理论来解决当代的一些问题。但如果从更超越一些的层面来看,不管政治现实发生什么样的变化,政治哲学的重点有什么转移,作为政治的最高原则和目标的政治价值是不会也不可以发生变化的,比如政治对正义、对道德的价值关怀,这都是符合人道的一般性的价值需要。就此角度来看,王道充满仁爱的道德世界应该是人类永恒的理想。

王道对政治道德价值的追求是有意义的,但是王道的道德追求却偏向了一个极致,即走向了泛道德化,走向了道德理想主义。在王道社会中,政治问题就是道德的问题,道德是政治生活的全部,人类社会的一切问题都可以通过道德修养的提高而得到解决。这样就把道德的作用过于理想化和夸大化,超过了道德所能起到的作用范围。社会政治现实生活中存在很多复杂的矛盾,这是道德无法一时解决或无力解决的,而且道德教化也是一个十分漫长而缓慢的过程。所以,我们可以把道德作为政治的原则和价值追求,但绝不可把道德作为政治治理的全部手段。人类社会的政治生活是多方面的,精神价值的追求固然重要,但作为一个国家,其生存发展还需要物质方面的基础,需要实力的保障,这是国家赖以存在的基础。所以,从现实的角度来讲,政治不仅需要价值的指引,还需要物质基础的保障。

3.王道之礼:伦理秩序与政治秩序的合一与分离

秩序是政治的主要目的和功能表现,是一个社会存在发展的关键因素,理想的社会政治必然是有序的,是有着良好的稳定的秩序的社会。只有拥有和谐稳定的秩序才能维护社会的稳定、维持社会政治生活的正常运行,才能保证人们的正常生活。失去秩序必然会使社会成员无所适从,从而导致混乱,混乱的社会政治肯定不是人们愿意接受的。所以,历代思想家,无论古今,无论中西,他们设计的理想政治无不以和谐有序的社会秩序为中心目标。历代思想家对理想政治的设计除了给人们勾画出一幅幅美好的生活图景外,更重要的是他们还要寻找各种有利于维护秩序的方式和手段,制定各种维护秩序的规则规范,只有这样才能使理想政治具有可实践性。所以,对于理想政治的建构来说,秩序的设计和维护是必不可少的核心环节。

虽然历代政治思想家都把对合理秩序的追求当作主要目标,但是他们对社会秩序的理解却是有差异的,并相应地产生了不同的制定和维护社会秩序的方式和手段,进而形成了不同的政治思想和政治理想。古希腊的柏拉图认为人的自然天性不同,进而将人分成不同的等级,但是这个等级只是由于天性能力的不同而分配的工作的差异,与人伦血缘无关。他认为社会秩序就是由天性不同而划分的,这样,就把人放置于血缘之外的能力领域内,没有以人伦压抑人性。亚里士多德认为正义是制定社会秩序的基础,正义是合法和平等。合法指的是要以法律和政治制度来维护秩序,使城邦和人的一切都符合法律规定。亚里士多德强调法治优于人治,他认为即使是贤良的人也会有兽性的欲望,因此,不能把城邦交给一个人来治理。而法律没有情感欲望的成分,是人们共同制定出来的以城邦及公民的公共利益为依归的,是完全公平的,只有法治才能保证公共利益的实现和社会秩序的有序。亚里士多德讲的平等是指社会中各集团利益的平等。在亚里士多德看来,社会是由九种具有不同功能的集团组成的,社会的秩序也是根据不同的功能划分的,各集团之间的利益是平等的,维护社会秩序的稳定就在于维护这些集团之间的利益平等,这也是城邦正义的体现。由以上可以看出,在古希腊,政治思想家以自然性的差异来划分社会秩序,并希望以正义的规范来维护这种秩序的良序运行。他们所据以划分社会秩序的自然性,是人的自然能力。在承认人的自然差异的基础上试图实现平等和公正,这种政治取向一直影响着西方政治哲学思想的发展,所以后来西方政治哲学进一步发展出自然法、平等、自由、民主、公平等政治价值理念。

　　早期儒家的王道理想也把社会秩序当成美好政治

生活的一个重要部分,试图实现和谐稳定合理的社会秩序。但在如何制定秩序和如何维护秩序的问题上,早期儒家却走向了一条不同于西方的独特的道路。早期儒家同样以自然性差异作为依据来划分社会秩序,但这种自然性并非个人的天性能力,而是人的生理血缘。早期儒家把根据人的血缘关系天然形成的父子、兄弟、夫妇等人伦关系推演为社会关系,从而构成社会秩序,以人伦上的伦理道德规范来作为社会政治秩序的规则。在早期儒家那里,社会政治秩序就是人伦秩序的推演,维护社会政治秩序的规则就是由人伦关系而产生的伦理道德规范,也就是儒家所推崇的以亲亲和尊尊为核心的礼。王道理想以礼作为维护社会秩序的手段,作为政治活动的主要手段。通过礼来定秩序,通过礼制来作为规范准则,王道社会是一个礼治的社会。

礼治的社会秩序是基于血缘宗法政治的,正所谓"有天地然后有万物,有万物然后有男女,有男女然后有夫妇,有夫妇然后有父子,有父子然后有君臣,有君臣然后有上下,有上下然后礼仪有所措"①。中国传统社会的这种礼治传统来自于西周。西周时期,政治上实行宗法分封制度,宗法分封的基础就是血缘关系。西周以血缘关系进行宗法分封,实行嫡长子继承制。周天子的嫡长

---

① 《周易·序卦传》。

子为天下大宗,继承王位,其他儿子被分封各地,这样,天下就成为一家之天下。从天子到诸侯,到卿大夫,到士阶层,均以嫡长子继承制层层分封,这样就根据大宗小宗而建立起了血缘基础上的等级关系,这种等级关系同时也是整个社会政治的秩序。血缘成为政治的纽带,整个天下就是一个大的血缘人伦的关系网络,血缘上的宗法等级秩序同时也成为政治上的上下等级秩序,从而形成了中国传统社会独具特色的家国同构的政治结构格局。"贵族封建,立基于宗法。国家即是家族之扩大。宗庙里祭祀辈分之亲疏,规定贵族间地位之高下。宗庙里的谱牒,即是政治上的名分"①。国家是家族的扩大,各阶层之间是父子、兄弟的关系,国之君即是家之父、之兄,所以"臣之于君也,下之于上也,若子之事父,弟之事兄"②。"夫臣之事君,犹子之事父,欲全臣子之恩,一统尊君"③。这样,就把对父的天然的人伦情感推而成为对君的尊崇,从而将天下统一于周天子之下。在家国同构的政治格局之内,个人在血缘关系中所具有的人伦身份及长幼亲疏关系直接决定了他在社会政治中的政治地位和上下尊卑关系。伦理秩序和伦理道德规范与社会政治秩序和社会规范在家国同构的政治格局中合而为一。周

①钱穆:《国史大纲》,商务印书馆,1996 年,第 93 页。
②《荀子·议兵》。
③《白虎通义·朝聘》。

公将这种秩序和规范以礼的形式固定下来并加以制度化,规定了各等级应守的本分和应尽的责任义务,并且还在祭祀、器物、服饰等方面以不同的礼仪形式进行各种规定以突出秩序和规范,从而形成了礼乐制度。西周以礼乐制度治理天下,即礼治,在早期实现了天下大治,因此,西周的礼治和礼乐文明成为儒家的美好回忆和向往。孔子念念不忘,以恢复周礼为己任,荀子更发展了礼治的思想,以礼治为其王道理想最核心的内容。

将政治秩序和规范与伦理秩序和道德规范合而为一,在以血缘宗法为基础的西周,是有积极作用的。礼治由亲亲而尊尊,由"孝"而"忠",将政治秩序与伦理秩序统一,使政治秩序得到了源自于内心情感的认同,形成了一种自觉自愿地遵从社会政治秩序的良好机制。这对于维持社会秩序和社会稳定具有十分重要的作用和意义。同时,礼治还以道德教化的形式将礼义观念普及到百姓之中,使之深入百姓内心,成为内在的道德规范,这样就能够使人们更好地更自觉地遵守礼制,也就是更好地遵守社会政治秩序、维护社会秩序的稳定和谐。

然而,伦理秩序并不等同于政治秩序,政治秩序的维护离不开伦理秩序的支持,但是不能完全依靠伦理来维持政治秩序。西周的礼治随着宗法制的破坏,也逐渐显露出其自身的不足,从而导致了西周的衰亡。礼治的宗法血缘基础随着分封层级的增多会逐渐削弱,经过层层分封,代代相传,必然会出现人伦关系的疏离。这样,以血缘为基础的伦理关系和社会秩序必然会逐渐疏远进而丧失约束力。同时,分封的诸侯各自为国,拥有相对独立的权力和一定的实力,随着实力的增强和伦理关系的疏离,以宗法制为基础的统治及其礼乐制度必然会走向崩溃。这也是西周后期社会混乱、礼崩乐坏的原因。这也充分说明,血缘人伦并不能必然维持社会政治的正常运行,人伦秩序也不能保证社会政治秩序的稳定存续。血缘伦理可以维系家庭秩序和以家庭为单位的社会秩序,但对于社会政治秩序而言,其控制力则是十分有限的。

秦汉以后,宗法分封被郡县制所取代,社会政治的格局主要不再是同姓分封,天下一家,各级官员是通过推举选拔而任用的,这样,君臣之间不再具有血缘关系。然而西周礼治的精神却被儒家继承下来并加以发扬,主张以礼治天下,维护这种等级秩序。西周直接的血缘政治关系演变为间接由家庭血缘伦理关系推及的社会政治关系。同时由于中国古代的小农自然经济,家庭也是治理社会最好的单位。所以以宗法伦理为基础的礼就被保留了下来,以其君臣父子的等级关系和伦理道德规范来维护社会秩序,治理社会。然而,礼治毕竟是建立在血缘伦理基础上的,它更多地依赖于人们的自我约束和内心道德的自觉,不具有太多外在的强制约束力。所以,礼治的伦理秩序在维系社会政治秩序时,就显得力有不足。从政治学的角度看,政治不仅意味着道德价值追求,还意味着权力和利益的分配,意味着权威性和强制性,政治离不开暴力机构和完善的政治制度的支持。伦理道德则是从人们的血缘关系和社会生活中产生的规范,它是依赖人的自觉、习惯和社会舆论的软性制约。同时,随着社会政治自身的发展,它所包含的内容日益丰富和复杂,政治中涉及经济利益、权力等复杂关系,社会政治结构也不再仅是伦理关系结构,而是有各种利益集团和不同的阶层,而这些关系是伦理秩序所不能代表和解决的。所以,伦理秩序可以维系家庭生活,维系社会生活,但家庭、社会都不是政治,政治秩序也不能被伦理秩序完全取代,更不能以伦理道德规范代替政治约束力来治理天下。

二、霸道的本质特征及其理论得失

(一)霸道的本质特征

1.以利为核心的功利主义

在传统政治哲学中,作为与王道相对立的霸道,其核心政治理念是利和力,其本质特征表现为以利和力为核心的现实功利主义。功利主义思想是政治哲学中的一种重要的理论学说,它以功利、效用为目的和价值标准,强调实际的利益和效用。对功利的追求是人类现实社会政治生活所必不可少的实践活动和目的,所以在古今中外的政治哲学思想史上,功利也是人们讨论和思考的一个恒久的话题。功利主义在西方可以追溯到古希腊的德谟克利特和伊壁鸠鲁的"幸福论",到了19世纪出现了以边沁、密尔为代表的功利主义学派,功利理论遂成为一种成熟的社会政治思潮。在中国汉代以前,功利主义比较有代表性的学派就是墨家。中国传统政治哲学以儒家思想为主流,而儒家一向强调道德和重义轻利,在这种价值导向下,功利主义在中国古代并没有得到很好的发展,然而对功利的追求却一直存在于儒家内部,到了宋明时期更出现了以王安石、陈亮、叶适、颜元等为代表的事功学派,或者称为功利主义儒家,明确提出了对事功的肯定和追求。

传统儒家事功学派强调事功与道德的统一,反对空谈义理心性,主张经世致用的外王之学,以事功说道德,以道德求事功;所求之功利主要是指国计民生之类的天下之利,而非个人之私利。墨家以"兼相爱、交相利""兴天下之利,除天下之害"为最高原则,把利人、利天下作为价值目标,做到利人利天下就是"义",就是善,所以墨子说:"义,利也。"[1]在墨家那里,利指的也是"国家之福,人民之众,刑政之治"[2]这样的利,是"万民之大利""天

---

[1]《墨子·经上》。
[2]《墨子·尚贤上》。

下之大利"的公利。不管是儒家事功学派还是墨家,都主张以义求利,没有放任利欲的肆意发展。西方社会政治以"个人"为本位,体现在功利主义思想中,就表现为追求个人利益、个人幸福。西方传统的功利主义认为,追求利益、功利是人趋乐避苦的本性使然,而所谓的道德也只不过是"求得最大幸福之术",道德的行为就是能够带来功利的行为。幸福是一切政治行为的目的,认为:"所有利益有关的人的最大幸福,是人类行动的正确适当的目的,而且是唯一正确适当的并普遍期望的目的,是所有情况下人类行动、特别是行使政府权力的官员施政执法的唯一正确适当的目的。"①西方功利主义以最大多数人的最大幸福为原则,并以此作为价值评判标准。

在中国传统政治哲学中,霸道所表现的功利主义与儒家事功思想、墨家功利主义及西方功利主义相比来说具有不同的内涵,有其自身的特点。从大的方面说,霸道的功利性主要表现为其政其道皆为满足当下现实的实际需要,霸道不考虑长远的或者价值性的问题。霸道的特点也正是它吸引统治者的地方就是它的速效性。例如,在《史记》中记载的商鞅见秦孝公的事情,就充分体现了霸道的这一特点。《史记·商君列传》记载道:

---

① [英] 边沁:《道德与立法原理导论》,时殷弘译,商务印书馆,2000 年,第 11 页。

　　公叔既死，公孙鞅闻秦孝公下令国中求贤者，将修缪公之业，东复侵地，乃遂西入秦，因孝公宠臣景监以求见孝公。孝公既见卫鞅，语事良久，孝公时时睡，弗听。罢而孝公怒景监曰："子之客妄人耳，安足用邪！"景监以让卫鞅。

　　卫鞅曰："吾说公以帝道，其志不开悟矣。"后五日，复求见鞅。鞅复见孝公，益愈，然而未中旨。罢而孝公复让景监，景监亦让鞅。鞅曰："吾说公以王道而未入也。请复见鞅。"鞅复见孝公，孝公善之而未用也。罢而去。孝公谓景监曰："汝客善，可与语矣。"鞅曰："吾说公以霸道，其意欲用之矣。诚复见我，我知之矣。"卫鞅复见孝公。公与语，不自知膝之前于席也。语数日不厌。景监曰："子何以中吾君？吾君之欢甚也。"鞅曰："吾说君以帝王之道比三代，而君曰：'久远，吾不能待。且贤君者，各及其身显名天下，安能邑邑待数十百年以成帝王乎？'故吾以强国之术说君，君大说之耳。然亦难以比德于殷周矣。"①

商鞅分别以帝道、王道说秦孝公，而秦孝公皆不感兴趣，直至商鞅与其谈论霸道，秦孝公才"不自知膝之前于席

————————
① 《史记·商君列传》。

也。语数日不厌"。之所以如此,是因为秦孝公认为帝王之道都是久远迂阔之论,不是一时能取得成效的,需要"数十百年",而霸道具有很强的实用性,可以很快实现,所以秦孝公才对此"大悦"。商鞅以霸道相秦国,经过变法使秦国强大起来。霸道在现实政治中不仅能够满足统治者的心理需要,更能解决现实政治实践中存在的问题。在诸侯争霸过程中,霸道能够使国家迅速国富兵强,实力大增,从而在争霸战争中取得优势地位;统一后,霸道能够通过严刑酷法的威慑维护统治者的权威和统治地位,能够实现社会政治的有效治理和统治,有利于统治者的专制统治和中央集权的维护。所以,霸道不像王道那样追求政治的终极价值意义,不像王道那样以道德为目的和原则,而是以实际功效和利益为一切政治措施、政治行为的原则,这正体现了功利主义追求效用和利益的特点。

霸道功利性的另一方面表现为其对利的追求。霸道以利为核心,霸道所讲的利并非传统儒学事功学派所认为的天下之公利,也非西方功利主义所追求的大多数人的个人之利。在霸道政治中,利仅是霸主之私利,即权力、土地、财富、百姓、军队,而这些都是霸主为称霸诸侯一统天下的私欲私利。霸道重视利的问题,强调发展经济,实现国富民强。然而在早期儒家看来,这并非霸道的最终目的,国富民强的背后是霸主对权力利益的追求,国富为了强兵,强兵为了自保或者控制、侵略他国。王道政治则与此相反,王道社会的道德理想是"天下为公",《礼记·礼运》载:"孔子曰:大道之行也,天下为公。"王道求公义,霸道谋私利,公私、义利实际上指的是同一问题,都是儒家王霸之辨的重要依据。

2.以力为核心的强权政治

霸道的另一个特点表现为以力为核心的强权主义。强权主义在国内表现为以严刑酷法为手段的暴力统治,对外表现为以强大的经济军事实力为基础的武力扩张兼并。

霸道政治中的"力"指的是强权、强力、暴力、武力。霸道之力对内表现为严刑酷法;对外则表现为强力,一般指以强大的经济军事实力为基础的强大的综合实力,有时也特指单纯的武力。霸道在春秋战国时期的主要目的是称霸诸侯,一统天下,这些目标的达成在霸道政治中都需要通过武力战争,而战争需要以经济军事实力为基础,所以此时霸道的主要任务就是通过富国强兵增强自身的实力以在战争中自保或者侵占他国。秦汉统一天下以后,霸道的主要目的发生了改变,不再是如何消灭、侵略其他诸侯国或者使之臣服,而变为了如何维护天下一统,此时霸道的主要任务就是要通过中央集权和法治的严格规定来维护君主的专制权威和天下一统。可以看出,无论是在分裂时期还是统一时期,对力的需求和运用始终是霸道政治的必要条件,也可以说霸道是建立在"力"的基础上的,没有"力"的存在,就不会有霸,霸的存在必须以"力"为基础。

从现代政治学的角度来看,无论是法治的运用还是对实力的重视和建设都是一个国家存在和社会政治正常运行所不可缺少的基础。随着国家的产生和社会的发展,政治所面临的利益冲突和社会问题越来越复杂,而这些问题都不是仅靠道德就能解决的,必须通过统一的强制性的法令制度。法律是政治的手段和保障,是进行政治统治和政治控制的有效手段,法具有强制性的特点,能够保证政令和法律规范的有效实施,而道德约束依靠人内心的自觉及社会舆论,在治理社会时就会显得功能不足。实际上在传统政治哲学中,思想家从未否定过法的功能作用,只是对法的地位安排不同。王道政治强调"德主刑辅""先教后诛",治理社会以道德教化为主,法令刑罚为辅,霸道则恰好相反,它不考虑道德教化的作用而纯任法律,一断于法,以法治国,以刑施法。霸道的法治与今天的法治有很大的不同。现代社会是法治的社会,法律的制定和实施都比较科学和完善,法治的精神和目的是平等、自由、民主。而霸道则不然,霸道政治中的法以维护君主的权威为目的,是为了统治、控制百姓;法令的内容也不像现代社会同时规定权利和义务,而大都只是以强制的命令通过赏和罚来约束人们的行为;法令的实施是以刑罚为手段的,法与刑是时刻联系在一起的,通过残酷的刑罚威慑人们,使人不敢作恶。中国传统社会有许多令人不寒而栗、惨无人道的刑罚手段,比如炮烙、车裂、凌迟等,而霸道正是通过类似的残酷刑罚的威慑力和法令的强制性治理社会的,从而将国内政治统治建立在了令人畏惧的暴力的基础之上。

霸道的强权主义主要表现在处理国家间的关系问题上,产生于春秋战国时期的霸道本身就是强权政治的集中表现。强权主义是国家间关系或者说国际政治中的一个重要概念,在古代主要表现为在处理国家间关系时以武力进行统治和扩张兼并。而武力的基础是以经济力量和军事力量为基础的综合实力,所以强权主义十分重视经济和军事实力的发展建设。霸道以强权主义为政治原则,以经济和军事实力为基础,通过战争和武力来侵略他国,或者通过强大的实力优势迫使他国屈服于自己,正如孟子、荀子所说的,霸道是以力服人,以力兼人。事实上,在国家间缺乏统一的规范的时候,战争就是难以避免的。各国没有规范的约束,当涉及利益冲突的时候,通常就会通过战争来解决,或者侵略兼并他国,或者通过战争解决争端,或者通过战争使他国屈服。虽然战争给人们带来巨大的灾难,但在人类历史中却又是难以消除的现象,即使人类文明发展到今天,战争和冲突仍是一个经常发生难以解决的问题。王道试图以仁爱道德消解人类对利益的追求,从而避免由此产生的战争;而霸道则对战争持肯定的态度,认为武力战争是解决问题的最有效的途径,每个霸主地位的获得,都是以实力和武力为后盾的。

霸道强权政治是以实力为基础的,所以霸道十分重视实力的建设,霸道的实力主要包括经济实力、军事力量、土地、人口,这些都是称霸或维持霸权的基础。在春秋战国时期,霸主大都以变法来增加财政收入、增强军事力量,以图实现富国强兵;以兼并战争来扩大土地、人口。这些因素在当今政治中仍具有重要的地位,是一个国家综合实力的主要组成部分,是国家得以存在、发展的基本条件,是政治的物质基础,任何政治形态都不能离开这些因素而存在。所以,国家综合实力的建设是政治实践中一个重要的必不可少的方面。霸道以此为核心,而王道对实力问题则有所忽略。王道以道德为社会理想,对国家实力问题的认识与霸道有所不同。王道认为在经济方面主要是要养民富民,军事方面是要救民于水火、保障百姓的生活,对土地和人口不作太多的要求,希望能够得到民心的自然顺服,王道坚持以民为本,坚持道德感召,以经济军事为百姓服务,而非像霸道那样以实力为竞争的手段。

(二)王霸之道并用

综合以上分析可以看出,王道霸道各有特点,王道重道德,霸道重强力,王道齐之以礼,霸道齐之以刑。王道霸道又各有缺失,王道以道德为万能,霸道唯强力为手段;王道之礼治走向了专制,霸道之法、刑异化为暴力;王道以义为上,霸道唯利是图。而在实际政治中,王道霸道强调的任何一个因素都是政治必不可少的,道德是政治的价值原则,礼义是维护社会道德秩序的有效方式,法治是社会政治秩序得以维系的有力措施,以经济军事力量为基础的综合实力则是政治存在的物质基础和安全保障。在政治实践中科学的治国方法应该是使这些因素平衡协调发展,以提高政治活动的整体功能和效果,不能顾此失彼。然而无论是在人们所构想的理想政治之中,还是在现实政治生活之中,人们往往不能兼顾各因素,正如美国政治学家约瑟夫·S.奈所说:"在这样的世界上,我们的最大错误莫过于只看重于其中的一个方面。"[1]王道霸道分别对某个方面过度崇尚从而导致了对其他方面的忽略,进而使政治不能全面协调发展,所以无论是王道还是霸道都不能在现实政治实践中真正完全实现,所以才会在传统社会政治实践中出现"霸王道杂之"的政治模式。历史之中的汉唐盛世正是霸王道

---

[1]［美］约瑟夫·S.奈:《美国霸权的困惑:为什么美国不能独断专行》,郑志国等译,世界知识出版社,2002年,第13页。

并用的政治模式的合理性的有力证明。然而,王霸之道并用也并非将两者直接生硬地组合在一起,而是要加以合理地整合和利用,使各因素各归其位,充分而不过度地发挥其应有的作用。

第二节　早期儒家王霸之辨的现代启示

我们对王霸的研究绝不仅限于对此有一个清晰的认识,还在于探索其现代价值。王道确立的道德理想和道德信仰对现代性危机导致的信仰危机、道德危机及合法性问题等都有很好的借鉴意义,同时王霸之辨所论及的处理国际政治的理论对全球化下的国际政治理论也具有启发性意义。

一、现代性危机下的道德理想重建

(一)古典政治哲学与现代政治哲学的发展

亚里士多德曾说过,人是天生的政治的动物。随着人类社会生活的发展,人类逐渐摆脱原始状态进入有组织的社会生活之后,人类就和政治紧紧联系到了一起。在政治生活中,人们总在对政治不断地进行反思:政治的本质是什么,政治又应发挥什么样的功能。政治不是凭空或随意的行为,而是依据一定的原则和制度进行的,原则和制度又是建立在某种价值观念基础之上的。

那么从根本上来说,这些价值观念或原则制度的合法性何在,如何根据这些价值观念评判政治活动的价值和意义,何种政治原则、制度设计、政治结构才能最充分地体现所追求的价值观念,人们对政治的这些理性反思和价值判断就构成了政治哲学的主要内容。政治哲学以价值和规范为核心,以建构理想的政治为目的,围绕着理想政治进行合法性的论证和内容的设计诠释,探求应然的社会政治生活。政治哲学的价值原则对理想政治的建构和现实政治实践都有着十分重要的指导性意义,直接影响着人们的社会政治生活。

西方政治哲学发源于古希腊,以苏格拉底、柏拉图和亚里士多德为代表的早期政治哲学家开启了西方政治哲学的历史传统。中国传统社会以儒家思想为主流,所以一般来说,中国传统政治哲学指的就是儒家政治哲学,以孔、孟、荀、董仲舒为代表的早期儒家则奠定了中国传统政治哲学的基础。我们通常把古希腊时期的西方政治哲学和中国古代传统政治哲学称为古典政治哲学。无论是古希腊,还是中国传统社会,政治哲学的主题都是与道德紧密相连的,所以一般又把古典政治哲学概括为道德政治哲学。

古希腊政治哲学的主题是正义。政治的缘起和目的都是为了实现人们更好的生活,即所谓幸福的生活,政治的好坏是以是否实现了人的幸福为标准的。古希腊哲学家认为只有正义的政治才能实现这个目标,所以古希腊政治哲学以正义为政治的价值标准,正义即是善,正义和善都是道德的表现。古典政治哲学不是对政治现实的简单描述,而是关注人的幸福或最高的善,以道德价值来作为评判政治的标准。苏格拉底最早将哲学从对自然的探索引向了人间社会,关注美德的问题,他认为最好的美德是政治美德,是管理城邦的艺术,伦理与政治是一致的。从柏拉图的《理想国》中,我们可以看到,苏格拉底反复与人探讨的核心问题就是什么是正义,什么样的人和城邦才是符合正义的,在符合正义的城邦中应有什么样的政治制度与法律制度。苏格拉底之后,柏拉图和亚里士多德继承和发展了道德政治哲学的传统,"柏拉图和亚里士多德在其著述中,所突出强调的就是把道德和政治看成是一个统一体"①。柏拉图在《理想国》中将政治与道德统一在一起,他认为政治的本质和目的都是正义,正义就是各司其职,等级分明,这样的政治才能实现人们的幸福生活,才是最好的政治。在柏拉图看来,哲学王统治的城邦是最完善的,是善和幸福生活的和谐统一。亚里士多德认为政治学就是研究人和国家的至善的科学,他说:"研究最高善的科学就是

---

① [美]阿拉斯代尔·麦金太尔:《伦理学简史》,龚群译,商务印书馆,2003年,第141页。

政治学。""人自身的善也就是政治科学的目的。"①他认为政治就是研究什么样的政体和制度才能产生并保护善的、和谐的、规范的生活,城邦国家是为了实现善而组成的社会团体。古希腊的古典政治哲学以人类的幸福生活的道德性要求为目的,以正义为标准和手段,寻找能够实现正义和幸福的政治体制和方式。他们政治哲学思想的核心是正义,政治哲学的目的则是道德意义上的善。

　　早期儒家政治哲学更是充满了对道德的无限向往和追求。在早期儒家看来,理想政治即王道。王道是一个道德完满的社会,要实现王道必须以道德的方式为手段和途径,通过道德教化启发道德自觉,从而提升人的道德水平,人人道德完满,仁爱天下,这就是王道,就是最理想最完美的社会政治生活。这一点,我们前面已经进行了大量的论述,所以在这里就不再详加分析。早期儒家的政治哲学以道德为政治的目的,为政治的价值评价标准,为实现理想政治的方式,政治即道德,道德即政治。

　　在古典政治哲学中,思想的主题是道德,什么是道德的社会,如何能实现和保障道德的社会生活,这是古典政治哲学思考的主题。然而随着人类社会的发展,政治哲学的主题发生了改变。"现代政治哲学与古希腊政

────────────

①[古希腊]亚里士多德:《尼各马科伦理学》,苗力田译,中国社会科学出版社,1990年,第2页。

治哲学的根本区别就在于,具有形而上学特征的正义被一种理性的、合理的和现实的正义所取代,这就是说,政治哲学的对象和目的不再是与道德价值结合在一起的正义,即以善或德性为核心内容的理想的政治观念,而是以理性为依据、以具有现实性的政治价值为目的的正义,诸如权利和自由、公意、最大多数人的最大利益、民主、平等、公有制等等"①。西方政治哲学的转变以意大利人马基雅维利的思想为标志,中国政治哲学主题的改变是以近代西方思潮的涌入和封建统治被推翻为标志的,五四新文化运动则彻底改变了传统政治哲学的王道主题。马基雅维利一向被视为西方现代政治哲学的奠基者,事实上也正是他开始摆脱了道德政治和神权政治的影响,将道德和上帝撇开,以国家的权力和利益为政治哲学的思想主题,并以非道德的欺诈哄骗、刻毒残忍的方式来维护政治统治。他认为政治就是一种统治术,是一种权术的运用,将政治与道德剥离。自此以后,人们的政治哲学研究越来越忽视政治的最高道德原则,道德原则逐渐退隐,权力和具体化的政治权术成为政治哲学的主要内容,政治哲学逐渐演化为政治科学,政治研究越来越注重科学性、技术性、制度性方面的探索,而将政治的最高原则及终极价值抛诸脑后。

----

①韩水法:《政治哲学导论讲义》,手稿,第35页。

中国传统政治哲学是以王道理想为思想主题的，王道是建立在血缘宗法和封建王权基础之上的，随着封建王朝的覆灭，王道理想自然也就随之而崩塌，王道理想的核心道德也开始遭到批判和抛弃。近代以来随着西方思潮的传入，西方的民主、自由、权力、权利和义务等思想在社会中开始流传，西方政治思想开始为忧国忧民的知识分子接受。政治思想家纷纷以西方政治思想为基础，试图从制度和思想层面来改变中国落后的状况，试图建立西方式的政治体制。五四新文化运动批判儒家思想，高扬民主和科学的大旗，儒家王道政治彻底被否定，民主和科学自此成为政治思想界的主题。

综合以上，我们可以看出，随着近现代工业文明的发展，人们的价值思维逐渐消退，科学思维成为主流。所以，古典政治哲学的道德主题为现代政治哲学的政治的科学性所取代，政治哲学对政治终极价值原则的追求逐渐被对政治现象的科学实验、分析、计算等技术性手段所消解。

（二）现代性危机与道德理想的重建

1.现代政治哲学与价值虚无主义

古典政治哲学的道德政治被理性化和科学化的现代政治哲学替代，政治的道德价值原则的追求被忽略。人们热衷于以理性和科学的方法来分析解释政治，一方面，政治研究的理性化和科学化使得人们对政治问题有了更细致和全面的认识，使得政治研究更具有现实性和实用性;另一方面,政治研究的理性化和科学化也使得社会政治和人生的价值意义被解构,社会政治和人都失去了价值的信仰和引导而走向了价值虚无主义,而价值的虚无则引发了越来越多的现代性危机。所以从某种程度来说,现代性危机是由于现代政治哲学的价值虚无引发的。

理性的科学研究和哲学的价值追问各有其特点,也有各自适用的领域。科学的方法不能研究出政治的道德价值,理性的思考不能解决人的信仰问题。对此,西方一些思想家都有很清醒的认识。尼采对虚无主义进行了详细的解释,他说:"没有目标,没有对'为何之故'的回答。虚无主义意味着什么——意味着最高价值的自行贬黜。"①人类的价值信仰和道德追求的沦丧带来精神的空虚、信仰的缺失,正如尼采说的"上帝已死",没有了价值信仰,则一切皆虚妄,一切皆允许。马克斯·韦伯认为:"我们这个时代,因为它所独有的理性化和理智化,最主要的是因为世界已被除魅,它的命运便是,那些终极的、最高贵的价值,已从公共生活中销声匿迹。"②舍勒也曾经指出,在现代性社会中,世界不再是精神的有机的家园,不再是爱和冥思的对象,而是冷静计算的对象

---

① [德]尼采:《权力意志》,孙周兴译,商务印书馆,2007年,第400页。
② [德]马克斯·韦伯:《学术与政治:韦伯的两篇演说》,冯克利译,生活·读书·新知三联书店,1998年,第48页。

和工作进取的对象①。正是因为如此,现代化的社会和人才都陷入了价值的虚无,失去了价值信仰和精神寄托。正如施特劳斯所指出的那样:"现代西方人再也不知道他想要什么……他再也不相信自己能够知道什么是好的,什么是坏的;什么是对的,什么是错的。"②这就是施特劳斯所认识到的现代性危机。如何解决现代政治哲学所带来的价值虚无的精神信仰危机,如何重塑社会和人类的精神家园,成为当代政治哲学面临的根本性问题之一。

随着现代化的建设,当代中国也逐渐陷入了信仰危机和道德危机。经济的发展使人们的生活水平有了较大的提高,经济上利益的追求伴随着道德的衰微,人们日益沉迷于功利的索取而将道德价值规范摒弃一旁。现代社会人们以利益为至上原则,为了获取利益而不顾一切,道德准则在利益面前已无力对抗。另外,西方思想的传入使传统文化尤其是儒家道德伦理遭到过度地批判否定,对以王道理想为核心内容的儒家思想的过度否定使人们对道德问题失去了理性思考,走向了过度否定的极端。中国社会的传统精神与现代社会完全断裂,传

①刘小枫:《现代性社会理论绪论——现代性与现代中国》,上海三联书店,1998年,第20页。

②[美]列奥·施特劳斯:《现代性的三次浪潮》,丁耘译,载贺照田主编:《西方现代性的曲折与展开》,吉林人民出版社,2002年,第86页。

统儒者所追求的王道理想已被彻底抛弃。与此同时,西方思潮又不能完整地真正地被现代中国社会正确对待和接受,况且西方现代化进程已显露出种种危机。马克思主义在某种程度上又被教条化。这样一来,中国社会就出现了精神价值的虚空,人们失去了价值信仰、道德标准、道德理想,失去了精神的家园,执着于物欲的追求,并由此引发了一系列的社会问题,如各种腐败现象、拜金主义、消费主义、极端个人主义等;人们之间的人际关系日益疏离;工具理性高于价值理性,并由此而引起环境问题、能源问题等一系列现代性问题。

2.政治道德理想的重建

现代性危机的产生是由于现代政治哲学对古典政治哲学精神的遗忘与抛弃,因此要解决危机,就必须要回到古代,从古典政治哲学中汲取积极的因素以纠正现代政治哲学对道德价值的偏离。古典政治哲学对政治的思考首先是"什么是人最想要的生活"的问题,他们普遍认为理想的生活是合于美德的生活。因此,他们的社会政治理论无不以此为最高理想和目标,儒家的王道理想就首先表现为一个道德完满的世界。古典政治哲学以道德评判政治,把道德作为社会政治的最高原则和目的,将政治活动限制在道德原则范围之内,以道德规约着社会政治的发展。因此,在价值虚无、信仰虚无的现代,必须重拾人类社会的道德理想,重建人的道德价值信仰,以避免现代化无节制的无道德原则的肆意发展。"历史对于生活于精神衰落时代的人们具有哲学的意义。学习过去的思想家对于生活于精神衰落时代的人们尤其重要,因为它是恢复对那些根本问题的恰当理解之惟一可行的道路"①。虽然由于时代的发展,政治所面临的具体问题已经不同于往日,但是不管如何变化,政治的最终目的和最高价值原则应该是始终不变的。我们只有回到政治产生的原初时代,才能发现政治的原初目的和意义,才能在越来越纷繁复杂的政治研究中始终不忘政治的最高原则及价值意义,这也正是政治哲学的意义所在。

早期儒家的王道理想以仁爱道德为政治的最高价值原则和目的,认为政治的本质就是一个道德教化的过程,以"德治""仁政"为社会政治实践的原则和措施,目的是实现一个道德的有序的社会政治状态。早期儒家对政治的认识及在此基础上确立的道德政治原则、目标,体现了人的最本质的社会需求,体现了政治的原初意义,是具有普适价值意义的。王道以道德的社会生活为理想,以道德引导约束政治活动,并通过教化将这种道德的观念普施于天下,使王道的道德理想成为传统社会人们的政治信仰,成为人们对社会政治的一种终极信

---

① [美]格布哈德:《施特劳斯:困惑时代中追寻真理》,张双利译,载刘小枫主编:《施特劳斯与古典政治哲学》,上海三联书店,2002年,第295页。

念,更使人们以实现王道为己任,以内圣外王为人生的使命和追求,以道德自觉约束自身的行为,从而同时也维护了稳定有序的社会秩序。儒家的王道不仅提示我们道德之于政治的重要意义,也为我们的现实政治提供了有益的借鉴。

二、国家道德教化职能的强化与知识分子道德精神的重塑及坚守

(一)国家道德教化职能的强化

政治道德理想的重建是当代政治哲学及政治实践所面临的重要问题。在社会政治道德理想的树立和维护的具体实践中,起到关键作用的是具有权威性的处于统治和管理地位的国家。

从早期儒家的王道理论中,我们可以发现,在树立道德理想、提高人们的道德水平的过程中,起到关键作用的是统治者,人们道德水平提高的主要途径是统治者的道德教化。在早期儒家眼里,政治实质上就是道德教化,教化是政治的主要功能。通过教化一方面将儒家的王道理想灌输于天下百姓,使王道成为传统社会的政治信仰,成为人们共同的政治追求和价值标准;另一方面,通过教化将礼义道德精神内化于人,使人们自动自觉地知礼守礼,自觉地进行自身道德修养,提高道德水平,从而更好地进行社会的治理。在早期儒家的王道理论中,

国家具有道德的意义,国家的主要职能就是道德教化。在人们普遍缺乏道德精神、道德信仰的今天,王道理论中的道德教化思想应该对我们有很重要的启示,那就是要改变当前的信仰危机、道德危机问题,重塑社会政治道德理想,国家必须强化道德教化的职能。

国家职能是政治学中的一个重要问题,各思想家对国家的职能也有不同的理解,对国家职能也有不同的划分。有人认为国家的职能是强制与服务(如卡尔·多伊奇);有人认为国家的职能是维护秩序、保障安全和提供福利(如萨蒙·乔达克和贝特兰·罗素等)①;有人认为国家具有三种职能,即政治、经济和文化职能(如英国学者米利本德和坎贝尔等)。国家的这三种职能分别是在政治上通过法律强制维护社会秩序,进行镇压,协调各阶层、集团之间的关系;在经济上发展经济增加收入,控制和协调经济的发展;在文化上主要是灌输一定的意识形态。据俞可平等国内学者的研究,对国家职能的这种三分法在当代国家理论中占据了重要地位②。

事实上,国家职能并非仅仅局限于这三个方面。在社会政治生活中,除了政治、经济、文化之外,道德问题也是一个重要的问题,所以除此之外,国家还应该肩负着

---

① 参见丁大同:《国家与道德》,山东人民出版社,2007年,第1页。
② 参见吴惕安、俞可平主编:《当代西方国家理论评析》,陕西人民出版社,1994年,第238页。

道德的职能,对社会政治生活中的道德进行管理、引导和教化。在古典政治哲学中,国家的主要职能就是进行道德教化,只有充分发挥国家的道德教化职能才能维护社会政治和个人的道德理想不被遗失和忽略。这与前面所讲的灌输一定的意识形态是不同的,它是超越意识形态之上的立足于人本身的一种道德提升。当然,从广义上,人们也往往将道德教化划归为文化职能。我们这里强调的是道德的教化和引导提升,所以将道德从文化中单列出来。

对国家职能的不同认识会直接影响一个国家具体的政治实践,国家职能将直接决定政治行为的方向,对一国政治的正常运行有重要影响。一直以来,人们往往将主要精力和关注点集中于国家的政治、经济职能之上,致力于进行社会统治维护统治秩序,致力于发展经济实现经济利益,致力于协调国际关系保护本国安全。相对来讲,在现代化过程中国家都致力于发挥其政治、经济职能,国家的文化职能较为薄弱,而且文化职能也不能全面发挥其应有的作用,于是造成了社会发展的失调,造成思想文化领域的混乱和虚空。而国家的道德教化职能更是未能受到重视甚至被搁置一旁。正是因为如此,在现代化过程中才会出现道德沦丧、信仰危机、价值虚空等现代性危机。因此,要解决这些问题,我们必须强化国家的道德教化职能,通过国家的道德教化,重塑人的道德理想,提高人的道德水平,使道德不仅在政治生活中规约着政治行为的发展,而且在社会生活中对人的日常生活起到约束和引导作用,维护社会秩序的稳定。

（二）知识分子道德精神的重塑及坚守

政治的主体是人,而参与具体政治实践的主体则多数是作为知识、文化和社会文明载体的知识分子,知识分子在社会政治中具有重要的地位和作用。"今天西方人常常称知识分子为'社会的良心',认为他们是人类的基本价值（如理性、自由、公平等）的维护者。知识分子一方面根据这些基本价值来批判社会上一切不合理的现象,另一方面则努力推动这些价值的充分实现"[1]。余英时还引述了迈克尔·康菲诺的观点,迈克尔提出了关于近代俄国知识阶层的五项特征:一、深切地关怀一切有关公共利益之事;二、对于国家及一切公益之事,知识分子都视之为他们个人的责任;三、倾向于把政治、社会问题视为道德问题;四、有一种义务感,要不惜一切代价追求终极的逻辑结论;五、深信事物的不合理,须努力加以改正[2]。以上五个特征虽然不能说是全面而贴切的,但也基本反映出了知识分子在社会政治生活中的作用,即探寻生命的终极价值意义,坚持此终极价值来批判反

[1]余英时:《士与中国文化·引言》,上海人民出版社,2003年,第2页。
[2]余英时:《士与中国文化》,上海人民出版社,2003年,第56页。

思社会政治现实和历史,以追求理想的社会政治生活。知识分子在社会政治生活中应表现出积极的责任意识、忧患意识、历史使命感及对终极价值的坚守精神。

余英时在引述前面我们所提到的那五个基本特征后,说中国古代的知识分子除了第五条,其余基本都具备。中国传统社会中的士人阶层,大约就相当于现代我们所说的知识分子。士人是中国传统社会政治文化的主体,是中国传统政治文化的主要承载者。儒家士人秉承王道的最高社会政治理想,以道德为终极价值关怀,坚持道德的精神,为实现王道而鞠躬尽瘁,坚持不懈。从本书的主题王霸之辨来看,儒家士人在整个传统政治发展过程中,从未停止过对王霸问题的探讨,他们试图通过辨别王霸对现实政治进行匡正和规约,坚持以王道为最美好的政治理想,并以此作为人生的使命和价值追求。王霸之辨正体现了他们对理想政治的坚持和对道德的坚守。

我们从中国历史中士人的人生追求和经历中也可以看出士人在政治实践中的作用。首先,儒家士人以天下为己任,表现出了强烈的历史责任感和忧患意识。正是士人所具有的这些责任感和忧患意识才使他们为天下百姓设计出了一个理想的王道政治,并以此作为不懈的政治追求,积极入世将王道付诸实践。他们忧国忧民,对社会、国家、人民都有深切的关怀,把参与国家政治视为自己的人生目标和使命,主张学而优则仕,积极入世,把"博施于民而能济众""安百姓""治国平天下"当作理想追求。其次,儒家士人并非空有王道理想,而是从自身做起,为了保证王道的实现加强自身的道德修养,以内圣外王、修己以安人为人生修养目标,力图通过内圣而实现外王。内圣外王也成为士人的理想人格。只有通过内在道德的完善才能够更好地促进王道的实现,只有具有优良的道德才能实现外王,外王是内圣的自然发挥,是内圣的表现和标志。所以,儒家士人一向致力于内在的道德修养,以此作为参与社会政治的一种方式,将人生道德的完善和社会政治理想的实现划归为同一过程,以自身的完善实现以道德为核心的王道理想。再次,儒家士人坚持"道高于君",坚守道德精神,坚持士人的品格,对现实政治进行批判,对统治者进行劝诫,甚至不惜以身殉道。儒家士人不仅"志于道",以弘道为己任,而且坚持"从道不从君"[1]。在儒家士人看来,王道是最高政治追求,他们致力于王道的实现,以王道来评判引导政治。当现实政治不能采用王道的政治观念时,他们则坚持维护王道,不为现实而屈从。如孔子所说:"笃信善学,守死善道。危邦不入,乱邦不居。天下有道则见,无道则隐。"[2]孟子也说"天下有道,以道殉身;天下无道,以

---

① 《荀子·君道》。
② 《论语·泰伯》。

身殉道"①,"穷则独善其身,达则兼善天下"②。历史中有很多士人都是这样做的,他们勇于进谏,不畏强权,虽遭杀身之祸或贬谪,仍坚持王道之志,充分体现了士人的品格和精神。

儒家士人在传统政治生活中表现出了士人特有的政治和人生品格,他们对王道、对道德理想的坚守和不懈的追求对传统政治的发展起了重要的作用。古代士人相当于今天的知识分子,或者说士人阶层演化为了今天的知识分子阶层,正如余英时所说的那样:"'士'的传统虽然在现代结构中消失了,'士'的幽灵却仍然以种种方式,或深或浅地缠绕在现代中国知识人的身上。"③那么被称为"社会的良心"的知识分子在道德衰微、信仰缺失的现代社会,应该如何面对这些现代性危机,又应该如何解决这些问题呢?

中国传统社会中,坚持王道理想的士人,以忧国忧民的历史责任感和忧患意识,积极参与政治过程,以王道和道德价值为标准来批判和引导社会政治实践,并始终坚守道德理想和信念。当代的知识分子应该从中受到启发。当代知识分子应该继承发挥古代儒者士人的这种道德精神和政治、人生品格,在道德衰微的今天重

①《孟子·尽心上》。
②《孟子·尽心上》。
③余英时:《士与中国文化·新版序》,上海人民出版社,2003年,第6页。

塑知识分子的道德精神。知识分子首先要心怀天下,积极参与政治,关心国家民族和人民的命运,关注社会问题。在此过程中,知识分子要坚定不移地坚持道德理想和道德信念,坚持正义,把对道德和正义的追求作为人生的使命,并以此作为人类的终极价值来评判现实政治,敢于揭露社会的黑暗面,敢于发表自己对政治问题的见解,维护人民利益,不畏强权,不媚强权。同时,如古代士人对内圣的重视一样,当代知识分子还要加强自身道德的修养,不能自甘堕落,不能习染社会丑恶风气而丢弃知识分子的精神,不能为权力利益所挟持,而应该始终怀有知识分子的道德精神,坚持知识分子的人生理念。只有这样,才能真正被称之为知识分子。如孟子所说,知识分子应该是"居天下之广居,立天下之正位,行天下之大道;得志,与民由之;不得志,独行其道。富贵不能淫,贫贱不能移,威武不能屈,此之谓大丈夫"①。

　　特别需要指出的是,知识分子之中还包含一个特殊的群体,那就是实际从事政治工作的政府官员。在现代社会,政府官员都是一般意义上的知识分子。一般的知识分子只是在具体社会政治实践之外参与政治,而知识分子中的官员群体则具体参与到政治活动之中,他们直接承担着政治运行的具体事务,参与国家管理,因此,知

---

① 《孟子·滕文公下》。

识分子的政治品格在他们身上就应有更高的要求。他们更应该坚持道德信念,坚守道德底线,因为他们的品德及价值追求将直接影响他们的政治行为,对社会政治实践具有直接的影响。王道政治是贤人政治,它对为政者的道德要求尤为突出,强调君德和贤能在位。王道政治不仅要求君王具有优于常人的道德品质,还要求官员具有优良的道德,以辅佐君王治理天下。实际上,不管是古代,还是现代,官员的道德素养都对社会政治生活有直接的影响,所以我们应该加强官员的道德建设,以保障社会政治的正义性。然而,在现代社会,由于经济的快速发展和各种思潮观念的碰撞交织,人们的思想观念都比较混乱。部分官员也没有经受住这些冲击,遗落了知识分子和官员的精神和本分,迷失于权力和利益的欲壑,从而造成了官员腐败现象的出现。诸如滥用权力、以权谋私、贪污受贿、执法犯法等一系列问题都严重影响了政治的公平正义和社会的发展稳定,腐败等问题已逐渐成为突出的社会政治问题。官员的堕落关键在于其自身的道德信仰的缺失,他们已经遗忘了官员的责任感和职责所在,而将"兼济天下"的政治追求扭曲为个人私利私欲的追求。所以,要改变官员的腐败问题,必须加强官员的道德建设,重塑官员的道德精神,重建官员的道德信仰,使之能够重新树立历史责任感及忧国忧民、以天下为己任的知识分子官员的政治品格,能够自觉加强自身的道德修养,提高道德自律性,抵制物欲的诱惑,坚守道德底限,严守官员道德,勤政为民,清正爱民。

三、政治合法性观念的现代转换

前面我们对政治合法性概念进行了辨别,说明了对政治合法性概念的界定,即政治的正当性、合理性。这样的合法性概念,不仅仅是政治统治如何获得民众心理认同或是是否合乎法律精神和程序,还是一种政治哲学层面的价值意义的正当与合理,是对政治价值原则、政治秩序和政治统治的正当性与合法性的考量。政治价值原则、秩序和统治是否和如何被认为正当是政治合法性讨论的核心问题。就现实社会政治层面而言,政治秩序和政治统治又涉及政治权力的问题。政治权力作为一种能力和力量,是组织社会、维持社会秩序、实现政治目标不可缺少的手段。那么政治权力和制度的合法性也是政治合法性的一个重要问题。在这里我们就从这两个方面来分析政治合法性问题。

早期儒家通过王霸之辨,确立了理想的政治形态即王道政治,并对王道政治进行了合法性论证,为王道理想提供了合法性基础。通过前文的分析我们知道在早期儒家看来,王道的正当性、合法性、合理性基础就是天道、历史、人性。王道源自天道、天命;王道是先圣王之道的总结;王道还是人的本性的需求。王道的正当性就在于它是基于自然法和人性本身的道德需求的。王道的这些合法性依据,虽然角度不同,但其实都是为了论证一个共同的东西即道德、善或道义、正义。无论是天道、历史还是人性,都是围绕着这个问题来进行解释说明的。所以,早期儒家对于王道合法性的论证,是对政治的道德价值意义的论证。

然而,对于人类社会的政治生活而言,道德价值固然是正当的,是永恒不变的,是人类社会的永恒追求,但人类社会并不能仅靠抽象的道德存在发展。对于现实政治统治来说,人们生活于其中,人们能否接受和认同它,除了看它是否体现了正当的价值理念外,还要看它是否能带来实际的效果,是否能满足人们的愿望和需求。这一点在近现代随着人本主义观念的兴起越来越受到重视。人类理性的觉醒,使人们开始认识人自身,人成为有力量、有理性、有创造力的存在,不再是被动的、听命于天的被管理者和服从者,人们要用自己的理性去审视社会政治,去判断它是否合理、是否正当,判断它是否具有合法性。所以,在现代社会政治中,政治合法性的依据除了道德价值意义,还应有政绩的证明、程序和制度的合法律性。

对于政治权力的合法性问题,早期儒家也进行了分析认证。早期儒家在对王道政治的合法性论证中对政治权力的来源、权力的目的、权力的使用与持久、权力的

更替等问题一一作了回答。在儒家看来,天子的政治权
力来源于天命,其他官员的政治权力来自于天子,"唯天
子受命于天,天下受命于天子"①,而天选天子,天子选拨
官员的依据都是是否贤能。另外,自家天下以来,在以宗
法制为基础的传统社会中,权力的获得还有一个途径,
就是血缘关系。从这个意义上说,权力的合法性基础是
掌权者自身的品德、才能与血缘。天赋予天子权力的目
的是为了让天子代其治理天下,将天道贯彻,以仁爱之
心养护教化万民。由于天是最高的权威,所以表面上看,
天子是对天负责的,但由于天自民考察天子的品德,所
以天子还应为民负责,要敬德保民。天子选拔官员赋予
官员权力的目的是用其品德和才能协助天子治理好天
下,拥有权力的人应该为民服务,为民造福,得民心才能
保有权力。概言之,早期儒家认为政治权力的合法性来
自于天命、天子、血缘,来源于掌权者的贤德和才能,来源
于民心。

　　儒家对于政治权力的合法性基础的认识在传统社
会和现代社会都产生了深远的影响。其积极作用我们
前文都有涉及,在此就不再展开。我们这里需要反思的
是后世对于儒家政治权力合法性的误解或对其消极面
的继承。后世的权力拥有者,并没有真正地完整地理解

---

① 《春秋繁露·为人者天》。

儒家政治权力合法性,反而是接受了更多消极方面的观念,以至于在社会政治实践中出现诸如腐败、圈子等政治问题。后世的权力拥有者,没有看到权力来自于自身的贤能,应借此为民服务,达则兼济天下,而是看到了天和上级是权力的赋予者,认为自己的权力来自于天意、上级,所以在当今社会我们会看到官员拜神求佛、追求表面政绩讨好上级以获得或保有权力。有些官员自认为自己是权力的给予者,以非法的方式卖官鬻爵,将权力当作商品来买卖。后世的权力拥有者没有看到血缘基础上的人伦道德,反而是看到了血缘关系的重要性,这种血缘关系在后来演变为圈子、党派,所以我们会看到官员间相互结党营私。这些问题的形成从深层次上讲都是因为对权力合法性的错误认识,而这种错误认识的形成很大程度上是因为我们对儒家权力合法性的误读和对其消极因素的承继。所以,在今天,政治文明已得到充分的发展,人们对政治权力的认识也越来越理性,我们应充分继承儒家的积极观念,摈弃其消极观念,吸收当今世界的先进理念,将旧的权力合法性观念进行现代的转换,使社会政治越来越完善。

四、当代国际社会中的强国与霸国

在早期儒家的王霸之辨中,国家间的关系问题是一个非常重要的内容。早期儒家的王霸之辨是关于两种不同治国方略的辨别,治国方略不仅包括国内治理,还包括处理国家间的关系的问题,早期儒家通过王霸之辨提出了丰富而深刻的国际政治思想理论,为今天探讨国际政治问题提供了宝贵的历史经验和思想资源。

　　春秋战国时期是"礼崩乐坏"的时代,周天子权威不再,天下失去了统一的规范和秩序,各诸侯国处于"无政府"状态之下。它们之间形成了各种复杂的关系,或者联盟,或者独立,或者交战,或者试图称霸诸侯,或者只求自保。这个时期国与国之间存在的各种问题,使得先秦诸子对国家间政治有了丰富的认识,提出许多深刻的国际政治理论,如国际秩序、国际规范、国际同盟、国家利益、国家的生存之道、国际战争、外交策略等国际政治理论,对国际政治的本质和规律有了一定的认识,对今天的国际政治研究和外交策略都具有重要的借鉴意义。当然,在严格意义上春秋战国时期的诸侯国并不等同于今天的国家,但当时的诸侯国在宗法分封制度之下是具有独立的政权、人口和土地的,有独立处理内政外交的权力。因此,它们处理诸侯国之间关系的思想理论可以看作是国际政治问题,是当今国际政治理论的雏形,甚至有些已经十分成熟和深刻。"中华民族是个早熟、早慧的民族,春秋战国时期的所谓'国家'关系虽然本质上与现代的迥异,但是当时各诸侯国之间打交道的许多概念和内涵,诸如国家利益的出发点、战略与策略的考虑和操作以及对地缘、均势、矛盾主次的关照等等,都达到相当成熟的水平,有其永久性和普遍性"①。

王道政治是天下一统的政治形态,是一种世界主义,王道以道义为基础,强调以道德感召使人心悦诚服,从而使天下统一为一体。而霸道则是立足于诸侯国家,以经济和军事实力为基础,主张以武力征服来强迫他国顺服,这些我们在前面的内容中已有详细的论述。从儒家的王霸之辨中我们可以看出,儒家所向往的是天下一统、天下大同,所以儒家的王道思想是四海一家的世界主义,是天下观念。在实现天下一家的途径或者说处理国与国之间的问题上,儒家强调道义,主张以高尚的道德来感召天下之人,以道德来吸引天下之人,使之由对王道道德理念的内在认同而自然顺服。儒家反对在国际政治中使用武力,反对以战争、强权来胁迫他国归顺。

巧合的是,早期儒家所提出的天下观念、道义观、道德感召以及对王霸的辨析与当今主要的国际政治理论十分相似,尤其是有关全球化、国际新秩序、负责任的大国、软实力与硬实力等理论。在全球化浪潮的冲击下,当代国际政治面临着许多新的问题,而传统的国际政治理论已经不再适用,无法解决这些问题。所以许多政治家

---

① 资中筠主编:《国际政治理论探索在中国·序言》,上海人民出版社,1998年,第4页。

都在积极寻找新的国际政治理论以应对全球化带来的国际问题,在此寻找过程中,国际政治理论似乎也在回归,因为它所提出的许多新观念我们都能在古典政治哲学中找到相类似的思想理论。所以,我们也很有必要回到早期儒家的王霸之辨中,从中寻找有益的思想资源,进行新的诠释,以应对全球化对国际政治的新要求。

随着全球化的加强,国家间的经济、政治等方面的联系更加密切,国际政治产生了新的变化。作为国际政治行为主体的国家的权威权力正在逐渐降低,国家的传统职能已不能充分发挥作用,在国际中出现了越来越多的非国家的行为主体来干涉或控制着国际政治行为。多元的主体带来多元的国际关系,国际体系的框架产生了变化,不再是以前那种在特定的政治领域内追求安全保障,而是更注重各层面的合作。传统国家在国际政治中主要是为了保生存,是以国家安全为目标的,所以就会优先考虑政治和军事安全问题,为了保证安全,国际政治中强调均势战略。而随着全球化的加强,国家在国际政治中的主要任务是实现经济文化等方面的合作,共同发展。经济文化的合作使国家间的较量和争夺由传统的领地、人口等转向经济文化领域。国际政治体系中的安全、武力与战争被经济文化合作和竞争所代替。当今的国际关系已不再是单纯的政治对抗和军事攻守关系,而是政治、经济、军事、科技、文化等各个层面的相互依存关系。同时,由于国际间联系的加强和经济的发展,世界各国面临着越来越多的全球性问题和跨国威胁,如生态恶化、气候变化、环境污染、核威胁、粮食短缺等问题,这些问题关系到世界上所有的国家和地区,并且仅靠一国之力是无法解决的,必须要国家间进行紧密的国际合作,各国共同努力来解决这些问题。依存与合作取代了武力和战争成为国际政治的主要内容。然而,在合作中,难免会涉及一国利益与全球利益的冲突矛盾,如何化解这个矛盾重建国际秩序、促进全球的安全繁荣,是国际政治一个重要的研究课题。

随着国际格局的变化,发展中的中国在国际事务中的分量在上升,作为拥有悠久古老的中华文明的现代中国,作为一个负责任的大国,有责任、有义务提供自己的意见,贡献自己的智慧,为维护世界和平、促进世界发展、建立合理的国际秩序做出自己的贡献。因此,建设新世纪的国际政治关系不再仅仅是一个单纯的外交事务,而是关涉到中国在全球化时代整体国力的提升问题,关涉到如何维护民族尊严和利益的问题。而我们优秀的传统文化,特别是传统儒家的政治理念,对于我们今天建构既适应当代世界的发展趋势和中国的具体国情,又具有中国特色的国际政治理论具有十分重要的借鉴作用。

在儒家传统政治哲学中,有关国家间关系问题的中心主题是王道与霸道,再具体一些就是指国际政治中的王权和霸权问题。早期儒家通过王霸之辨向我们展示了他们关于国际政治的深刻见解。我们从中大致可以归纳出三个方面的内容。

首先,道义责任与霸权冲动。早期儒家认为王道是建立在道义基础之上的,是为了崇高的道德理想,这种道义体现为对天下之人的仁爱之心,对人类道德本质的追求。王道以德行仁,以民为本,以实现世界大同为目标。而霸道则是为了霸主称霸天下的欲望,并非以天下之道义为价值追求,霸道以力假仁,谋求私利,以实现称霸天下为目标。建立在道义基础之上的王道以天下之民为本,自然就会承担起对天下百姓的责任,做到"己欲立而立人,己欲达而达人"①。在现代国际政治中,全球化使国家间的联系越来越密切,一国的发展依赖于他国,一国的行为也同样对他国产生影响。所以,作为在国际政治中的行为主体,国家在国际政治中要承担起国际的责任,以国际利益为上,不应局限于本国或以本国利益为上,做一个负责任的国家,只有承担道义责任的国家才能成为国际社会的中坚力量。作为负责任的国家,不仅要对本国国民负有责任和义务,也要对世界上其他国家负有责任和义务,对自己能够产生国际影响的行为负责任。各个国家都以道义责任心相互负责任,那么在

————————

① 《论语·雍也》。

相互依存的当代国际政治中,就能够创造一个使所有人都安全繁荣的国际新秩序。否则,一个国家若总是怀有霸权的冲动,为自己的霸权而不考虑世界上的其他国家,或者试图去征服控制他国,那么国家间就不可能实现合作,当今世界面临的全球性问题也无法得到解决。因此,我们要把道义责任心作为国际政治的核心原则,开创负责任的时代。

其次,天下观与国家观。在儒家看来,王道意味着天下统一,霸道则代表了各自独立的国家,理想的政治形态应该是天下"定于一"的大一统的王道,只有天下统一才能消除霸道国家之间的纷争。在中国传统政治中,"天下"是一个经常出现的概念,梁启超在《先秦政治思想史》中曾说过,先秦思想家所说的天下就是人类的全体,这是一种世界主义的思想[①]。一般来说,天下指的就是世界,儒家的王道从天下、世界的角度来分析国家间的政治问题,不仅认为国家应该统一于天下,还主张从"天下"观出发来治理社会。中国传统政治哲学的这种视角与西方不同,中国古代以天下去理解世界,以世界为思考单位分析国际问题,它要解决的是世界性的整体性的问题,追求世界公共利益和天下均衡。而西方则通常把自己和他人、东方和西方对立起来,以民族国家为

①梁启超:《先秦政治思想史》,天津古籍出版社,2003年,第231页。

思考单位,从国家利益的角度来分析国际政治问题,试图解决国家与国家之间的冲突①。随着全球化趋势的加强,国家的作用在国际政治中逐渐衰弱,各国之间的联系日益紧密,在这种形势下,我们所面临的问题主要就是世界性的问题。这就要求我们在处理国际政治问题时超越个体国家而从整体性、全球性的天下观念出发,超越各独立国家间的利益冲突和权力争端,时刻以天下为重。只有这样才能抛弃国家民族的自我观,以世界责任为己任,以开放的心态和共存共荣的意识对世界负责任。

最后,软实力与硬实力。早期儒家认为王道霸道在国际政治问题上最主要的差异就在于"以德服人"还是"以力服人","以力假仁者霸,霸必有大国;以德行仁者王,王不待大——汤以七十里,文王以百里。以力服人者,非心服也,力不赡也;以德服人者,中心悦而诚服也,如七十子之服孔子也"②。孟子认为王道是以德服人心,使人心悦诚服,能够得天下民心,霸道则是以强力服人,这种服从也只是暂时的,不能使人真正归顺。荀子也曾说"有以德兼人者,有以力兼人者"③,以德兼人的是王道,以力兼人的是霸道。王道与霸道通过不同的方式来

①参见赵汀阳:《天下体系:世界制度哲学导论》,江苏教育出版社,2005年,第17页。
②《孟子·公孙丑上》。
③《荀子·议兵》。

处理国与国之间的问题,王道通过道德吸引感召,霸道则通过强大的实力征服。儒家对王霸在国际政治问题上的这种分析恰巧与现代政治思想中流行的软实力和硬实力非常相似。

软实力的概念是美国学者约瑟夫·奈(Joseph S. Nye)提出的。自他提出软实力的概念,便引起了国际社会的高度重视,引发了政治思想领域热烈的讨论。约瑟夫·奈曾多次提出软实力的概念,软实力又称软力量,指的是:"通过吸引而非强迫或收买的手段来达己所愿的能力。它源于一个国家的文化、政治观念和政策的吸引力。"①与软实力相对应的便是硬实力,硬实力一般指军事和经济的实力,硬实力通过引诱或威胁即"胡萝卜"或"大棒"得以实施。在国际政治中,硬实力与软实力共同构成了国家实力基础。在传统国际政治中,国家安全是主要的政治问题,维护安全需要的是武力和经济力量,强权就是公理,所以,硬实力是国家的基础,在国际政治中起着重要的作用。随着全球化的出现,国家间的联系和依赖加强,国家间的武力冲突越来越少,国家间合作成为国际政治的主流。在和平发展成为时代主题的现代社会,军事力量虽然仍具有不可或缺的重要地位,但其作用已受到限制,随着人类理性的发展,人们更愿

---

① [美]约瑟夫·奈:《软力量——世界政坛成功之道》,吴晓辉、钱程译,东方出版社,2005年,前言第2页。

意用理性而非感性的方式去处理争端,战争已不是处理
国际问题的主要手段,而变为国家安全的一个基础性保
障,反而是软实力的影响逐渐增强。软实力一般是指国
家的吸引力、感召力、感染力。汉斯·摩根索在《国家间
政治——权力斗争与和平》一书中已经意识到:"优越文
化和更富有吸引力的政治哲学的说服力",显然要比诉
诸军事、经济手段更有效,因为"它的目的不是征服领土
和控制经济生活,而是征服和控制人们的心灵,以此作
为改变国家之间权力关系的手段"①。亨廷顿也曾指出,
在全球化的时代背景下,国与国之间主要的对抗和冲突
是文明的冲突,"人民之间最重要的区别不是意识形态
的、政治的或经济的,而是文化的区别"②。虽然亨廷顿
所强调的是文明的冲突,但也从另一个方面反映了文
明、文化在全球化背景下日益凸显的地位和作用。

　　"当一个国家的文化涵括普世价值观,其政策亦推
行他国认同的价值观和利益,那么由于建立了吸引力和
责任感相联的关系,该国如愿以偿的可能性就得以增
强"③。全球化使以文化、政治价值观念及外交政策为主

①[美]汉斯·摩根索:《国家间政治——权力斗争与和平》,徐昕、郝望、李
　保平译,北京大学出版社,2006年,第98页。
②[美]塞缪尔·亨廷顿:《文明的冲突与世界秩序的重建》(修订版),周琪
　等译,新华出版社,2002年,第6页。
③[美]约瑟夫·奈:《软力量——世界政坛成功之道》,吴晓辉、钱程译,东
　方出版社,2005年,第11页。

要资源的软实力成为当今国际政治中的重要因素。事实上,关于软实力的认识与王道的道德感召基本相同,王道以道德为价值追求,而道德的价值追求正是人类的本性,具有普适的意义。早期儒家通过王霸之辨已经明确地告诉了我们,只有价值观念上的认同才能真正使人们更好地合作,才能使国际秩序稳定发展,而军事力量的威胁和武力的胁迫都无法维持真正的稳定。而一个国家若想提高在国际政治中的地位,在保证经济、军事力量等硬实力的基础之上,必须提升其软实力的影响力,不能一味地发展经济扩充军事力量,而应该致力于传统文化价值的挖掘和发扬,致力于政治文明的建设,以先进的政治文明和普适性的文化价值观念来吸引其他国家的效仿与合作。

当代我国处理国际关系时诸如"大国责任""强国未必霸""互利合作共赢""人类命运共同体"等观点和原则的提出,表明在中国政治思想中已经意识到了政治影响力和道义感召力对于获得世界主导权和建立新型国际关系的重要意义。随着全球化趋势的增强和中国的崛起,中国传统政治哲学中的政治思想和政治理念也逐渐开始为世人重新解读,并由此而焕发出新的生命力。

参考文献

一、古籍

班固:《汉书》,颜师古注,中华书局,1962年。

陈鼓应注译:《庄子今注今译》,中华书局,1983年。

陈鼓应:《老子注译及评介》,中华书局,1984年。

陈立:《白虎通疏证》,吴则虞点校,中华书局,1994年。

陈亮:《陈亮集》(增订本),邓广铭点校,中华书局,1987年。

程颢、程颐:《二程集》,中华书局,1981年。

高亨注译:《商君书注译》,中华书局,1974年。

韩愈:《韩昌黎集》,商务印书馆,1933年。

何建章注释:《战国策注释》,中华书局,1990年。

桓谭:《桓子新论》,孙冯翼辑,中华书局,1985年。

黄晖:《论衡校释》,中华书局,1990年。

黄宗羲:《黄宗羲全集》,吴光校点,浙江古籍出版社,2012年。

贾谊:《新书校注》,阎振益、钟夏校注,中华书局,2000年。

康有为:《新学伪经考》,中华书局,1956年。

康有为:《论语注》,楼宇烈整理,中华书局,1984年。

康有为:《孟子微、礼运注、中庸注》,楼宇烈整理,中华书局,1987年。

康有为:《春秋董氏学》,楼宇烈整理,中华书局,1990年。

康有为:《大同书》,上海古籍出版社,2014年。

李觏:《李觏集》,王国轩校点,中华书局,1981年。

黎翔凤:《管子校注》,梁运华整理,中华书局,2004年。

刘向:《说苑校证》,向宗鲁校证,中华书局,1987年。

陆九渊:《陆九渊集》,钟哲点校,中华书局,1980年。

司马光:《司马文正公传家集》,商务印书馆,1937年。

司马迁:《史记》,中华书局,1959年。

苏舆义证:《春秋繁露义证》,钟哲点校,中华书局,1992年。

孙星衍:《尚书今古文注疏》,中华书局,1986年。

王安石:《临川先生文集》,中华书局,1959年。

王夫之:《船山全书》,《船山全书》编辑委员会编校,岳麓书社,1996年。

王利器:《新语校注》,中华书局,1986年。

王利器校注:《盐铁论校注》,中华书局,1992年。

王聘珍:《大戴礼记解诂》,王文锦点校,中华书局,1983年。

王守仁:《王阳明全集》,吴光、钱明、董平、姚延福编校,上海古籍出版社,1992年。

王维堤、唐书文:《春秋公羊传译注》,上海古籍出版社,1997 年。

王文锦译解:《礼记译解》,中华书局,2001 年。

王先谦:《荀子集解》,中华书局,1988 年。

王先慎:《韩非子集解》,钟哲点校,中华书局,1998 年。

吴毓江:《墨子校注》,孙启治点校,中华书局,2006 年。

许维遹集释:《吕氏春秋集释》,梁运华整理,中华书局,2009 年。

徐元诰:《国语集解》,王树民、沈长云点校,中华书局,2002 年。

杨伯峻译注:《论语译注》,中华书局,1980 年。

杨伯峻编著:《春秋左传注》(修订本),中华书局,1990 年。

杨伯峻译注:《孟子译注》,中华书局,2005 年。

应劭:《风俗通义校注》,王利器校注,中华书局,1981 年。

周振甫译注:《周易译注》,中华书局,1991 年。

朱熹:《四书章句集注》,中华书局,1983 年。

朱熹:《朱子全书》,朱杰人、严佐之、刘永翔主编,上海古籍出版社,安徽教育出版社,2002 年。

二、专著

白彤东:《旧邦新命:古今中西参照下的古典儒家政治哲学》,北京大学出版社,2009 年。

蔡仁厚:《中国哲学的反省与新生》,正中书局,1994 年。

陈红太：《儒学与中国传统政治哲学》，现代出版社，1997年。

陈劲松：《儒学社会通论》，中国人民大学出版社，2007年。

陈来：《古代宗教与伦理——儒家思想的根源》，生活·读书·新知三联书店，1996年。

陈正焱、林其锬：《中国古代大同思想研究》，香港中华书局，1988年。

董国强：《遥想盛世——人治的理想和现实》，河南人民出版社，1998年。

董平、刘宏章：《陈亮评传》，南京大学出版社，1996年。

丁志刚：《全球化对我国政治价值的挑战与对策研究》，中国社会科学出版社，2006年。

杜维明：《现代精神与儒家传统》，生活·读书·新知三联书店，1997年。

方克立：《现代新儒学与中国现代化》，天津人民出版社，1997年。

龚建平：《意义的生成与实现——〈礼记〉哲学思想》，商务印书馆，2005年。

葛荃：《权力宰制理性——士人、传统政治文化与中国社会》，南开大学出版社，2003年。

郭晓东：《重塑价值之维——西方政治合法性理论研究》，华东师范大学出版社，2007年。

葛兆光：《中国思想史》，复旦大学出版社，2001年。

韩德民:《荀子与儒家的社会理想》,齐鲁书社,2001年。

韩强:《现代新儒学心性理论评述》,辽宁大学出版社,1992年。

韩水法:《正义的视野——政治哲学与中国社会》,商务印书馆,2009年。

韩星:《先秦儒法源流述论》,中国社会科学出版社,2004年。

何信全:《儒学与现代民主——当代新儒家政治哲学研究》,中国社会科学出版社,2001年。

贺昌群:《贺昌群史学论著选》,吴泽主编,金自强、虞明英选编,中国社会科学出版社,1985年。

侯外庐等:《中国思想通史》(第二卷),人民出版社,1957年。

华友根:《董仲舒思想研究》,上海社会科学院出版社,1992年。

李明辉:《儒家视野下的政治思想》,北京大学出版社,2005年。

李翔海:《民族性与时代性——现代新儒学与后现代主义比较研究》,人民出版社,2005年。

李泽厚:《中国古代思想史论》,生活·读书·新知三联书店,2008年。

梁启超:《先秦政治思想史》,中华书局,1936年。

林存光主编:《儒家式政治文明及其现代转向》,中国政法大学出版社,2006年。

刘泽华:《先秦政治思想史》,南开大学出版社,1984 年。

刘泽华:《中国传统政治思想反思》,生活·读书·新知三联书店,1987 年。

刘泽华主编:《中国传统政治思维》,吉林教育出版社,1991 年。

刘泽华:《中国政治思想史》(秦汉魏晋南北朝卷),浙江人民出版社,1996 年。

刘泽华:《中国的王权主义——传统社会与思想特点考察》,上海人民出版社,2000 年。

刘泽华主编:《中国传统政治哲学与社会整合》,中国社会科学出版社,2000 年。

吕振羽:《中国政治思想史》,人民出版社,1955 年。

罗根泽:《诸子考索》,人民出版社,1958 年。

牟宗三:《政道与治道》,台湾学生书局,1987 年。

牟宗三:《道德的理想主义》,台湾学生书局,1992 年。

欧阳英:《走进西方政治哲学——历史、模式与解构》,中央编译出版社,2006 年。

钱穆:《中国历代政治得失》,生活·读书·新知三联书店,2001 年。

秦闻一、常培军、高卫星编著:《统治的规则与艺术——中国古典应用政治学浅说》,中州古籍出版社,1997 年。

任剑涛:《伦理王国的构造——现代性视野中的儒家伦理政治》,中国社会科学出版社,2005 年。

萨孟武:《儒家政论衍义》,台湾东大图书公司,1982年。

萨孟武:《中国政治思想史》,东方出版社,2008年。

山东孔孟学研究丛书编辑委员会主编:《孟子思想研究》,山东大学出版社,1986年。

孙立群:《中国古代的士人生活》,商务印书馆,2003年。

孙晓春:《中国传统政治哲学》(上卷),吉林人民出版社,2003年。

孙中山:《孙中山全集》(第十一卷),广东省社会科学院历史研究所编,中华书局,1986年。

唐士其:《西方政治思想史》,北京大学出版社,2002年。

王缉思:《国际政治的理性思考》,北京大学出版社,2006年。

吴根友:《在道义论与正义论之间——比较政治学诸问题初探》,武汉大学出版社,2009年。

向晋卫:《〈白虎通义〉思想的历史研究》,人民出版社,2007年。

萧公权:《中国政治思想史》,新星出版社,2005年。

熊文驰、马骏主编:《大国发展与国际道义》,上海人民出版社,2009年。

徐大同主编:《西方政治思想史》,天津人民出版社,1985年。

徐复观:《学术与政治之间》(甲集),台中中央书局,1956年。

徐复观:《中国思想史论集》,上海书店出版社,2004年。

许复观:《中国思想史论集续编》,上海书店出版社,2004 年。

许建良:《先秦儒家的道德世界》,中国社会科学出版社,2008 年。

严正:《五经哲学及其文化学的阐释》,齐鲁书社,2001 年。

阎学通、徐进等:《王霸天下思想及启迪》,世界知识出版社,2009 年。

颜炳罡:《当代新儒学引论》,北京图书馆出版社,1998 年。

杨高男:《原始儒家伦理政治引论》,湖南人民出版社,2007 年。

杨泽波:《孟子与中国文化》,贵州人民出版社,2000 年。

姚大志:《何谓正义:当代西方政治哲学研究》,人民出版社,2007 年。

叶自成:《中国大战略:中国成为世界大国的主要问题及战略选择》,中国社会科学出版社,2003 年。

余英时:《士与中国文化》,上海人民出版社,1987 年。

张岱年:《中国古代哲学中关于德力、刚柔的论争》,袁行霈主编,北京大学中国传统文化研究中心编《国学研究》(第一卷),北京大学出版社,1993 年。

张德胜:《儒家伦理与社会秩序——社会学的诠释》,上海人民出版社,2008 年。

张分田:《中国帝王观念——社会普遍意识中的"尊君—罪君"文化范式》,中国人民大学出版社,2004 年。

张立文:《中国哲学范畴发展史·天道篇》,中国人民大学出版社,1988年。

张立文:《中国哲学范畴发展史·人道篇》,中国人民大学出版社,1995年。

张立文:《中国哲学逻辑结构论》(修订版),中国社会科学出版社,2002年。

张立文主编:《中国学术通史》,人民出版社,2004年。

赵明:《先秦儒家政治哲学引论》,北京大学出版社,2004年。

赵汀阳:《天下体系:世界制度哲学导论》,江苏教育出版社,2005年。

周桂钿主编:《中国传统政治哲学》,河北人民出版社,2001年。

三、译著

[法]卢梭:《社会契约论》(第三版),何兆武译,商务印书馆,2003年。

[古希腊]柏拉图:《理想国》,郭斌和、张竹明译,商务印书馆,1986年。

[古希腊]亚里士多德:《尼各马科伦理学》,苗力田译,中国社会科学出版社,1990年。

[古希腊]亚里士多德:《政治学》,吴寿彭译,商务印书馆,2009年。

[美]阿诺德·沃尔弗斯:《纷争与协作——国际政治论集》,于铁军译,世界知识出版社,2005年。

[美]汉斯·摩根索:《国家间政治——权力斗争与和平》,徐昕、郝望、李保平译,北京大学出版社,2006年。

[美]列奥·施特劳斯、约瑟夫·克罗波西主编:《政治哲学史》(上册),李天然等译,河北人民出版社,1993年。

[美]塞缪尔·亨廷顿:《文明的冲突与世界秩序的重建》(修订版),周琪等译,新华出版社,2007年。

[美]施特劳斯等:《回归古典政治哲学:施特劳斯通信集》,朱雁冰、何鸿藻译,华夏出版社,2006年。

[美]伊安·夏皮罗:《政治的道德基础》,姚建华、宋国友译,上海三联书店,2006年。

[美]约翰·罗尔斯著:《正义论》,何怀宏、何包钢、廖申白译,中国社会科学出版社,1988年。

[美]约翰·罗尔斯:《道德哲学史讲义》,张国清译,上海三联书店,2003年。

[美]约瑟夫·奈:《软力量——世界政坛成功之道》,吴晓辉、钱程译,东方出版社,2005年。

[美]约瑟夫·S.奈:《硬权力与软权力》,门洪华译,北京大学出版社,2005年。

[日]加藤节:《政治与人》,唐士其译,北京大学出版社,2003年。

[意]马基亚维里:《君主论》,张志伟等译,陕西人民出版

社,2001年。

［英］安德鲁·海伍德：《政治学》(第二版),张立鹏译,中国人民大学出版社,2006年。

［英］格雷厄姆·沃拉斯：《政治中的人性》,朱曾汶译,商务印书馆,1995年。

［英］杰弗里·托马斯：《政治哲学导论》,顾肃、刘雪梅译,中国人民大学出版社,2006年。

四、期刊论文

陈盈瑞：《宋代王霸思想研究——以心性观点为主轴的探讨》,硕士论文,国立政治大学中国文学研究所,2007年。

成其圣：《论西汉"独尊儒术"后的王霸之争》,《河南大学学报(社会科学版)》1998年第1期。

邓广铭：《朱陈论辩中陈亮王霸义利观的确解》,《北京大学学报(哲学社会科学版)》1990年第2期。

邓勇：《王霸：正义与秩序——从春秋战争到普遍正义》,博士学位论文,武汉大学,2007年。

龚群：《论先秦儒家的王道观念——兼论所谓"东亚价值"》,《哲学研究》2005年第12期。

江湄：《北宋诸家〈春秋〉学的"王道"论述及其论辩关系》,《哲学研究》2007年第7期。

姜建设：《先秦儒家王道释义》,《郑州大学学报(哲学社会科学版)》1992 年第 5 期。

李峰:《论朱熹的王道思想》,硕士学位论文,吉林大学,
2006 年。

李军靖:《略论礼乐文明与王道政治》,《中国社会科学院
研究生院学报》2005 年第 1 期。

李明辉:《孟子王霸之辨重探》,《中国文哲研究集刊》第
13 期,1998 年 9 月。

刘红卫:《王、霸的时序性——试析由王道向霸道转变的
原因》,《管子学刊》2004 年第 1 期。

栾保群:《陈朱"王霸义利"之辩始末》,《天津师院学报》
1979 年第 1 期。

漆侠:《浙东事功派代表人物陈亮的思想与朱陈"王霸义
利之辨"》,《河北大学学报(哲学社会科学版)》2001
年第 3 期。

任力:《先秦儒家"王霸"思想及其启示》,《中国军事科
学》2007 年第 5 期。

孙晓春:《王霸义利之辩述论》,《吉林大学社会科学学
报》1992 年第 3 期。

孙晓春:《先秦儒家王道理想述论》,《政治学研究》2007
年第 4 期。

王鸿生:《中国传统政治的王道和霸道》,《武汉大学学报
(哲学社会科学版)》2009 年第 1 期。

王明荪:《王安石的王霸论》,《中华文化复兴月刊》第 15

卷第 5 期,1982 年。

吴光:《论董仲舒的政治学说及其进步历史作用——兼论其王道理论与天道观的关系》,《浙江学刊》1982 年第 4 期。

吴力行:《中国历史文化中的王霸思想演变》,硕士论文,东海大学历史研究所,1975 年。

武心波:《王霸之辩与中国"软实力"的战略构想——从孙中山的"王道观"谈起》,《世界经济与政治论坛》2008 年第 4 期。

严正:《王道理想与圣贤意识——论儒家〈尚书〉诠释的理论价值与影响》,《河南社会科学》2008 年第 5 期。

杨少涵:《论荀子隆礼重法的军事伦理思想——从孔孟荀评管子论王霸说开去》,《兰州学刊》2007 年第 5 期。

张汝伦:《王霸之间——贾谊政治哲学初探》,《哲学研究》2009 年第 4 期。

章开沅:《王道与霸道——试论孙中山的大同理想》,《浙江社会科学》2000 年第 3 期。

周昭贤:《王道与霸道》,载于《辅仁学报》,台湾辅仁大学,1983 年。